笑うケースメソッドⅡ
現代日本公法の基礎を問う

木庭 顕
Akira Koba

A Socratic Dialogue in Japanese Public Law

勁草書房

まえおき

　まだ法科大学院があった21世紀初頭、とある大学のロースクール棟、通称ガラス棟、最上階4階には401から404まで、教室が四つ並んでいた。夏は焼け焦げそうになる、南向きで窓のないガラス張りの廊下の先で、屋上というかテラスみたいなところに出られる。その先に、じつは小さな部屋があり、物置のようでもあるが、小さな演習ならばできなくもないようにもなっている。405となりそうなところだが、なぜか名前がない。それゆえ多くの学生はその存在を知らないが、冬学期、とっぷり暮れた金曜6限に、とある老教授の「公法の古典的基礎」という授業があった。カリキュラム上の位置づけは大学院係のヴェテラン担当者さえ知らない──。

　以下この少し変わった授業の様子をお目にかけたいと思う。活発なソクラティック・メソッドに基づいた即興的な授業だから、それを紙の上の文字にするのは難しいけれども、なんとか再現してみよう。再現のため内容を整理し少々理想化することにはなるが、事実、これに近い授業が現実におこなわれた。一家言ある学生ばかりだから、「そんな学生がほんとうにいたのか」と思われる方もいらっしゃるだろうが、現にいたのだから仕方がない。相当に勉強の進んだ研究者志望の学生や博士課程の学生が混じっていたことも確かだが。先生のほうはといえば、どうやら法律家ではなく、ギリシャ・ローマの歴史を専門とする老教授のようだね。こんな人がなんでまた法科大学院で教えているのだろうか。さぞかし潜りにちがいない。

　あっと、授業の内容を説明しなければならないかな。そうでなければ読むかどうか決められないよな。どうやら日本の最近の公法判例を扱うもののようだ。しかし公法の授業では全然なく、奇想天外な問答が進んでいく。大きな部分を占めるのがギリシャ・ローマのことで、これはまた、いったいどうしたことで

しょうねえ。老教授は註に一人称で登場し、いろいろな文献を読むことをさかんに勧めてくる。実際の授業ではこういうことはなかったけれどもね。おそらく勉強の進んだ学生が相手だったからだろう。

　どうやら老教授の意図は、公法というものが成り立っているその大前提を考えさせたいということのようだった。議論が少々袋小路に入り込んでいる感のある問題に接近するにはそれしかないと思ったのだろう。

　え？「そんな学生、うちの法科大学院にいるわけない」？　そう言われても困りますから、念のため、参加した学生諸君を簡単に紹介しておきましょうか。ゼミでも自己紹介くらいはありますものね。登場順にいきましょう。

中村君：簡単に説得されず疑うことを信条としており、懐疑派の哲学などを読みかじっているが、法科大学院では疑問をもつことを封印してきた。その憂さをこの授業で晴らす傾向が認められる。
遠山さん：勉強家の秀才であるが、少し優等生すぎる。それでもなぜかこの授業に出てくるだけあって、逸脱を理解する力ももっている。
近藤君：本来学究志望で泣く泣く法科大学院を経由する、しばしば見かけるタイプである。この授業には多く、毎年必ず一人二人はいる。そのような学生のなかでも正統派で、学部時代以来、テクストを厳密に読む訓練を諸々のゼミで受けてきた。
吉野君：根っからの自由人。おどけたところもある。自由な生き方ができると勘違いして法曹を志望した。趣味も豊富であり、海外旅行経験も多い。
大森君：吉野君の友達。調整能力に優れる自称リベラル。しかしその点に関する限り伊達ではなく、しっかり勉強している。
横田君：これもよく見かけるタイプで、本音のところでは政治哲学に関心が強い。たとえばハンナ・アレントに心酔し、ギリシャにも興味がある。
三宅君：やや珍しいタイプ。デモクラット。ラディカル・デモクラシーに心情的な共感をもつ。しかし法学的な議論と折り合いが悪い。
沢井さん：憲法学を志し、そのために政治思想史の研究を深めている博士課程の学生。歴史学の方面では先端的なレヴェルに達している。そのためしばしば概説レヴェルの知識を越えて研究最前線から発言する。

田丸さん：きわめてストレートに疑問を発することのできる学生。疑問を感じると授業の進行を気にせず、ただちに手を挙げ発言する勇気がある。この老教授の授業を体系的にフォローしているので、占有などのキーワードにも通じている。

風間君：望まれながらも滅多にお目にかからないタイプ。法学的思考をマスターしており、かつ詰めた法律構成を愛する。老教授の授業の常連でもあり、したがって彼も占有を理解している。また必然的にローマ史に一定の知見を有する。

黒木君：ときどき見かける社会派。学部学生時代にヴォランティア活動をしていたタイプではないが、しかし弱者救済と社会的連帯を本気で考えている。

南田さん：ギリシャ悲劇に深く共感し、それでギリシャ史の勉強もしている。法学部在籍時以来、法律学に対する違和感を悩みとして抱えているが、最後の砦としての法の役割に頼むところ大でもある。

「自分はほんとうにすごい学生たちにずっと囲まれてきた、ほんとうに幸せだった、夢のようだ」と、老教授がつくづく述懐しているのをこのあいだ聞いてしまった。

若い人たちの知的潜在力だけは、世界がこのようになってしまっても、なお期待していい。そこを低く見積もって低レヴェルに設定する高等教育は自滅の道をたどるだけだ。

たとえ名前のない幻の演習室においてであろうとも、集まった学生たちの知性だけは歴史的実在だから、以下において記録されるに値するだろうと思う。

目　次

まえおき　i

❶ 予備的討論 ——夜叉ヶ池の龍神、その正体は？……………………1
❶ 政治制度の構築 ——背景の色を変えれば違って見える ……………42
❷ 言論・表現の自由 ——天上界にもミニマ・フューシカ……………71
❸ 政教分離 ——天地が岐れる時 …………………………………………106
❹ 個人の尊厳 ——デモクラシーの礎石…………………………………128
❺ 精神の自由 ——文化の極点……………………………………………152
❻ 生存権 ——命あっての物種……………………………………………174
❼ 公共空間内の物的規律 ——商売も哲学のうち ……………………186
❽ 公共空間の領域展開 ——市民社会の運命はあなたに懸かっているのですよ ……217
❾ 領域上の擬制的公共空間 ——横一列！………………………………249
❿ 直接的領域規律 ——環境は公共前公共 ……………………………273
⓫ デモクラシーの審級 ——江戸の敵は長崎で討つ …………………287
⓬ 財政 ——あげたんじゃないよ、あずけただけなんだから …………302

あとがき　321
索引　324

予備的討論──夜叉ヶ池の龍神、その正体は？

> この予備的討論が少しわかりにくく感じたならば、読者は次の第1回から読むこと。政治やデモクラシーの概念など、通常の理解とは違うというのでその内容と根拠を詳しく知りたくなったら、この予備的討論に戻ること。

例の幽霊演習室、日もとっぷり暮れたころ、少々不足気味の照明にぼんやり照らされた老教授は、真っ先に教室に入っており、続いて入ってきて坐った学生数人とのあいだに待ち時間の気まずい空気が漂っている。時計を見ていた老教授は、秒針までぴたりと合わせて時刻どおりに授業を開始した。

国家とは？

老教授：「国家」、あるいは「国」でもよいのですが、これはなんですか？
学生たち：？？？（授業開始のサインも挨拶もないので、学生たちはさすがに不意を突かれ、たがいに顔を見合わせ、気まずく固い雰囲気になる）
中村：（少し恰好をつけて）問い自体があまりに実在論的で戸惑います。この問いに答えられなくとも公法の判例を論じることくらいはできます。もちろん絶対に確かな認識というものには至らない。しかし緩やかな妥当性をもつ解に到達できれば十分ではないですか？
老教授：キケロー風アカデメイア派懐疑論❶ですね。

> ❶ 懐疑主義 skepticism には、もちろん、プラトンの流れを汲むアカデメイア派のそれ

遠山：「国家とは何か」について公法学が定義しているところを調べることはできます。さらに進んで広く古典のテクストを比較検討するのはどうですか？
近藤：闇雲に調べても無意味じゃないですか。プラトンはこう言った。アリストテレスはこう言った。ボダンはこう言った。イェリネックはこう定義した。そうやって切り抜いて並べてもねえ。「国家」と勝手に訳している対象が同じかどうかさえ確かでない。公法学上の厳密な概念を勝手に読み込むのもどうかと思いますが、「くにを愛する気持ち」から「くにのかたち」に至るまでの曖昧な語法、「祖国」などと言うときのイメージ、土地や血が関係する全体社会のイメージ、共同体のイメージを勝手に重ねるのは我慢できません。
吉野：でも現にプラトンやアリストテレスが言っているのはそれだろ？
近藤：ギリシャ語を厳密に読んだことある？　そのへんの学者がアメリカのいい加減な学者❷をいい加減に模倣しているのを鵜呑みにしないでほしいな。そんな暇があったらギリシャ語の文法でも勉強したらいいよ。
吉野：ラテン語の文法でさえ、1頁もいかないうちに寝ちゃうよ。ヨーロッパ映画の中でも、ラテン語の教師は抑圧的な人物の代名詞だし。古典語をやって飽きないなんていう連中に限ってマニアックで視野が狭いし、何も感じてない。
大森：そうとも限らないけど、ラテン語を読みたい人は読めばいいし、読みたくない人は読まなければいい。蓼食う虫も好き好き。さまざまな価値観をもつ人がともに仲良くやっていくことが大切なはずです。
横田：陳腐で平凡退屈、耐えられない。つまらない趣味に夢中で、その趣味を共有する人としか話さない。たまに同好の士を見つけると、早速「オタクも

と、ピロニスム Pyrrhonisme と称せられる不可知論に近いラディカルなタイプがあります。前者は、一定の確からしさを肯定的に評価し、その基準を探るのです。

❷　アメリカの先鋭的な「リパブリカニズム」のお粗末なギリシャ理解の典型として P. A. Rahe の一連の著作を挙げることができます。リベラルの側がこの種の理解を前提にギリシャについて言うことがあります。価値観に価値観をぶつけるのですね。そのギリシャ理解は正確かとは問わないのです。日本にまで流れてくれば、前提理解を糺す人はいません。どうか、第一級のギリシャ学者の著作に触れてください。註の中で何人か紹介いたしましょう。気が遠くなるほど分厚いコードが積み重なっているので、何十年もの訓練を受けなければギリシャ語一つ読めないのです。数少ない大家の力をぜひ借りてください。

かなかいいのをお持ちですなあ」と接近する。そういうの、気持ち悪いんだよね。人がたがいに積極的に関わり、助け合ったり問題を共有したりする。そういう能動的な生き方こそが人間のあるべき姿だよ。国家の概念がこれに関わることは疑いない。

近藤：いきなり国家の概念なんかに飛躍しないでくれよ。国家の概念に迫ろうというのなら、議論の出発点を厳密に定めるべきだし、議論の出発点を定めるなら、まずはテクストが必要だよ❸。言葉の意味がシステムを通じて厳密に働くということが、テクストなしには保障されない。じゃないと、あらゆる議論は無意味になる。もちろんこのシステムは一義的でも不動でもない。大きく揺れる。しかし中村君の懐疑論にせめてもの抵抗をするにはこれしかないと思うなあ。

日本国憲法前文

老教授：わかりました。現代日本の公法判例を読むのですから、日本国憲法、かつその前文からスタートしましょう。

遠山：前文は国民主権と平和主義を宣言したものとされます。

老教授：平和主義もきわめて重要ですが、これをしばらくおくと、たしかに国民という語が目につきますね。国民が一人称複数で誓約するというテクストですね。

---

❸ この言明を受け取るには注意を要します。経典のような権威のあるテクストを土台にしないと落ち着かない、という心理がバイアスとして働きうるからです。それでもテクストに対する厳密な態度がすべてであるということは疑いない。ホメーロスのテクストはただのフィクションであり口頭言語でしたが、すでにテクストのすべてが存在します。知的営為は言語を生命としますが、しかし他方言語さえ使っていればよいのではなく、飲み屋での意気投合、日本の雑誌の対談や座談会のようにならないためには、とびきり厳密な態度を必要とします。もっとも、多くを解説する必要はありませんね。蟻川恒正『憲法的思惟』（創文社、1994年、現在は岩波書店、2016年）を挙げるだけでよいでしょう。もちろん私のテクスト解釈の方法と非常に異なりますが、その後の彼の憲法学が有する他とまったく違う波長の基礎に、テクストに対する厳密な態度が存することは誰もが知るところです。

三宅：遅れて今入ってきたので（いつの間にか参加学生は 12 人にまで増えている）、なぜ日本国憲法の前文を論じているのかわかりませんが、前文の一人称複数ならば意味は簡単です。君主や貴族でなくわれわれ全員が主人であるということです。"we the people"、つまり民主主義のことです。戦前の権威主義的体制を廃棄して新しい民主主義的体制を樹立するということが高らかに謳われています。

近藤：ほんとにそうかなあ？「国民」という語には民主主義と関係する意味合いなんて全然ないよ。ボダンが民主主義者だったとは初耳もいいとこだし。国民主権論の元祖でもあるけど、デモクラシーかどうかということを超越する公権力のエッセンスを抜き出すのが立論の目的だったんだよ。語は特定の意味を帯びて他の語と緊密な連接を形成しているんだから、そこをよく調べて読んでよ❹。

三宅：（少しイラついて）ラテン語のテキストに本の虫のように住みついている連中はなにかというとすぐにこれだからねえ。じゃあ、言うけれど、昔、単細胞の教師が田舎に赴任しました、下宿先が決まらないのでまずは当直室に一泊しましたが、敷地内の寄宿舎にいる生徒たちにいたずらをされ、寝床に大量の虫を入れられてしまいました。分厚い昆虫図鑑で調べて、翌朝教室で「昨夜バッタをオレの寝床へ入れたヤツは前へ出ろ」と怖い顔で言いました。しかし学生たちはゲタゲタ笑うばかりです。「なんだ貴様ら！」と教師が怒鳴ると、学生たちは「イナゴぞなもし」と言いました。

　田舎では、昆虫図鑑の分類学とは無関係に、大事な稲穂を食い荒らすイナゴが大敵で、このイヤなイナゴを投げ込むというのでなければ、嫌がらせにならないのです。言葉の背後の現実を知らなければ滑稽だという典型的な例です。

> ❹　同一の語が異なる概念を指示することがあり、異なる語が同一の概念を指示することもあります。しかし語と語の連接関係は通常動かない。関係を保ちながら左右にスライドするように。ちなみに、事物は概念のさらに向こうにあります。言葉と事物が対応しているような錯覚、言葉と事物を一体視するような混乱、たとえば同一の語に必ず同一の訳語を当てる翻訳のような混乱に陥らないように。極初歩的な注意ですけれど。この種のことはテキストを読む学部演習で身に付けていることと信じます。

沢井：そのとおりなんですけれども、その現実を把握するのも一苦労ですね。その時点とその場所で、特定の主体が一方的に思い込んだ意味が、その主体にとってさえ正しいとは限らないのですよね。現実はつねに多面的で複雑な様相を帯びています。このことに目を配らなければテクストは読めませんし、逆にこのことを意識してテクストを読むとその複雑な様相に少しはアプローチできます。

　われわれの小さな現実といえども、やはり分厚い蓄積のうえに複雑に成り立っているのです。その蓄積のなかで、ヨーロッパで積み上がったものが無視できない比重を占めています。憲法前文とこれが関わった20世紀後半以降の日本社会の現実は典型的な例です。文章をよく読めば、まず、国民は必ず代表を通じて動くと宣言されています。"we the people"が直接民主主義のニュアンスを含むか、私にはわかりませんが、前文にはそのニュアンスはありません。

　ならばそれを否定して代表制を選ぶのだと読めるか、というと、それも微妙ですね。「リベラル・デモクラシーないし代表制 vs. ラディカル・デモクラシーないし直接参加」という対立軸は現れていないと解するほうが慎重ですよね。直接制を担う人たちもエイジェントで代表にすぎないともいえるのです。国民＝投票者ではありません。つまり、およそ国民を基礎として国家を樹立するということが言われているだけだと思います。だから、デモクラシーのほうはむしろ平和主義の側で言われていると解せるんじゃないでしょうか。

三宅：それこそ、われわれが言っていることです。

沢井：いえ、それと意味がちがいます。国民主権でいったん初めから立て直し、そのうえで平和主義によってデモクラシーを基礎づける。その場合平和主義とデモクラシーがなぜどのように結びつくのかはまだ論証されていません。直感されているにとどまります。この点を含めて少なくとも近代初期から、できればギリシャ・ローマから、それぞれの現実を厳密に認識しながら、たとえば憲法前文が21世紀初頭の日本の社会のなかに置かれているという現実を見るのでなければなりません。そうでなければ、イナゴと呼ばれる昆虫が布団のなかに大量に入れられた現実は理解できません。とりわけ、なぜこれがバッタでなくイナゴなのかが。

●こちらパトロール隊、あ、正体不明の者が意味不明の物をこさえています！

中村：おいおい、国家に行く前に国民で頓挫しちまったぜ。今の沢井さんの発言はさっぱりわからなかったし。
近藤：日本国憲法前文だと、続いて選挙、国会、代表者、政府、国政、権威、権力といった言葉が次々に登場し、第3パラグラフと第4パラグラフでは他国のそれらと並べる、そのときにずらりと並べられた一連の制度が国家という言葉で括られる、と読めるように思います。国家は一群の装置や作用で、それは国民なるものが設置するらしいです。
中村：謎は深まるばかり。
吉野：憲法前文なんて初めて読んだような気がするけど、そんなものなしでも立派にここまで生きてこられました。
遠山：国民がそもそも誰だかわからないので聞きづらいのですが、その国民君はいったいなんのために、その国家とやらを作ることにしたんですか？
大森：「国民が福利を享受する」ためだと書いてあるじゃないか。それなりの利益が得られるってことでしょ。
近藤：すると、国民という摩訶不思議な者がいて、自分の福利のためになにかを作っている。それは国家と呼ばれる。
吉野：要するになにかいいことがあるみたいだけど、いったいどんないいことがあるのでしょう？
大森：それはもう、安全、安心、夢と希望、クーポンにプレミアム……。
中村：なんだか、あやしい健康器具かなんかを売りつけられたような気分だ。国民とはオレのことかとボクは言い、だから、自分が売りつけられた気もしないけれども、するとやっぱり、得体の知れないヤツが得体の知れない物を売りつけられているというミステリーだね、こりゃあ。
吉野：だから放っておいてくれ、というのが私の偽らざる気持ちです。なんだか利益になるようではあるが、なるべく私の自由は奪わないでください。
大森：ボクは、せっかくサーヴィスしてくれるというのなら、そのサーヴィスは厳密に要求しますよ。

横田：サーヴィスどころじゃない。生きがいそのものを与えてくれるのだよ。
中村：……摩訶不思議な連中のために摩訶不思議な装置が働くらしい。

売買ではありません、委任です

田丸：気の毒な国民さんが変な器具を売りつけられたように言っていますが、よく読んでください、「そもそも国政は、国民の厳粛な信託によるものであって」と書いてありますよ。「その権威は国民に由来し、その権力は国民の代表者がこれを行使し、その福利は国民がこれを享受する」とあります。委任契約は双務契約なのにもっぱら委任者のためになされるという有名な民法の大原則を思い出しません？　委任は無償でなければならず、受任者がすることから生まれる利益を全部が全部委任者がとるという原則ですね。信託は委任の意味にもとれます。国民さんが獲得する国家という装置は、この受任者と委任関係そのもののことのようですよ。

風間：たしかに、受任者のためにもなる委任契約は無効だ。受任者は利益を得てはいけない。ローマ法の大原則だ。

吉野：でもなぜ他人なんかに委ねるんだ？　自分じゃその利益を得られないっていうのか？

田丸：思い出してください。『笑うケースメソッド』の民法篇を❺。委任は事柄を「誰のものでもない」状態におくのでした。自分で自分の利益を追求したくたって、債権者等々に襲われるので預けたほうがよい。もちろんそのぶん勝手はできなくなる。しかし受任者や受寄者も勝手ができない。だから事柄固有の良好な状態を保つ方向に関係が働く。ぐるりと回って委任者の利益になる。こうでした。

黒木：そうすると、福利といっても、それは長期的な何かでなければならないことを意味するね。金一封が届くとか、タダ酒が振る舞われるとか、そういう

---

❺　拙著『[笑うケースメソッド]現代日本民法の基礎を問う』（勁草書房、2015年）は本書の姉妹篇であり、以下、『民法篇』『民法の基礎』などとしてたびたび引かれる。委任については97頁以下をしっかり読んでください。公法への登山口の一つです。

のでなく。
中村：なんだいったい、その長期的な利益というヤツは？
近藤：それに、ローマ法も民法も妥当しないだろうから、どうやって受任者が間違いなく委任者の利益を保障してくれるようにするのかなあ？
老教授：まだ詳しく説明できませんが、そこは法人理論によります。だからこの受任者は代表と言い換えられているはずです。ま、委任を使い、法人理論を使い、それだけでよいのか、じつは根底に別の基礎が控えているのではないか、という問題はありますが……。

え！　あなたが私のお父さん？

吉野：でもその「長期的利益」とやらは気になるなあ。
大森：妙に抽象的な利益を押しつけて、横田君を喜ばせるだけに終わるんじゃないかなあ。
横田：公共の福祉がいい加減になるのは、むしろ具体的些末的利益論者のせいだよ。
三宅：しかしわれわれの自由だけは侵害しないでほしい。
遠山：それは賛成です。
南田：私は、長期的利益の中身は、結局個々人の自由だと思います。だから、国家を設営するのは、それが誰かは別として、個々人の自由のためだと思います。国民は信託するのだと日本国憲法は言ってます。受託者が国家のことだとして、受益者は国民ではなく、第三者たる個々人一人ひとりです。
吉野：そんな馬鹿なことがあるかよ。いいかい、いま君のお父さんが浚われたんだよ。浚った本人を前にして、「返せ」と君は叫んでいるんだ。なのに相手が「君のお父さんは私だ」と言ったとしよう。素直に、「ああ、お父さん、あなたでしたか！」とか叫んで抱きつくかい？　公共の利益と個人の利益が同じだなんてさぁ。この二つは対立してくれないと頭が混乱する。
近藤：だけど、憲法前文にも一応「わが国全土にわたって自由のもたらす恵沢を確保し」なんて書いてあるにはある。
横田：それが目的で国家を作るとは書いてない。

中村：国家が自由をもたらすのか、それともなにかの福祉のために国家があり、その国家から自由を守るのか。いずれにせよ、ただちに「自由とは何か」という問題がわれわれを襲ってくる。これが応えうる問題なのかどうかという問題も襲ってくる。
大森：いや、別の疑問が私を襲う。
三宅：まるでオオカミ屋敷だねえ。自然状態みたいだ。
大森：「何かを樹立する」ってったって、それは政府とか統治機構のようなものだろ。「公権力を樹立する」でもいい。ふつうは、「自然状態において人は自由なのだが、まさに自由ゆえに自由に襲い合って自由が侵害される、そこで公権力を樹立する」となる。しかしその公権力が保護したはずの自由を襲う？ この堂々巡りはいったいどうなる？ 考え始めたら寝られなくなる。

●あいつは自由を追求しているんだ、
●どんなに迷惑だろうとも喜んで甘受しようではないか！

沢井：ホッブズとロックを、マーマレードとピーナツバターを一度に塗りつけるように混ぜるからおかしなことになるのです。
横田：いや、自由とは、ギリシャ的な考え方によれば、公共の事柄に積極的に関わって充実し、幸せになっている状態だ。
吉野：時代錯誤もいいところだね。放っておいてくれさえすれば、みんな自由に幸せでいられるのに、そういう珍妙な考えに取り憑かれて他人に干渉しようとする。公共の事柄とかいうけれど、お節介と言い換えてほしいよ。
大森：公共の問題と幸せ、つまり生き方の問題を混同しているところが一番いけない。何が幸せかは人それぞれで、いかなる二人をとってもその幸せは同じじゃないし、どちらが正しいということもない。もっとも、そこで調整が必要になる。だからその調整をする国家が登場する。つまりその限りで国家は自由のためにある。とはいえその国家からどう自由を守るか、とまあメリーゴーランド……。
遠山：いつもの三人組の珍問答。
三宅：それはそうだけれど、自分の小さな幸福の追求と他人のそれを切り離しても、それはそれで寂しいねえ。第一、一致して追求すればもっとよく追求で

きることがあるかもしれない。ジャズの演奏なんか、一人で部屋に閉じこもっていてもできやしない。あの至福の時間は仲間と交流したからこそだよ！
吉野：それは公共とも公権力とも全然関係ないなあ。自由を求めているだけ。
南田：そういう議論を聴いても全然実感がありません。自由とか幸せとか言われても。あ、ジャズの演奏のところだけは、少しわかりましたよ。同じことですけれど、横田君が言ったことにすごく違和感をもちました。私はギリシャ悲劇が大好きなのですが、そこでは、とことん追い詰められた女性がものすごい輝きを放っています。状況、そして気持ち、鋭角的な論理、どれにも深く共感できます。公共の事柄に関わって喜びを感じるという人は出てきません。その意味もなんのことかわかりません。むしろ、みんなの利益のために冷徹な計算をする人がいて、追い詰められた女性がその人を刺すように批判するということが多いような気がします。
近藤：たしかに横田君が土台としたと思われる文献は、アリストテレスの若干のフレーズを切り取って勝手に解釈しただけのものが多い。
横田：でもペリクレスの葬送演説があるじゃないか。アテーナイ市民のためにいのちをささげた戦士を称えた……。
近藤：いや、あれも、むしろペリクレスを歴史的な分析の餌食にするトゥーキュディデースの皮肉な筆致を見逃すべきでないし、そもそもペリクレスがアテーナイを礼賛するのは、一人ひとりがとことん自由を追求していて、その人がとことん自由を追求している以上はどんなに迷惑がかかっても甘受する寛容が支配しているからだよ。
吉野：それ、いいねえ。2階で下宿人がバンド仲間を呼んで真夜中に大音量をガンガン鳴らしても、「ああ、独自の幸福をとことん追求しているんだ」と考え、にっこり笑って許す、というわけだね。いっさい調整しない。聞いた？大森君。
大森：仲間割れはよそうぜ。

● 道に迷えば、ゆっくり引き返そう

沢井：ホッブズの場合でさえ、あっと、すみません、南田さんが発言なさった

とき、南田さんでよかったですか、私も同じことを感じていると思ったんですね。ギリシャ悲劇のことをおっしゃったときですねえ。道を歩いていて、「どこかこの道はちがうなあ」と思うことがありますよねえ、でもどこがちがうのかわからない、そのときに、「あっ、最初に右に曲がったのが失敗だったんだ」と気づいたとしますね、そういうことってありますよね。そうやって気づくと、ああ、なるほどね、と思えるんです。私はギリシャのことはわからないんですが、でも、せめて近代の土台から一つひとつ石を積むようにして議論しなければ、道に迷ってしまいます❻。

ホッブズの場合ですよね、たしかに人間ははじめ一人ひとり孤立して、また敵対していますけれども、外界、とくに他の主体との関係はものすごく不確定で、不確定のぶん希望もあるけれど、いつも恐怖に怯えているんですね。だから恐怖に支配されている。しかもホッブズは唯物論者ですから、人間と外界との関係は鉄の物理法則に支配されているんです。その物理法則がそのまますべての権能を主権者に絶対的一方的に委譲することを強いる。

私は、ホッブズは南田さんの言った孤立した個人を圧迫するさまざまな集団の権力を徹底的に解体することを考えたと思います❼。独創的であったのは、なにか超越的な原理を持ち出して解体するのでなく、集団を作ってつるみ、圧

---

❻ そもそも、法律学の理解のためには、一見それとわからないがじつは文学・歴史学・哲学の蓄積に通じている必要があります。それが欠けることによってカリカチャーとされる俗物法律家像に対応する実在ができあがるのです。公法の場合、この事情は切迫します。かつ、あくまで一般論としてですが、たとえば政治思想の概説や解説本はかえって読まないほうがよい。公法学者による導入的叙述やエッセーも、例外はいくつもありますが、自分でテクストや研究書と格闘して紡ぎだされたものでない場合も多く、懐疑的に接する必要があります。解釈の困難さを意識してステレオタイプを避けていれば逆に傾聴に値します。ちなみに、『法思想史』というジャンルはそもそも存在しえない。法を理解するために必要な前提的蓄積はトータルなもので、法理解に役立つ部分だけ文学・歴史学・哲学を切り取るわけにはいきません。歴史学はあっても法制史は存在しないし、哲学はあっても法哲学は存在しません。歴史学自体や哲学自体を勉強しましょう。

❼ ホッブズはもちろんみな精読しているはずですが、『リヴァイアサン』ばかりでなく、あるいはそれ以上に De cive を読むように。幸い翻訳があります。『市民論』（京都大学学術出版会、2008年）。思考の微妙な襞が一段と手に取るように読み取れますよ。

迫し合う人びとの営みの究極原理を蒸留して搾り取り、彼らに極限状態へと向かってもらうこととした。集団の原理を極大化すると全部弾けて解体してしまう。これが孤立と恐怖の自由平等状態。叙述はその直前の物理法則から始まります。そしてその究極まで行くと人びとは恐怖のあまり気がついたらもう公権力を作っている。ああだこうだと逆らったりなし崩しにしたりすることは、もうまったくしなくなっている。集団の横車が消える。透明な空間ができあがり、人びとが一人ひとり個人として真に自由になる。

　スピノザの場合にも、人間は自由に生まれついているのではないんですね。けれども、想像力が与えられているから試行錯誤して、真実に少しずつ近づくことができる。少しずつ意識を透明にすることができる、とでもいうんですかねえ。そうやって、スピノザは、自由はいったい何を根拠に成り立つんだろうかと考えを重ねていったんだと思います❽。

　プーフェンドルフは物理法則と倫理法則の二元論を採り、おのずから個々人の権利がたがいに調整される余地があるかのように言って、全然厳密でないですねえ。ロックも、明確にホッブズに反論していて、はじめから人間は交換を通じて一定の均衡を達成している。さらに飛躍するために同じ交換のメカニズムを使って政府を樹立するけれど、交換によるこの均衡状態、つまり自由ですね、これを破壊することは論理的にできないはずですし、そうしようとすると抵抗を受ける。

　モンテスキュー❾もホッブズをかなり批判したのではなかったですか。交換の社会メカニズムを資源として高く評価し、ここから権力チェックのメカニズムを引き出そうとしましたね。やがては公権力チェックにとどまらないさまざ

---

❽ スピノザ、とくにスピノザ＝ホッブズ関係については、われわれにとって幸福なことに、福岡安都子『国家・教会・自由——スピノザとホッブズの旧約テクスト解釈を巡る対抗』（東京大学出版会、2007年）があります。デモクラシーと市民社会への大きな分岐点全体について見通しが広がります。テクストの読み方の立体性、そしてそれを裏づける歴史学的作業。自分の思想を読み込むのでなく地道に解釈作業を積み重ねるのでなければわれわれの考えを修正するインパクトを古典が持つことはなく、それをわれわれは踏みにじるだけに終わります。

❾ モンテスキュー『法の精神』書き起こしは、もちろんホッブズからです。

まな機能を果たす、さまざまな市民社会の構想に対応する知的形態が花開きます❿。

けれども、ホッブズを経由せずにいきなりホッブズに対抗する側のロジックだけを表面的に受け取ってはいけません。

田丸：自由は獲得しなければならない！　どうやって獲得するのか、力学的な必然を利用するのか、人間の知性と想像力によるのか。それが国家である。国家はまずもって自由を実現するためにある。そして知性と想像力によると考える側からは、あくまで国家を基礎としてそのうえに豊かな市民社会を発展させる道が開けた。その市民社会は折り返すように国家の側に裨益(ひえき)する。公権力をチェックする役割を副次的に担う。その市民社会の資源としてさらにその地下に交換関係がある、こういうことですね。

南田：その交換というのは、フランス社会人類学⓫でいう échange(エシャンジュ) のことだと思いますが、私は一番追い詰められた個人の自由が保障されるのでなければ意味がないと思っていて、だから、追い詰めるほうのメカニズムとの関係で追い詰められる個人の自由を論じなければ意味がない。自由とは何かも、どうやって自由を守るのかも、そうやって論じなければ。たとえば集団の暴力や圧力、そういうのが個人の意識に投影されて、その個人を内側から苦しめたり。誘って引っかけて破滅させたり。これらのことを交換は招きますよね。ホッブズは

---

❿　新しい水準で多面的多層的に描いて見せたのが、J. Pocock, *Barbarism and Religion* の二つの巻、II:*Narratives of Civil Government*, Cambridge, 1999 と、III: *The First Decline and Fall*, Cambridge, 2003 です。モミッリャーノ（A. Momigliano）に大きくインスパイアされた知的平面で、今後の政治思想史はこのレヴェルでなければ満足をもたらしません。それでもなお不十分な点については、拙稿「ローマのポーコック」『思想』No.1007（岩波書店、2008 年）169 頁以下参照。

⓫　モース『贈与論』（筑摩書房、2009 年ほか）を読む場合、モンテスキューからの線を意識しましょう。さらにはマキャヴェッリの社会構造をも視野に入れるとよい。マキャヴェッリの優れたエシャンジュ論は、むしろ二つの文芸作品、『マンドラーゴラ』と『ベルファゴール』に見られます。なお、このエシャンジュの概念はこれから本書全体で繰り返し登場しますから、独特のニュアンスに注意すること。つまり「交換」ではあっても、民法の双務契約のようにきっちり限定されたものではなく、やったりとったりにさまざまなことが付随していき、集団を形成させ、権力を生み、報復や抑圧を生んでいきます。

この交換メカニズムを解体する仕方をそれ自身の自滅の道として構想し、国家の概念を導き出した、と。沢井さんのおっしゃったことはこういうことでしょうか。

龍神はさらにその陰にあり

中村：ホッブズがそう読めることは認めてもいいけれど、国家が自由を実現するのだというのはそれでも疑問ですね。刑罰権力でさえ、ある意味では市民の自由を守るためにある。それはいい。しかし第一に、「だったら国家からの自由というあの話はどうなるのだ」という疑問が生じます。第二に、「国家が自由を守るといってもねえ」ということがある。殺人者を駆逐したとしても、徒党を組んだ連中が追い詰められた個人を食い物にするのを国家がいちいちチェックする図は描きにくい。いったいどうやって国家が自由を実現するんですか？　だいぶ懸け離れているんじゃないですか？

近藤：自由を守る国家、その場合、国家を指し示す単語はなんですか？

遠山：国家は英語 state、フランス語 état、ドイツ語 Staat、イタリア語 stato です。

三宅：ラテン語の status(スタトゥス) だな。

沢井：近世になってからの意味の status、正式には status rei publicae(スタトゥス・レーイ・プーブリカエ) です。res publica(レース・プーブリカ) の status 態様・状態・姿・骨格という意味です。

横田：res publica の publica(プーブリカ) という形容詞、「公の」という意味で、これは女性形だけれど、男性形でいえば publicus(プーブリクス) だね、これは国民 populus(ポプルス) の派生語ではないですか？

吉野：おい、喜べ、さっき行方不明になった国民がやっと出た。

沢井：語源を論拠になにか不釣り合いに大きな結論を出すのは典型的な混乱です。方法的な誤りです。populus と publicus は同じ語源だろうとは思いますが、そこに現れるのはまだ国民ではなく、勢揃いした兵士たちですよ。そのことの深い意味を理解せずに軍事を礼賛したりすれば、最高に愚かな推論の出来上がりです。レオナルド・ブルーニ❷一つ読めません。

田丸：待ってください、status の前提にくる res publica ってなんですか？

沢井：status は骨格、背骨、中枢という意味で、相当ダメージを受けてもそこ

さえ健在ならば res publica は再生可能である、だからここを守るのが効率的である、そういう思想を含意する句ですね。status ないしイタリア語 stato、つまり国家についてはまずマキャヴェッリを読んでください[13]。

そのテクストを理解するためには、人文主義の確立と破綻、イタリア諸都市の共和体制が成熟しそして基盤を失っていく歴史、そのなかでいっそう深い岩盤に基礎を築こうというマキャヴェッリの問題意識、これらを把握する必要があります。国家という概念は以後必ずこの脈絡に立ちます。論者が意識しようとしまいと。逸脱すればしたで逸脱という脈絡が生まれます。さて、肝心の res publica ですが、それはたいへんに難しい。しかし国家が正式には status rei publicae であるとすると、自由実現装置の本体は国家のほうではなく、res publica のほうであるということになります。国家 stato のほうは本体のエッセンスくらいの意味ですから。

田丸：自由実現装置の本体かあ。わくわくするなあ。

でも、龍神の前に桃太郎はいかが？

老教授：ヒントになるのは、昔から単なる団体と res publica はどうちがうか

---

[12] Leonardo Bruni (ca. 1370-1444), *De militia* に言及されています。さしあたり、拙著『法存立の歴史的基盤』（東京大学出版会、2009 年、以下 POSS）26-27 頁。ブルーニはフィレンツェ共和国の書記官長＝「宰相」を長く務めた人文主義者。共和政治自体からは一歩引き下がり、外交と財政を担い、その際、古典テクストの学問的な読解を支えとしました（「ショピンとはおれのことかとショパン言い」を避けるため、つまり文献検索さえカタカナではできないので、註ではアルファベット表記も適宜用いる）。

[13] 政治や公法を考える場合に不可欠なのは、マキャヴェッリの *Discorsi* を熟読することです。幸い翻訳が簡単に手に入ります（『ディスコルシ「ローマ史」論』（筑摩書房、2011 年））。『君主論』やこれについてのでたらめな感想文を先に読まないこと。なぜマキャヴェッリが近代の政治学、否、およそ社会科学の祖であるのか、理解できます。この作品の場合、ほとんどリウィウス（Livius）のテクスト一本に対するコメントですが、ここは本来共和政ローマに関する伝承総体の批判的吟味たるべきところです。しかしその差を捨象すれば、これは POSS とまったくパラレルです。つまりローマ共和政（に加えて私の場合は民事法）を支える社会構造を社会科学的＝歴史学的に分析するのが目的でした。POSS は徹頭徹尾マキャヴェッリの跡を追ったものです。

と論じてきた点です。ギャングの連合組織と国家はどうちがうか❹。

遠山：待ってください。そもそも、憲法の入門書で、国家とは何か、なぜ存在するかについて、きちんと説明されていないんです❺。国家の存在を前提として、その権力を制限したり、働き方のルールを定めたのが憲法だという有様です。最も標準的な説明であるはずの契約論的構成でさえ、まったく触れられないか、むしろフィクションにすぎず妥当しないとされています。

ひどいのになると、国家は昔からある、どんな権力にも働き方にルールがあるから国家だと書いていて、ギャングの組織にも国家があることになってしまっている。軍事独裁や一党独裁の体制にも国家があることになってしまいます。近代ヨーロッパに成立した特殊なものだとさえ、されていません。もちろん、しっかりした概説書であれば、そう書いてあります。契約論的構成の多様性にも触れられています。近代国家が権力を独占するということもしっかり論じられています❻。それでも国家のさらに根底にある res publica の作用、あるい

---

❹ たとえばボダン『国家論』冒頭はこの論題で始まります。

❺ それに鑑みても、一個のマニフェストとして、長谷部恭男「リベラル・デモクラシーの基底にあるもの」（『憲法学のフロンティア』岩波書店、1999 年所収）は必読です。状況について大いに考えさせられます。一面で、国家が自由のためにあるという動かない基本則において本書もまたこれを強く支持します。しかしより立ち入ったレヴェルにおいては、じつは利益集団多元主義デモクラシーの日本的ヴァージョンになっています。「調整問題」というワーディングにそのことが現れています。ある意味で実力衝突を利益間衝突に置き換えて契約説の系譜に立つ標準的なものですが、単純化されているために、利益間調節が échange を通じて政治システム崩壊や実力衝突・軍事化にまで連続的に続いているということの看過がはっきり露見しています。自由を考える際には団体と個人の関係を視野に収めなければなりません。これを怠ると、「蓼食う虫も好き好き」ながらその虫が徒党をなすことに鈍感になります（そこからおかしくなっていったパレートの軌跡については、拙著『デモクラシーの古典的基礎』（東京大学出版会、2003 年、以下 DEM）36 頁以下参照）。戦後日本のかりそめの利益集団多元主義が黄昏を迎えた 1990 年代にこのマニフェストが懐かしげに現れたことは興味深いと思います。多元的価値の共存はもとより一つの立場ですが、その実現のための精緻なデヴァイスと、そしてなによりそのデヴァイスが成り立ちうる土台を考察するのが公法学者の責務です。

❻ 日本国憲法がいかなる政治システム概念の文脈に立つかに関しては、依然、樋口陽一『憲法 I』（青林書院、1998 年）が基本です。すなわち個人の自由を出発点におきます。視野は主としてフランス革命等近代のものであるが、本書はさらにギリシャ・ローマ、人文主義、近代初期にさかのぼってそれを裏打ちするものです。そういう伝統の中心線

はそうした重層性には触れられません。

三宅：いずれにしても、ホッブズ＝ロック問題を解けないのがネックになっているなあ。人権を論ずると国家の意義が説明できない。国家の意義を説くと人権が導けない。この間隙を突かれて人権論が公益論ないし公共の福祉論によってどんどん侵食される。本格的なデモクラシー論や市民社会論が構築されないということでもあるけれども。

近藤：入門書は無数にあるから網羅的に調べたわけではないけれども、一冊、国家形成は「よりよい自由のため」、というのがあったんじゃないかと思う❼。ホッブズ＝ロック問題へのチャレンジだったのか。個人の自由を所与としつつ、なおかつ国家は自由のためにあるということも言うわけだ。「よりよい自由」というのが何なのかはっきりしないけれどもね。

吉野：個人の自由は強すぎるアプリオリだと思うなあ。放っておいてくれればいいよ。だから集団を形成するのも自由だ。

大森：多元的利益と集団は脆弱な個人を支えるツッカイ棒でしょ。孤立した個人を放り出さないでほしい。

南田：とんでもありません。逆ですよ。集団があれば必ず不透明な関係や暴力が発生します。個人の自由がアプリオリだというより、そうした集団のメカニズムが最弱者を抑圧する、そうした構造を人為的に解体する装置が必要なんです。そうしたメカニズムを克服し個人間に透明な関係を創りあげることが自由の定義です。

中村：でもその装置が国家？　そうだとしても、国家はいったいどうやってそのメカニズムを解体してるんだよ？　国家という呪文を唱えれば権力は消えてくれるって？

風間：実力装置を独占するんだから、逆らえば力づくだ。盗賊の巣窟を襲って壊滅させる。

三宅：そんなの、桃太郎の鬼退治アプローチじゃないか。桃太郎の権力はどう

に日本国憲法が位置するということです。
❼　毛利透『グラフィック憲法入門』（新世社、2014年）。

してくれる？　ヤクザの親分に保護されて獲得する平和なんて、まっぴら御免。桃太郎が良い人かどうかにすべてが懸かってくるけど、良い人である保証はこれっぽっちもないよ。

●●● 龍神の来し方

大森：だから公権力をチェックするためにいろいろな機構が存在するんじゃないか。それが国家でしょうに。

中村：機構が馴れ合いを峻拒するという保障でもあるんですか？

沢井：その問題ならば再びマキャヴェッリでしょうねえ。チェックのための政治機構が働く条件として社会自体に特定の構造が不可欠だと考え、それをローマの歴史に探りました。

中村：なぜまたそんなに昔まで遡ったのかなあ。

南田：私がさっき言った考え方、つまり集団のメカニズムが働いて自分を追い詰める、そういうのが嫌でたまらないという考え方、これがギリシャ・ローマからくるからでしょ。悲劇を読めばわかりますよ。いや、ホメーロスやヘシオドスに濃厚に表現されています。ローマだって、そうそう、『笑うケースメソッド』民法篇であれだけくどく占有を聴かされたじゃないですか。判例には必ずグルが現れました。

黒木：ということは、自由を実現する手段を彼らは知っていたのかな？　だって論理的にそうなるよね。多少でも実現していたとすればね。はあ、そうか、これが res publica だな、さては。国家の影に隠れる本体装置。徒党の連合体と res publica は、そりゃちがうわけだ。後者は徒党解体に特化した装置だからな。

三宅：だけど status 分は近代の上乗せで、ギリシャ・ローマにはなかったんでしょ？

老教授：そのとおり。だから国家は近代になって初めて現れたと言われます。ギリシャ・ローマには国家はありませんでした。

風間：たぶん、委任のところでも、法人理論がなかったんだな。これが近代の付加分なんだ。

沢井：たしかに、少なくともマキャヴェッリにおいては、自由実現装置のうちせめて骨組をどう維持するかという問題意識とともに stato という語が使われます。"mantenere lo stato"（マンテネーレ・ロ・スタート）、「骨組を保つ」という彼の言葉が有名です。前提として、実現装置そのものの基盤を探求するという意識が強い。

しかし、たとえば "ragion di stato"（ラジオン・ディ・スタート）、つまり国家理性ですね、16世紀初めのマキャヴェッリに対してその世紀の後半になると出てくる用語法ですが、この場合には、もう本物の実現装置は無理だけれど、骨格のみで代用できないかというテクニカルな関心が存在します。

次いで、この代用装置に代用でない本格的な装置たる内容を与えるべく、多くの理論家が関わりました。これが国家概念の起源です。当然頻繁に元の実現装置の概念内容からさまざまな示唆が流れ込んできます。古典や人文主義期のテクストが参照されるということですが。

● シェフの冷蔵庫は古い使い残しの野菜ばかりだった！

田丸：元の自由実現装置について知りたいです！　いったいどんなマジックを使って集団を解体し、個人の自由を帽子のなかから出したんですか？　よほど恵まれた条件がそろっていたんでしょうねえ。

老教授：紀元前8世紀末のギリシャでポリスという大変特異な社会組織がいくつも現れました。その人たちは、この社会組織を形成している人が自由なのであり、形成していない人は自由でないと、厳密に区分しました。これが決定的な分かれ目なのですが……。

南田：そうです、いえ、ギリシャのことではなく、集団がもたらすメカニズムに苦しんだことがない、あるいはその苦しみに共感できない人に、自由の意味はわかりません。自由がすべてで社会の質を分ける決定的な分水嶺であるということ、すべての問題に及ぶということ、そしてその実現は解けそうもない謎であるということ、どれだけ難しいかということ、このことを痛切に感じなければ、話になりません。

老教授：たしかにギリシャの人びとは「その分かれ道が初めにありき」で、かつ社会の種類を絶対的に二分すると考えていました。自由な社会とそうでない

社会が1と0の関係で分布していると見ていました。さらに、自由な社会を達成する自分たちの道の難しさも知っていました。近代の人びともそれらの点に早くから気づき、学者たちは「ギリシャ人の奇跡」と呼んでその秘訣を探ろうとしました。

それ以前に存在すれば、それが起源だということで、それを学んだんだね、とわかった気になる。ところが紀元前8世紀に突然現れるのです。いったい何が起こったのだろうということになります。恐竜が滅びたのは強大な隕石が落下したからという説があるようですが。なんの条件もないように見えるところで何を基礎として自由保障装置を立ち上げたのか。たとえばフレーザー以下のケンブリッジ・リチュアリストと呼ばれるグループもかなりの成果を挙げました❶❽が、なんと言っても、デュルケーム社会学の系譜を引く歴史学のアナール学派と密接であったルイ・ジェルネ❶❾が創設したギリシャ学のパリ学派の仕事が決定的でした。主として20世紀の半ばから後半にかけての時代です。

そこでわかったことは、三ツ星シェフの極上の一品といえども、その材料はじつに平凡だったということです。フォアグラもトリュフも使っていない。しなびた人参とジャガイモだけだ。しかし材料にはどんな一片にも残らず周到な手が加えられている。生煮えの部分は一つもない。ホメーロスとヘシオドスのテクストはその痕跡であるということがわかってきた。紀元前8世紀から伝わってくる史料は考古学的資料を除けばほとんど存在しない。あるのは文学、フ

---

❶❽ F. Cornford, *From Religion to Philosophy. A Study in the Origins of Western Speculation*, Cambridge, 1912 が代表的です。政治の成立は通常反省的批判的思考の成立と同一視されます。この作品はむしろイオニアの初期哲学にホメーロス（彼にとっては神話）を見出し、これをいわば卵と成虫のあいだの蛹の姿とし、移行をトレースできたと考えました。彼は後の作品でこの primitivism を撤回、哲学的思弁の画期性の立場に戻ります。

❶❾ L. Gernet, Droit et prédroit en Grèce ancienne が決定的な転換点です。1951年の短い論文ですが、現在は Id., *Droit et institutions en Grèce antique*, Paris, 1982 に収められています。AがA'のように変化し水面下に潜り上のBを支える、このA'/Bの二枚重ねができあがった新しい現実である、というのです。AをA'に変換し保存する、つまり意識の底の一見古い部分を文学や儀礼を通じ絶えずケアしなければ、新しい現実は築けません。拒絶は無効であり、他方現実はつねに意味のレヴェルで多層的であることになります。

ィクションだけ。しかしなんとこのテクストが秘訣を握っていたというわけです。

　暗号表はそこに書かれていた。自然現象から社会制度、個人から集団、婚姻から戦争、従属民から神々にわたるすべての事象に関する、われわれの意識の総体に手の込んだ加工を施すものであるということが、分析の結果わかりました。それらについての概念を鋭く対立する複数に分解し、またその対立を具体的な人間観の衝突として劇的にし極大化しているのです。目立つのは、通常の日常の社会組織編制の底に隠れている原初的な部族社会原理を抉（えぐ）りだしてくる部分です[20]。

　一つだけ確実に言えることは、集団内部の権力争いや不透明なやりとり、暴力的な衝突の基礎となる意識がこれほどまでに冷徹に解剖され戯画化され提示されていると、それが成り立つ余地は極小化されるな、ということです。あるいはそういうことをできる意識は、よほど透明にちがいない。怒って壊しにかかるのでなく、まず徹頭徹尾分析するやり方には戦慄を覚えざるをえませんが、ギリシャ人とは、このテクストの言語を共有する人のことでした。人種や民族は関係ありません。皆、暗唱していたわけです。あえて決して書きませんでした。意識の底に蓄えるためです。そもそもこれはただの文学で経典でも聖典でもありません。書くと権威が出てしまう。自由なテクストでなくなる[21]。

---

[20] 岩波文庫で簡単に読めるゆえ、M.I. フィンリー『オデュッセウスの世界』（岩波書店、1994年）を薦めます。社会人類学的事象に満ち満ちた様が描かれています。1950年代という早い時期に書かれ、現代に至るまで亜流の研究が絶えません。しかしその後の著者自ら認めるとおり、ミュケーナイ時代後＝ポリス成立前の「暗黒時代」を映したものと解する点は大きな誤りであり、すべて極端なまでに文芸的加工が施されています。テクストは加工する側の意識を映しています。素材はしばしば実在ではありません。あるいはオリエントから流入したものです。

[21] 以上については、パリ学派の成果をさらに批判的に組み替え、とくに政治の成立のような事象を分析するため、さらに新しい歴史学の方法を理論化した、拙著『政治の成立』（東京大学出版会、1997年、以下POL）を参照。それ以前の文献については、理論的なものも含め、そこで追跡されています。内容は実は呆気ないくらい単純ですが、言語についてなど180度反対の発想を要求されるので、その点の柔軟さに欠ければまったく理解不能となる怖れがあります。しかし、人文主義や構造主義が理解できれば問題ないし、なによりも自由ということをどこまで切実な問題として突き詰めて考えている

政治、ないし政治システム

老教授：結果としてこの時できあがった社会編成は、自由で独立の主体から成る合議体が議論のみによりかつ議論を詰めて決定したことがオールマイティーであり、全員が留保なくそれに従う、というものです。決定事項は真っ白なキャンバスに自由に描くように自由です。「明日、皆でケーキを食べよう」でもよい。議論がいかなる権威も容認しなければよい。しかし、完全に自由な議論だということと矛盾する決定は事実上おこなわれません。

否、内容制限などなくともそうなるという絶対の自信がありました。つまり政治的決定はまったくもって自由のためだけになされる。権力や不透明の解体のためにのみなされる[22]。だから典型は刑事司法です。これが政治であり、制度複合体としてみれば政治システムです。驚くでしょうが、これが政治の本来の意味です[23]。実力を独占し強制をおこないうる近代国家と対照的に、実力装置をいっさい有しません。警察と警察力、憲兵組織のようなものが存在してはならないと考えられたということです。司法組織のみがあるいうのに似ます。

かが大きな岐れ目です。

[22] 政治的決定は本書において公法概念の基軸です。決定内容はおのずから厳密に狭く個人の自由のためのものとなります。つまり権力や不透明を解体する措置を内容とします。しかし個人の自由がそうした決定になお対置されます。たとえば被告人の自由です。これが典型的な公法的場面です。はじめから自由のためでない決定はそもそも公法上の前提資格を欠きます。つまり公法の入り口にさえ立てない無資格者として扱われます。

[23] 「政治」や「政治システム」という語は本書ではきわめて特殊な意味で用いられ、しかも公法の鍵を握る概念・制度を指示することになります。今日「政治」という日本語はこの意味をまったく付与されていませんから、読者は非常な違和感をもって当然です。しかし「政治」が"politics"等々西欧語の訳語であるとするならば、それらの西欧語は、われわれの「デモクラシー」と同じく外来語の外来音表記であり、訳せずに仕方なくラテン語でさえなくギリシャ語を用いたという代物です。そしてたとえば B. Crick, *In defence of Politics*, London, 2013（or. 1962）のようなよく普及した書物においてなお明らかなように、「政治」を本書のような意味で理解するのが圧倒的に正規でした。この書物がしたようにそのことを思い出させる必要がヨーロッパでもときどきは生ずるのですが。そして、公法を理解するためには今日支配的な俗流の政治概念はまったく役に立たず、その古典概念に立ち返る以外にありません。

裁判の権威は実力組織によって支えられているのではないということはおわかりですね。対外的な実力は形成されますが、これを内側に向けることは大罪でした。

　まず、議論をするということは、主張を結論と論拠に分節するということです。主張をぶつけ合うのでなく、理由付けしなければならない。すると反証可能性が生まれる。論拠は自由に採ってよい。つまり「特定の権威ある論拠」の存在は排除される。すべての論拠は批判可能であり吟味されます。

風間：そういう意思決定が理想だということはわかりますが、それで大丈夫ですか？　非効率ではないですか？　専門家の判断に従うということはないのですか？

老教授：急がば回れです。きちんとした議論を経ない決定はいたるところで計算外の事実に遭遇し混乱を招き非効率です。それに、人びとが完全には納得していませんから、いざ実行しようとするとちぐはぐにはなるし、ひそかにサボる者は出るし、面従腹背、あるいは服従してもいやいやであればパフォーマンスは低くなります。専門家の判断に盲従することの危険も鋭く認識されていました。およそいかなる権威も否定するということの一環です[24]。記念碑的であるのは、デモクラシーになってからのことですが、ヘロドトスが伝える、デルフォイの神託を専門家でなく素人が見事に読み解く場面です。これは同じヘロドトスが描くサラミスの海戦のポイントにもつながります。一人ひとりの自発性、責任、あるいは作戦理解の深さが、従属民を盲目的に従わせる大軍に勝つという話です[25]。

遠山：けれども全員が議論に参加しているはずはないでしょう。人数が多すぎます。

老教授：ローマとちがってギリシャでは民会でも議論をします。とはいえ、決定機関は、議論をもっぱらとする評議会と、全員参加してその評議会からの提案に決着をつける民会、この二つに分かれます。他方、自己の責任で決定を遂

---

[24] ヘロドトス、7巻139章以下。DEM、537頁以下、参照。
[25] ヘロドトス、8巻70章以下、特に86章。

行する政務官も選ばれました。軍指揮権は重要でしたし、裁判を指揮することも重要でした。厳密な議論と決定の一義的実現、という相反する二つの要素を明確に分節し手続により組み合わせるのです。これらの分化が存在しない場合、政治が存在するとは言えません。

三宅：民会による直接制はデモクラシーを意味すると習いましたが。

老教授：それはまったくの誤りです。それが証拠に200年後にデモクラシーへ移行する前から、つまり初めから民会は存在します。評議会に先議権＝独占提案権があるというのもコンスタントです。プロブーレウシスと言います。皆で話し合って決めればよいというものではない。寄合や井戸端会議では、さまざまな思惑や駆け引きが入り乱れ、むしろ権力関係の巣窟のごとき様相が現れます。山賊どもの山分けの相談を考えてください。

大森：議論の空間に透明性が存在するだろうというのはわかります。しかしその決定が透明な空間において実現されていく、ということはただちには意味しないのではないですか？

老教授：むしろ、真に詰めた激しい議論を重ねてこそ、決定実施過程の透明性が生まれます。人びとが所与を深く批判的に省察する意識を内蔵しているということ、意識の透明性ですね。これが質の高い議論をするための条件であり、この意識があると、曖昧なまま同意したものの、後で蒸し返してなし崩しにするとか、心理的な反発が深層から巻き起こってドンデン返しになる、というようなことが避けられます。真剣な理解は深い理解を生みますから、一人ひとりの高度なパーフォーマンスが生まれます。

田丸：所与のすべてに深い省察を及ぼすと自由実現装置が現れる！　夢のようです。溜息が出ます。

中村：全然ピンとこないな。手品じゃないんですから、「鳩が出ました」ではすみませんよ。

吉野：きわめて高度かつ複雑で理解を越えている。そんな複雑なことを考えついた人がそんな昔に本当にいたのかなあ？　現代の学者たちの妄想じゃないですか？

老教授：ホメーロスのテクストがあの内容で、社会の上層だけでなく全員がこれを深く共有していたということは動かない事実です。地球上の特定地域の特

定の時代の狭い常識で「ありそうもない」と決めつけるほど愚かなことはありません。

中村：しかし、そういう高度な調理がどうして可能だったのかという問題は残るな。そんな昔に。半信半疑だ。

老教授：その問いには答えが無いのだと思います。どのことも日常的にすることばかりであり、ただそれを極端にし、しかもどれにもそのとおりには従わないという平凡なことをするかどうかです。だから、どこでも偶発的に生じうることです❷。他方、偶発的なその一歩により基盤が築かれることが決定的に重要で、基盤さえあれば規則でがんじがらめにする必要はないと考えられました。自由な議論は独裁をも選びうるというように一見思えますが、しかしそれは表面的な考えで、自由な議論をする深い意識はみずからを破壊する決定を絶対にしない、また自由創出という目的と矛盾する決定をしない、という確信が存在しました。だからわざと禁忌にしないし、掟も作らない。立憲主義は政治システムを支える近代一流のものですが、ギリシャ・ローマには基本的に存在しません❷。

---

❷　自由実現装置ないし政治が特定の「文化的伝統」の中でしか可能でないとか、それと一体であるとか、そのような考えは成り立ちません。もちろん一人ひとりに採るか採らないかの問題が存在しますが、近代ヨーロッパにとってもギリシャ・ローマからの学習の産物、「外来文化」であり、不完全にしか消化しえなかったこと、そのギリシャ・ローマでも未完に終わったことを、忘れるべきではありません。その点、われわれと変わりません。

❷　ただし、第一に、デモクラシー移行期の混乱対立に際して中立たる外国人識者に政治システムを規範として書き記してもらい裁可することがおこなわれました。第二に、紀元前4世紀つまり後古典期アテーナイで穏健デモクラシー支持者が立法化の動きを示したが、実現しませんでした。第三に、以下に見るとおり、ローマでは政治システムが儀礼として、つまり手続的に保障されました。規範的思考は儀礼思考に近い関係に立ちます。なお、民事訴訟樹立とともに、ことさらに儀礼思考を進めた十二表法は、最有力ヴァージョンにおいて、外来ギリシャ人の起草によるとされます。中世イタリアのポデスタを見ればわかるとおり、憲法は外国人に起草してもらうのが正規でさえありました。憲法がすべての立場や主権者さえ越えるものである以上、絶対多数でさえ、全員でさえ、自分たちで書けば自己利益の追求になります。国家が発議する場合にも公平な専門家から成る第三者委員会が起草すべきでしょう。

● デモクラシー

遠山：ギリシャがデモクラシーの母国だという理由が少しわかったような気がしてきました……。

老教授：早合点しては困ります。約200年後、紀元前6世紀後半にならないとデモクラシーは登場しません。100年近くにわたる大規模な社会変動の帰結としてようやく諸々のポリスはデモクラシーへと到達します[28]。その形態は非常に多様でした。しかし動かない共通項があります。政治的決定手続が変わります。もともと政治的議論においては、こうすべきだ、ああすべきだ、と争うのでなく、それに論拠を付し、その論拠を攻撃し合うのです。主張は論拠と結論の二段に分かれなければならない。いちいち理由をつける、それを敷衍する、ということですね。そうでなければ利益と徒党の衝突・調整と変わらない。論拠の部分は相矛盾する大原理であるということになり、結局は根本的な価値観の衝突に帰着してしまうかもしれない。それでもそれが粗野な生煮えの利益でなく考え抜かれた原理であるならば、言語が大量に媒介することとなり、激しい議論はますます論拠を研ぎ澄まさせることになり、Ｐという選択、Ｑという選択、の意味は明晰になります。相互の関係もはっきりする。なにより、決定は大きく先延ばしにされます。

　さて、デモクラシーは、その論拠にさらに論拠を付すことを要請します。論拠を欠く論拠は資格なしとして入り口で排除されました。敵が攻めてきた、戦うか和平か、正義か平和か、それはそれぞれいかなる正義の理論に基づくか、と熱く議論を戦わせるのでなく、たとえ不正に対して戦うのが正義であるとし

---

[28] デモクラシー一般、そしてギリシャのデモクラシーについては、M. I. Finley, *Democracy, Ancient and Modern*, 1973（＝邦訳、フィンリー『民主主義──古代と近代』講談社学術文庫、2007年。私の簡単な解説も付されています）をまずは参照してください。本書でのデモクラシー理解、つまり素朴な民衆支配でなく高度な文化としてそれを捉える仕方は、DEM において全面的に叙述されました。あの悲劇や哲学と同時かつ一体として生まれたのである以上、そうでなければおかしいし、またそのように捉ええないとするとわれわれの知性の矮小さのみが残ることになります。

ても、敵の攻撃は本当にその不正に該当するのか、現実にそういう攻撃があったとするならばそれは不正に該当するかもしれないが、そもそも本当にそういう攻撃があったのか、なかったら、そもそもの話が成り立たないではないか、不正な攻撃があったとして、しかし闇雲に戦うことがその不正に対処する所以なのかどうか、ひたすら無謀たるゆえにかえって不正に勝利させるだけなのではないか、不正に対処し正義を貫く方法のうち最善のものではないだろう、等々と詰めていく。

　基本的に、AだからB、BだからCのうち、主としてAを時空に展開させ矛盾に帰着させる批判がおこなわれました。今日流にいえば、詳細にデータを挙げて論拠を裏打ちしてくる相手に対して、時空の延長線上において合わないデータを突きつけ破綻させる、という論駁が始められました。さらに、政治的決定は自由のためと決まっているのですが、その決定が自由のために資するという触れ込みながらじつは思わぬ方面で誰か個人の自由を確実に侵害するではないか、といったタイプの抗弁が前提問題として提出されます。原理対原理、価値対価値のコンクールではなく、内在的な批判により、コンクールに上ってくる前にスクリーニングするのです。かくして決定手続は少なくとも二段になります。

● デモクラシーのコロラリーとしての基本権

風間：訴訟要件審査と本案審理という二段を連想させます。
老教授：あれは占有原理に固有の原則で[29]、デモクラシーのそれとは異なりますが、占有ないし民事訴訟とデモクラシーがパラレルであるとすると、一定の

---

[29] 占有原理は以下本書を貫通する思考の一つであり、法的概念構成を担います。占有についてその基礎の解明を全面的に試みたのはPOSSですが、日本の実定法に即しては『民法の基礎』において例解されました。また感覚的には拙著『法学再入門　秘密の扉　民事法篇』（有斐閣、2016年）も有益と信じます。形態的感覚的概念であり、論理ではなくイメージで理解することを薦めます。感覚を摑めるかどうかが法的思考の成否を分けます。おのずと概念規定でなくパラデイクマ（註[32]参照）、つまりお話などによって伝える以外にありません。

アナロジーは正当化されますし、デモクラシーを法学的に構成するときに実際にこのアナロジーは作動します。人権訴訟や行政訴訟において見られます。

　要するに、政治的決定手続は複雑になり、議論に多くの人が関与します。自由探求の精度が上がります。支配者を排除しさえすればよいというのでなく、一人ひとりの自由を具体的に保障するということになっていきます。

　また、決定後に、「決定自体はよいとしてもその個別的実行方法に問題がある」と個別的な異議申立にさらされます。とりわけ個別個人の自由の問題が提起され、部分的にストップもかかり始めます。政治的決定は絶対でしたから、これは衝撃的なことでした。つまり、徹底的に議論を尽くした以上は決して迂回したり横車を引いたりしない、というのが透明性の根幹でした。ところがいまや政治的決定自体制約される。そもそも資格要件を満たさない論拠により基礎づけられている政治的決定は提案できなくなる。この制約から、総じて、政治システムとは独立自足的できわめて繊細な個人の自由が措定されます。

南田：たしかに、社会全体にとって明らかに利益になり、また手続的にも正しい政治的決定に対して追い詰められた個人が立ち塞がるというテーマはギリシャ悲劇においてコンスタントに出てきますね。テクストの上で、迫りくるのが正しい政治的決定だということがしつこいくらい明示されるんです。神話時代のこととしては不自然な現代風政治言語を使って。逆に、そうした政治言語の深層意識の部分に光が当たるという効果もあります。意味がことごとく二重にされているのです。ホメーロスのような二重とはまた違って、その上に立体的に２×２重にされていると言った方がよいくらいです。

大森：政治的決定に抗するとか、追い詰められた人の自由とか、それは人権ではなくとも人権に近い思想であると思いますが、一つ違和感があるのは、人権は近代の思想であると習ったことと、デモクラシーは多数決のことだから人権とは衝突すると習ったことです。

老教授：もちろん、人権という定式自体近代固有のものです。しかし自由とデモクラシーを近代は単純化した。単純化によって飛躍的に普及させた功績は否定できませんが、近代の新しさはこの差にすぎないとも言えます。他方、人権＝デモクラシー間の衝突は単純化がもたらした混乱の典型です。人権のごとき単一の道具で抽象的に自由を考える仕方をギリシャの人びとは嫌い、多様な局

面で具体的に自由を保障する思考をしていました。人権どうしが衝突するとか、なにかの人権が絶対でより弱いほうが犠牲になるとか、そういうことは考えられないことでした。

黒木：たしかにねえ。「あなた生まれながらに自由なのですよ」と放っておかれても、全然自由の実感がないなあ。生まれながらに自由なんだからいいじゃないですか、これ以上なにを望むんですか、なんてことになる。近代の自由は、とりあえず身分制社会を脱するので手一杯、脱したところで、その先を考える余裕はなかった。

老教授：デモクラシーと人権は固く連帯しているのであり、衝突するように言うのは、デモクラシーを多数支配と混同するからです。多数決は政治のロジックです。

デモクラシーと高度な知性

老教授：ですから、第一に政治とデモクラシーの区別がいかに重要かがおわかりですね。そして第二に、デモクラシーは、大衆化のことではなく、高度な思考と不可分だということを決して忘れないでください。ギリシャで、悲劇、哲学、歴史学等々と一卵性で生まれたことを考えればたちまち納得できるでしょう。

　デモクラシーまでエリーティストにするのか、と愚かなことは言わないでください。政治的空間自体に多くの人が関わるようになるのはそのとおりです。そういう人たちは高度な哲学には無縁なのだろう、哲学などという難しいものは一部エリートのものだ、と勝手に考えるほうが人びとを馬鹿にしているのではないですか。自分が高度な哲学を苦手にしているからといって、みんな苦手だと決めつけないでください。

　たしかに、喜劇の祖アリストファネスがしたように、衒学的な言説を笑い飛ばすのが最も高度な知性です。かつ彼は大衆のチャンピオンでした。そのへんの職人や商店主の。しかしアイスキュロスとエウリピデスの悲劇を比較する見事な文芸批評をし、悲劇をも笑ってみせる。そもそも悲劇も喜劇も市民全員が審査の投票をするコンクールの所産でした。あれだけ高度な言葉の使い方が

綿々と続く悲劇のテクストを普通の人が一瞬にして解釈するのですよ。セレブが審査員になって受賞作を選定する映画祭とはわけがちがいます。近代の専門家も驚く高度な識別力と言語能力をもったということです。

ローマでは

老教授：ローマのことについても少しだけ述べておきましょう。ローマでは、政治システムを精神において実質で深く共有するということに人びとが懐疑的で、厳格な儀礼として遵守することによってのみ政治システムの存在が保障されることへの執着がありました。これは、めぐりめぐって近代において政治システムを法学的に捉えるということに遠くつながりました[30]。それから、ローマはデモクラシーと無縁であったというのは正しくなく、非常に特殊なデモクラシーに至ったとするのが正解です。そのなかで民事法という特殊な制度が生まれました。これが法のことです。これもまた儀礼を最大限利用した制度です[31]。

この法で大元の政治システムを捉え直すということのあべこべな性質を予告しておきましょう。しかしこの場合も、政治システムから独立の自由が保障されるという理念が生まれました。それを核として市民社会の概念が生まれました。非政治的なタイプの市民社会、リベラル・デモクラシー固有の市民社会で

---

[30] ローマの政治システムを法学的に捉える、その息を呑む厳密さは、依然としてテオドール・モムゼンの独壇場であり、Theodor Mommsen, *Römisches Staatsrecht* は記念碑です。その後の対モムゼン修正主義の数々は今となっては色あせて見えます。つまりローマの政治制度に関しては「彼の著作を字引のように参照せよ」ということになる。彼は徹底したローマ私法学の訓練を受け、しかしこれと訣別、戦闘的政治的市民社会のために密かに奮闘しました。なお、ドイツ公法学の本格的発展はこの直後であり、かつ精度が相当に劣ることにも注意が必要です。ローマ史の史料学における巨人であるモムゼンの緻密な史料批判と体系的な実証に誰も太刀打ちできないということですね。この学問的緊張を最良の実証主義的法学さえ維持できませんでした。当時のドイツの現実の政治を相手にするのですから仕方がありませんが。

[31] POSSにおいて論証が試みられた命題であるが、さしあたり、拙著『ローマ法案内──現代の法律家のために』（羽鳥書店、2010年）参照。前提となるローマの政治システムの性質とその基盤についての記述は17頁以下にあります。たとえば次章などローマの政治システムが引照されるときにまずこの部分の参照が求められます。

すね。これに対してギリシャの市民社会は政治的にアクティヴなタイプのそれです。

休憩

遠山：はあ、目が回る。
吉野：さっきから眩暈のしっぱなし。どっと疲れました。なんでまたギリシャなんかにまで遡らなければならないんですか？　昼寝でもしていたいのに。
大森：それより、われわれの世界とはあまりに違いすぎて非現実的だと思う。
中村：われわれにそうした経験を参考にする力があるとは思えないよ。その点にきわめて懐疑的だね、ボクは。
沢井：でも、これを受け容れることで近代が始まったことは疑いのない事実でしょう。
横田：20世紀になってその近代に根本的な疑問を突きつけるときにギリシャが参照されたように思っていたけれどもなあ。
近藤：いや、そのギリシャ理解の皮相なことったらなかった。むしろそこでばれるよ、ポストモダンとかでハイデッガーから現在まで続くそういう思想は、じつは大衆的、かつ退化したもので、風俗にすぎない、ということが。
沢井：かたや、ほんとうに追い詰められて困っているんですから。そうでなければ詰めた思考は生まれませんし、心に響くことはありません。ただのファッションに終わります。まがりなりにも自由な体制を構築したい点で一致し、しかもなかなか実現できずに苦しんでいる、それがわれわれであるとすれば、まず切羽詰まってその方向に舵を切った近代初期の人たちがしたことを参考にするしかありませんね。切羽詰まってどうしたか。ギリシャ・ローマのことを、もちろん批判的に、学習したのですね。
南田：われわれはやはり最初の一番大きな分かれ道を自由に向かって一個選択したのですね。したくない人は仕方がない。しかしわたしたちは舵を切ったし、自由は決して手放したくない。だったらあらゆる知的負担に耐えるしかありません。必要ならば紀元前8世紀のことを徹底的に歴史分析します。
遠山：「わたしたち」と気安く言われても……。

黒木：ただ、自由とか人権とかの価値は特定の文化に依存しているじゃないかというおかしな議論に対しては反駁しやすくなるな。近代ヨーロッパにとってもギリシャは異文化で難しいハードルだったとすればね。ギリシャの経験を批判的に踏まえて将来を築くという競技だとすれば、なかなかに普遍的だ。「ヨーロッパ」とか「アジア」とか「日本」とかいう妄想を吹き払うね。

● でもやっぱり、近代ですもの、
● 手取り足取りの初心者コースで行きますか？

田丸：自由実現装置、つまり政治システムの面でギリシャ・ローマが近代の土台になっているという事情は少しわかりましたが、公法のことはどうなっちゃうんですか？ 今、最後にローマのことがでてきて、どうやら法はローマに固有のものらしく、ギリシャには存在しなかったらしい、ギリシャに存在したのはデモクラシーだということなのでしょう。けれども、そうすると政治、とくにデモクラシーと法の関係を捉えるのが難しくなりませんか？

老教授：まず、「公法」という以上、「法」の概念を明確にしておく必要があります。この場合それは民事法ないし民事訴訟のことです。なぜならば、公法は論理的に政治システムの問題を政治制度一般ではなくその一分肢である民事裁判によらしめるときに概念されるからです。断っておきますが、刑事司法は正規の政治システムに属します。これはギリシャにも存在しました。政治システムの破壊に真っ先に対処するのです。

　ローマでも、裁判は二つに分類され、政治システムに関わることは iudicium publicum（ユディキウム・プーブリクム）で、私的な事柄は iudicium privatum（ユディキウム・プリワートゥム）で扱われ、前者は実質刑事司法であり、後者すなわち民事訴訟は決して政治システムには関わりませんでした。この意味でローマにさえ「公法」は存在しなかったのです。独特の儀礼的思考が政治システムと民事法つまり法を貫通し、なんとなく公法のごときものが現れた錯覚が生まれますが、かくして、政治システムと民事法が混線し公法が生まれるというのは近代に固有の現象です。

吉野：またオレたちの責任か。

中村：へー、近代までならばオレたちという実感をもてるんだ。

老教授：政治・デモクラシーと法では範型や枠組の働き方が異なります。範型や枠組を広くパラデイクマと呼んでおきます❷と、政治的パラデイクマは、そのとおりに墨守する対象ではない。そもそも一義的ではないのでその都度微妙に解釈していかなければならない。つねに理由づけしなければならず、そしてとことんオープンな議論の対象です。われわれは物事を深く理解してなければならない。理解の高いレヴェルというものを共有していなければならない。

これに対して法的パラデイクマは、儀礼的性質を帯びており、とにかくなぜだかわからないまま、なぜかなどと問わないまま、そのとおりにする、という側面を特徴とします。民事訴訟を観察するとわかります。なぜここで手を2回叩くか、なぜここで塩をまくか、誰も知らない。とにかくそうすることになっている。相撲の仕切りを見るとわかりますね。深い理解は必要ない。もしわれわれが深い理解に自信がなければこちらがお薦めです。なぜかなどと議論をすると、対立がエスカレートし、分裂したり、力が強い者が勝ち、理が通らない。そう考えるのであればこちらがよい。しかし、人びとの意識に深く定着しているわけではないから、平気で無視する者が現れたり、形ばかり従う振りをして実質をないがしろにする者が現れたときには、抵抗できない。

---

❷ 「パラダイム」を使いたいところですが、科学史の特定の理論で使われていますから、paradeigmaというギリシャ語のカタカナ表記を用います。本書全体で時に使われていきます。範型となるイメージ、つまり言語化される前の状態をとくに指します。われわれはそれを感知すると再現してみることがあります。授業では、「ビリーズ・ブートキャンプ」のヴィデオ・クリップのことを例として出します。フランス語会話の口の形でもよい。でも、ビリーのとおりにするのでなくそれを茶化してパロディーにすることもできますよね。多くのヴァージョンを作ることもできます。自然言語はそのヴァージョンを差異化して特定する働きを有します。そうすると、言語により複雑なモデルや規範を創出することができます。そのうち、憲法秩序や政治制度は政治的パラデイクマ、民事法規範は法的パラデイクマなどと呼ぶことができます。かつ、規範の形をしているか、尊重すべき先例として作用しているのか、人びとの意識を方向づけるフィクションなのか、そういう分化以前のものを指すことができるので便利です。理論的な基礎づけはPOLを参照してください。

● 茶室の上手な使い方

大森：ボクは、自分自身にもわれわれにも全然自信がもてないから、断じて法的パラデイクマです。ローマ流ですね。ローマの人たちは政治をギリシャから輸入したんですよね。限界がわかっていたと思います。そういう現実主義でなければとんでもないことになります。われわれも輸入したのですから。

吉野：ボクも賛成。そもそも深い理解なんてレヴェルでコミットしたくないんだ。形ばかりで結構。ちょいちょいと機会があれば政治をさせてもらうが、残りの時間は好きにしたいね。「所与の包括的な省察」はいらないよ。

横田：気の毒に。政治にコミットしてこそ人間の価値が生まれるというのに。

沢井：あ、その対立はピントが狂っています。今はパラデイクマのあり方を論じているはずです。吉野君が欲する自由を確保するためには、とことん議論させるシステムと儀礼的に規律するのとどちらがよいかという問題で、どちらがより適しているかは社会的条件によるかもしれない、という話です。

三宅：茶室も、躙り口を破壊して入ってくる乱暴者にはどうすることもできないからなあ。結局、前提の力関係を克服できていないとね。その上に儀礼が成り立つんじゃないか。

大森：それが理想であることは認める。しかしそれは理想にすぎないのだから、追いかけ続けたって切りがない。その間に権力者が暴れれば悲惨なのはわれわれだ。とくに日本は伝統的に儀礼思考に長じている。

黒木：イギリスほどじゃないよ。日本の場合、儀礼はつねに社会の片隅に生き、そして力に奉仕してきたという印象がある。逆にイギリスには立派な実質が社会にあり、だから儀礼が政治システムを保障しているのではないですか？

風間：ボクが日頃気にしているのは、政治理論と公法学のギャップです。公法上の問題を突っ込んで考えると途端に漠然たる哲学上の議論になる。一人ひとりの思想の対立になって決着がつかない。厳密な議論をするためにはどうしても法学的な議論が要請されます。ところが法学的な議論になると、どうしても瑣末になり矮小になり視野が狭くなる。儀礼的思考の宿命でしょうか。この両者の間で右往左往するばかりです。

沢井：哲学的な議論に精度が欠けるというのは、皮肉なことですね。本来は最もクリティックの効いた厳密なもののはずが。それに、大きな視野と想像力が欠ければ明快な法律構成はできないはずですけれども。

田丸：とはいえ、溝は深そうですね。でも現に公法というものがあり、政治的パラデイクマがあるべきところで法的パラデイクマが働いているじゃありませんか。なぜそのようになったか、その経緯を確かめなければ、本当の議論はできません。

なりそめは平凡、運命の赤い糸など見えません

老教授：それが、研究が進んでなくて、よくわかっていません[33]。いくつか動かないところだけ点をつなぐように申し上げてみましょう。

　まず、中世のヨーロッパにおいて、本来はもっぱら民事法の概念宇宙であるローマ法が再発見されると、これを利用して、あらゆる社会関係、したがって権力的な関係を準則によって捉え、規律することが一部で試みられます。イタリアのコムーネ（自治都市国家）の政治組織、教会組織、神聖ローマ帝国内の規律、各王権の中枢の関係、そしてやがて封建的な封主封臣関係、とくに王権を制限する規律、などですね。

　この変化がなぜ生じたかは歴史学上難しい問題で、門外漢の私には手も足も出ない。ともかく、民事法というものが儀礼的手続により形態の遵守を求めるということがあり、この点が利用されました。リーガリズムですね。気持ちが入っていなくともよい。しかしそれでいいから縛る。いや、気持ちなど入ると

---

[33] もちろん、イングランドの "constitutional history"、アメリカの判例を時代背景とともにたどる書物、ドイツ公法学史等々が存在しますが、なぜ公法というものが生まれ、そこにどのような問題があるかということを歴史学的に研究するものではありません。唯一の例外は M. Stolleis の試みです。その *Geschichte des öffentlichen Rechts in Deutschland, I:Reichspublizistik und Policeywissenschaft 1600-1800,* München, 1988 は、近世ドイツ帝国国制下の法学にあらためて光を当てるものですが、メインストリームの政治思想との関係の分析には成功しておらず、そもそも後述のドイツ公法成立の特殊条件をそのまま遡らせる方法上の混乱を示します。

縛り自体が厄介だ。こうした観念の発達は、近代の自由の保障にとって重要な資産です。ただし、本当の政治の概念が人文主義によって再発見されるとき、人文主義者たちは戦闘的に反法学的でした。そしてギリシャ・ローマの観念構造の深いところを明らかにしていきました。主として文学が担うその深部が自由を支えていたのであり、儀礼的規範が支えていたのではない、というのですね。つまり彼らは政治の実質を要求しました。

　次に確かなのは、ギリシャ・ローマ研究が進み精度を上げていくとき、そして 16 世紀に人文主義の政治的基盤が衰えていくとき、人文主義の一角を成していた古事学的な探求が一役買ったということです。もともと古事学という伝統は主としてローマに存在し、古い慣習などを記述する。政治システムに関わる儀礼・慣習とその起源、私生活についてのそれ、宗教に関するそれ、という三つに分類され、政治システムについてのそれは antiquitates publicae と呼ばれました。このローマの antiquitates publicae が模倣され、自分たちの社会やその歴史についてローマ法的に把握された権力の準則、つまり ius publicum「公法」が体系的に記述されるようになります。

　第三に、もともとローマ法モデルの権力関係規律においてひときわ重要であったのが、imperium「命令権」をめぐる議論でした。これはローマで政治システムと政治的決定の絶対を担った概念でした❸が、はじめてイタリア外で政治システムの実質が再生したとき、つまり 16 世紀末のフランス、イングランド、オランダでは、この imperium 論が突破口になりました。今や古事学的な探求、ないしおよそ érudition ❸をベースにして広く古今を比較し高度の抽象化のうえであらためて imperium 論を構築します。ボダンはとくに元のローマの imperium からグラッパでも作るように新しい次元の imperium を醸造します。そしてこれを最新兵器だった国家に装填します。これが主権概念です。ボダンの議論はきわめて法学的で、委任や寄託などを知り抜いていなければ彼のテク

---

❸ imperium については、公権力のメルクマールとの関係で本論に入り理解が深められます。

❸ 学識のことであるが、古事学的精密さを核とする 16 世紀末以降 18 世紀半ばまで隆盛を誇った知的動向をとくに指します。

ストは読めません。

　第四に、自然法論の大転換を挙げなければなりません❸。中世のローマ法的準則的把握のうち、最も徹底した省察を経たヴァージョンは、この準則を森羅万象に及ぶ神の理法と考えたのであり、神学的・形而上学的基礎を有しました。政治システム再生のブレークは、この基礎を解体して新しい自然法論を獲得することを伴いました。力と力が無機的に衝突する物理法則としての自然法ですね。一番徹底したのがホッブズでしたが、グロティウスらも少なくとも自由な民事法秩序ほどには解体したのです。プーフェンドルフのように、それでもなお自然のréciprocité❸の予定調和を肯定する者もいましたが。

　第五は、ホッブズの独創ですが、自然から必然的に生まれる国家を法人理論で武装しました。この世に再現実化された身体、「キリストの身体」と理論構成されました。教会ないし他の宗教団体を無力化するのがねらいだったと思われますが、国家に人格を付与すること自体、彼の契約理論からして不可避でした。つまりパラデイクマは高度に法学化されたわけです。ポーコックが明らかにしたイングランドのきわめて連続的な法学的側面❸ばかりでなく、ホッブズの側も大いに法学的だったと言うことができます。近代初期の政治理論がなぜかくも法学的なのか、それは何を意味するか、今後の歴史学の大きな課題です。ただ、それでいてなお、まだこれはまったく本当の法学ではない。グロティウスやホッブズを読めば一目瞭然であるように民事法とくに占有にさえインスパイ

---

❸　R. Tuck, *Natural Rights Theories. Their Origin and Development*, Cambridge, 1979 が基本文献です。

❸　これもフランス社会人類学の概念であり、本書全体で主題とされます。つまり公法ないし政治システムの基本課題が réciprocité 克服に見出されます。réciprocité は échange と不可分であり、「互酬性」という訳語を頻繁に見かけますが、いかにも造語であり、（底なしの関係たるを表現する言葉であるにもかかわらず）この日本語には定まった対価関係のイメージもつきまとうので、ならば誤解を避けるために原語の使用がよい。もっとも、いわゆる「社会科学」の新制度論において、制度の機能を支える資源として着目されることがありますが、同時にそのまま合理的な社会秩序であるかのように言われる場合もあり、これは致命的な短絡です。

❸　J. Pocock, *The Ancient Constitution and the Feudal Law. A Study of English Historical Thought in the Seventeenth Century*, Cambridge, 1957

アされていますが、だからといって民事訴訟をさせるつもりはさらさらない。

　第六に、国家に対して市民社会、やがてはデモクラシーの側が対抗していくとき、スピノザのような透徹したケースを除いて、自然法論、とりわけプーフェンドルフのような曖昧なヴァージョンを盾に取ることがおこなわれました。モンテスキューのように réciprocité をクリアに意識し、その土台の上に市民社会を築く、というような考えも現れました。今日、公法を裏打ちする政治理論の標準版はこの層に遡るとされます。法学とじつに相性が良いということを直感できるでしょう。国家に対して市民の権利をまるで民事法におけるように守るというわけです。とはいえ、18世紀においてこれらは政治理論であり、決して法学にはならなかったということを忘れてはなりません。

吉野：まるで昔のすれ違いメロドラマみたいにどこまで行っても平行線じゃないですか。

老教授：ひょんなことで出遭うその場面は、しかしはっきりしています。政治システムに固有の要請を民事司法の働きによって保障すること、このことが一定程度重要な役割を果たすこと、これが公法の存立要件であるとするのならば、かつその際の政治概念を厳密に解するならば、そうしたことは古典的な政治理論の時代には実現せず、19世紀を待たなければなりませんでした。イングランドと、とくにアメリカ合衆国においてです。それがなぜかは大問題です。はっきり言ってわかりません。

　もう一つは19世紀末以降のヨーロッパ大陸とくにドイツにおいてです。自然法論の遺産を払拭し新しいローマ法学を基盤にきわめて厳密な概念体系を獲得するわけですが、これは独特の非政治的市民社会の発達のコロラリーでした。この新しい法学による政治システムの再記述は、教会法由来の法人理論を全面展開するものでした。ホッブズの国家概念においては政治的パラダイクマをアナロジーによって提供するにすぎなかったものが、フルに法学的な概念構成に転じました。

● 新しいパースペクティヴ

近藤：ふむ、謎は深まるばかりですが、ある種の市民社会が発達するのに加え

てデモクラシーが本格化するまでは政治システムの法学化の実際の要請は起こらない❸❾ということでしょうか。アメリカのデモクラシーを観察したトックヴィルが高度に政治的な司法の作用に気づきましたが、これは特殊なことではなかった。むしろ、公法とはデモクラシーのことだった。ギリシャ・ローマから見ると逸脱であり混乱のように見えるけれども。ドイツで生成期公法学がデモクラシーというニュアンスをもつことがあったかわかりませんが、近年ではデモクラシーが明示的に公法学のなかで意識されているじゃありませんか。

老教授：公法の発展可能性がそこにしかないことは確かだと思っています。デモクラシーとは本来何であったか？　政治的決定の論拠に資格要件が課されるようになることでしたね。この資格要件のおかげで決定の過程や帰結が吟味されてその結果しだいでは決定が違法無効となる。

占有原理がじつは相似形の二重構造をもっていました。占有レヴェルで違法があると、本案では勝てるはずの権原を有していても門前払いをされます。占有の判断自体、局所的な事情に関わり、そういう局所的な事情から全体判断に対して局所限りの強い拒否権が行使されます。デモクラシーの手続はずっと高度に分節しますが、なかなかそれを獲得できないとすると、19〜20世紀の粗雑なデモクラシー理解を克服するためには、こうしてまず判断手続の二段構えという側面を発達させる、つまり占有原理を借りる❹❶ことが有用だったのではないか。とくにデモクラシーの判断のなかで中枢的な位置を占める、孤立した個人の自由、つまり人権のためには❹❶、占有と人身保護の古来密接な関係が決

---

❸❾　むしろ、イングランドを除けば、アメリカ革命とフランス革命まではそもそも近代ヴァージョンの政治が本格的に再生することはありませんでした。イタリアとオランダの都市共和国は古典の射程内であり、18世紀までのイングランドがまたどちらかと言えばそうであるとすれば、両革命後にスタートラインを見る樋口『憲法Ⅰ』の視野はスタンダードとして動かないと思われます。

❹❶　法学化にあたってドイツ公法学の本権＝請求権思考を克服し、人格＝制度の概念によって占有原理に依拠したと解されるオーリュー（M. Hauriou）のまさにそうした側面への導入として、小島慎司『制度と自由』（岩波書店、2013年）の読書をぜひ薦めます。

❹❶　樋口陽一「憲法学の『法律学化』をめぐって──第五共和制におけるフランス憲法学の新傾向」『国家学会雑誌』（95巻3・4号、1982年）105頁以下。存外ケルゼンが鍵となること、その意味は多元主義批判であること、については DEM、45頁以下。ドイツ

定的に重要なのではないか。

　また他の側面、たとえば決定手続の瑕疵、データ把握や予測の誤りをチェックするという方面、あるいは公共空間のダイナミックな発展をどうプランニングするかなどの側面、そういうデモクラシーの発展と行政法が密接に関わるのは当然です[42]。政治システムはこの両面において現在ますます高度なパーフォーマンスを要求されるようになっています。「国家のうち行政、とくに官僚機構の果たす役割が増えたので行政法が発達する」と考えることは誤りです。行政法の発展も、デモクラシーの発展を土台とします。

この授業の目的

南田：「最後の一人」という橋で、デモクラシーと法はつながっているのでしたね。トレードオフの関係に立つこの両者を連帯させるのが公法であるとすると、たいへんに夢のある話ですね。

三宅：本格的なデモクラシー論を構えなければ、公法上の問題を論じられないということにはなる。

田丸：それどころか、本来の意味の政治をしっかり視野に入れておかないとならないということでしょう。国家という代用品でいつまでも済ませるわけにはいかない。

沢井：いえ、もともと国家は政治システムをもっと強固に実現するための補強

の新しい動向においてもケルゼンが重要な役割を果たすようであるが、これ（MöllersやJestaedt）については林知更「国家理論からデモクラシー理論へ？──憲法学の変遷とその意義をめぐって」『現代憲法学の位相』（岩波書店、2016年）141頁以下が優れた紹介を提供してくれます。ただ、多元主義に関する楽観が少々危惧されます。一見正反対に見えてもドイツ史の負の側面は多元主義の裏返しであるからです。岩盤となる射程の長いデモクラシー理論の構築とセットでなければ公法学の新しい動向は実を結ばないでしょう。もっとも、この動向はそのことを伝えてくれるメリットをも有します。林自身が翻って日本を顧みるとおりです。

[42]　さしあたりE.シュミット-アスマン『行政法理論の基礎と課題』（東京大学出版会、2006年）参照。翻訳の意義はきわめて大きい。行政法の存在意義自体をデモクラシーに設定する潮流の存在を知ることができます。

装置でした。マキャヴェッリを読めばはっきりします。とくにマキャヴェッリとホッブズは、政治の理念がそこにあるということにまったく満足しませんでした。ほとんど物的な固い現実として否定しようもなく政治がそこにあるのでなければ気がすみませんでした。理念を唱えるだけだといかに惨めか。理念を唱えることは簡単だが、それを否定しがたい現実として実現するのはいかに難しいか。そこで国家という機械仕掛けを考案したのです。だから、公法上の議論をするときは、デモクラシーのみならずさらにその根底に存する政治システムの基本へつねに立ち帰らなくてはなりません。

遠山：なるほど、それがこの授業の趣旨ですね。

三宅：さっきの問題に帰ると、やはりとことん省察し議論するということでよいですね。そのうえで時と場合により意識的に儀礼に立て籠もる。デモクラシーを踏まえて法学を築くというのは結局こういう意味だと思います。

老教授：そのとおり。だから判例を読むときには事案それ自体を根本から論じます。そこに実際存在している問題それ自体から、出発します。そこに切実に存在している問題のほうに古典的な政治システムやデモクラシーの概念は反応するからです。そのうえでしかしそれを占有パラデイクマに載せる努力をします。他がどうであろうと「最後の一人」をアプリオリに擁護するのが占有原理ですから。

南田：のっぴきならないところへ追い込まれた個人を守るのですからね。今回は政治とデモクラシーの力を最大限発揮させるようにして守るのですね。

1 政治制度の構築 ——背景の色を変えれば違って見える

最判平 17-9-14 民集 59-7-2087　ふるさとは遠きにありて思ふもの事件
（在外邦人選挙権訴訟）

● 事案の概要

老教授：まず簡単に事案を紹介してもらいましょう。
中村：日本国籍を有しながら海外に在住する人たちが、国政選挙において実際に投票をするための制度が準備されていないために投票できなかったという事案です。そのような制度を設営する立法を怠ったというので原告たちは国会つまり国の責任を問い、改正前と改正後の公職選挙法につき違法確認を、そして予備的に次期選挙における投票しうる地位の確認を、それぞれ求めました。さらに過去の分について損害賠償を求めました。「改正」というのは、在外選挙人名簿を作成して参議院比例区に関する限り在外の者の投票を可能にした立法措置を指します。
老教授：裁判所の判断をお願いします。
遠山：一審は違法確認の訴えを不適法として却下し、ほかを棄却しました。二審は控訴を斥けました。その主たる理由は、違法確認に関する限り過去の選挙についてなのですでに確認の利益を失っているというものでした。予備的請求と損害賠償請求については、「憲法上正当な理由となり得ないことが明らかな前記の人種、信条、性別等による差別を除き、原則として立法府である国会の裁量に委ねる趣旨である」というのが理由です。

これに対して最高裁は、後者の点に関して上告を容れ、侵害が明白であるか、立法措置が必要不可欠でありかつ正当な理由なく長期にわたって怠った場合には、違憲であるとしました。立法裁量の限度をこのかたちで示したのだと思います。

さあ、祭りだ、太鼓だ、飲めや歌えや！

老教授：みなさん、お祭りは好きですか？
一同：？？？
老教授：あれ？　いきなりお祭りの問題から入ったというのに、みなさん、それをご存知ない？　公法という崇高なジャンルに挑戦しようというのに、それにしては少々下品ではないですか？
一同：？？？
老教授：ではききますが、われわれはなんの問題から入りましたか？
大森：立法不作為。
老教授：は？　憲法の教科書の目次ではないんですから。もっと素直になりましょう。
横田：選挙の問題です。
老教授：そうですね。それで、選挙ってなんだか知ってますか？
三宅：民主主義の根幹です。
老教授：ほんとうにそうかなあ。
沢井：少女を集団化しアイドルに仕立て、人気を煽るための手段としても「選挙」は用いられます。非常にミリタリーな感じがして気持ち悪いです。現にこれに対して巨大なコンフォルミスムが発生しています。
吉野：選挙というと政治家と同様、悪いイメージしかないな。動員がかかったり、「戦い」が強調されたり、熱狂したりわめいたり。徒党のなかでも軍事化したタイプ、つまりヤクザを連想させる。
老教授：まず、選挙さえしていればデモクラシーだというのが間違いであるばかりか、そもそも選挙はデモクラシーと全然関係ありません。ギリシャでは選挙は貴族政のメルクマールでした。民会とそこでの選挙はデモクラシー以前の

要素で、デモクラシーはクジ引きで代議員を選びます。それでも、政治をまず立ち上げるため選挙は不可欠でした。この授業でいうところの政治です❶。

遠山：自由独立の主体が厳密な議論により決定し、影で足を引っ張ったり横車を押したりせずに透明にそれが遂行されていく――、という意味の政治にとって、選挙はもっぱら違和感をもたらすにすぎないように思えますが。

老教授：なぜでしょうねえ。なぜ政治にとって選挙は不可欠か。にもかかわらずなぜ選挙は政治をメチャメチャにもしかねないか。

● 選挙の原材料

田丸：そういう両義性ならば、前回聞いた政治の成り立ち❷がきっと関係しますね？

老教授：そのとおり。とんでもないものを素材として使う。毒キノコかフグのようにね。きちんと料理しないと大変なことになる。

　まず素材からいきましょう。民会と選挙が近しい関係にあることはおわかりですね。選挙の主体は民会です。しかるに、その民会という料理をどうやって作り出すのかといえば、以下のとおりです。所与に対して包括的な省察を加え透明な意識を得るというなかに、たとえば部族社会原理の徹底した解析と分解がありました。今自由を求めているわけですが、では自由とは何か。自由阻害要因から逆算で定義されます。さまざまな不透明な支配服従関係からの解放が自由であるとした場合、前者の根底に部族社会原理❸があると洞察します。しかし、病原菌がこれだとしても、薬のほうもこれから生成するしかない。所与のすべてだからです。民会はいうまでもなく鍵を握る制度の一つですが、これは部族の原初的な組織原理を発掘して再利用することによって形成されます。

　部族社会原理のほうをまず簡単に図式化しておくと、諸集団がテリトリーをわかって暫定的かつ不安定ながら並び立っています❹。人の区分はジェネアロ

---

❶ 本書 24 頁参照。
❷ 本書 19 頁以下参照。
❸ échange や réciprocité はその一部である。

ジー、つまり系統樹によって与えられますが、この区分は性質上無限に重畳するということはおわかりですね。さらなる下部をどんどん細分することが可能です。ジェネアロジーを神話化して固定化し、この一帯は誰それを祖先とする人びとのもの、向こうはその弟を祖先とする人びとのもの、などと区分するのですが、婚姻などの物語を通じて下位集団が神話的にも実際的にももぐり込む。

結果、どのテリトリー上の単位をとっても、ジェネアロジーの観点から複合的である。つまり必ずA族とB族が混在している。またどのジェネアロジクな集団をとっても複合的である。つまりいくつかのテリトリーに散っていたり、またがっていたりする。これを社会人類学の用語でセグメンテーション（segmentation）❺といいます。

これは集団間のéchange(エシャンジュ)を媒介し規律します。同一テリトリー内の優越クランが劣位クラン（徒党集団）に対して給付を要求し、給付は劣位クランのテリトリー内定住を保障するといった関係です。裏からいえば、自由を崩すメカニズムはここに発します。軍事独裁も含めてです。

ただし、そのメカニズムの一環として、このセグメンテーションを無視し、横断的に人を選抜して２組に一義的に分けることがおこなわれます。moitié(モワティエ)（半族）といいます。運動会の紅白ですね。主として軍事編成に関わり、同時に社会化のための通過儀礼と age group に関わります。さらに、時として、本来通過儀礼や軍事編成のときに一時的に現れるこの集団をテリトリー上の日常編成にそのまま降ろすことがおこなわれます。イメージとしてはかなり暴力的な入植ですね。

さて、日常編成と軍事編成のあいだには多少の緊張関係が存在しますね。連

---

❹　E. E. Evans-Pritchard, *The Nuer. A Description of the Modes of Livelihood and Political Institutions of a Nilotic People*, Oxford, 1940（＝邦訳、『ヌアー族』平凡社、1997 年）が、あらゆる限界にもかかわらず古典的価値を保持し続けています。本書にたびたび登場する部族社会のイメージは、その後の全人類学が依拠するこの古典イメージを批判的に組み替えたものです。それはまた構造主義の人類学と批判的に突き合わせた結果でもあります。その作業自体は POL において明示しました。

❺　「分節」という訳語に遭遇するが、articulation にもこの語が当てられるので、適切でない。POL では「枝分節」という訳語を提示したが、アルファベット表示の方が優る。

続的で整合的なメカニズムですが、かすかに亀裂がある。ギリシャでもローマでも、この亀裂に資源として着目することが政治システム形成上大きな役割を果たした、という歴史学的知見が確立しています❻。スパルタのように、moitié 入植を避けて対日常緊張関係を極大化することによって moitié 内の横断的結合を維持していく場合と、アテーナイのようにむしろ moitié 入植に総反発総蜂起したカウンターの moitié 組織が日常の横断的結合組織を担う場合がありましたけれども、人びとは多かれ少なかれヴァージョンアップした moitié 組織と日常編成のあいだを、暦に合わせて行ったり来たりする。

　一時的な moitié 組織状態が民会です。民会は、軍事化メカニズムが日常編成の交換や諸権力諸利益を一時的に払拭するという所与を利用しています。限定された一部分は現に軍事編成に使う。暦に合わせて解散しますからコントロールに欠けるところはない。他方大多数は日常編成に戻る。とはいっても新鮮な形で戻る。ここも諸権力諸利益を払拭している。こうして、民会の決定をソースに公権力というものが生まれる。民会は合議体が議論によって決めたことを批准する。すると迂回やサボタージュなしに決定は実現される。

田丸：しかし、軍事化とは、意外に危険な道具をひやひやしながら使っているのですね。

老教授：軍事化と王権が政治成立の鍵を握っていることは、レオナルド・ブルーニ以来気づかれてきました。軍事化を文字どおり受け取ってはならず（表面的共和主義の方々、気をつけてくださいよ）、ホメーロス風の利用、つまり徹底した加工が重要であること、しかし現実のギリシャにおいても、飼いならしたは

---

❻　20世紀後半のギリシャ史学で最も衝撃的な研究は、ヴィダル・ナケ（P. Vidal-Naquet）の "Le chasseur noir et l'origine de l'éphébie athénienne"（1968年）=Id., *Le chasseur noir. Formes de pensée et formes de société dans le monde grec*, Paris, 1983 であった。先述のパリ学派の中でも最も先鋭に構造主義を批判し厳密な歴史学を志向した。他の広範な著作におけるギリシャ理解も、フィンリーのそれと並んで、不可欠の基礎であり、さまざまな著作でのギリシャ理解に接したならば、まずはこれらを踏まえているかどうかチェックし、そうでなければその質に一定の留保を付しながら読むべきである。彼の発見の射程の巨大さは、政治の根底を基礎づけるメカニズムとして本書1章11章で繰り返し触れる事柄に即して明らかになる。

ずのこの動物が暴れたケースがあったことも指摘されてきました。
　また、基礎として、部族社会原理を利用するけれども、決してその構成要素のどれかをそのまま使うことをしない点が決定的です。じつはローマの populus（「国民」）、これを基礎とする近代の国民について、同じことが言えます。社会の日常編成のなかに潜んでいる小さな権力や利益関係を一掃するための道具概念にすぎないということですね。だから、「民族」を国家の基礎に据えるとっとりばやいがとても悲惨なことも起こります。「民族」ないしエスニック・グループというのは、部族社会原理に基づく仮象の集団で、じつは多様な性質をもっているのです。たとえば moitié 入植集団もその一つですし、それはいわゆる従属クランと呼ばれる人びとと重なっている場合がある。従属クランというのは、AB、CB という人的構成を有するテリトリーの二つのセグメントの連結環となり、両方において劣位とみなされる集団 B のことです。つまり民族には必ず敵対集団が存在し、しかも敵対集団は必ず内側にも存在する。従属クランの横断的結合体が大逆転の軍事的入植を試みジェノサイドが起こることもあります。

田丸：選挙も軍事化と深い関係がありますか？

老教授：選挙は民会と表裏一体です。ともに moitié 組織を作って見せる。moitié 組織は非日常、つまりお祭りの社会編成で全体が儀礼のなかにありますが、この儀礼はただちに首長制の儀礼に移行します。首長の先祖が最終決戦に勝って首長となったという神話を再現するお祭りですね。それに倣って、そのお祭りの日、社会は日常編成を解き、運動会のときのように紅組白組に分かれるのです。勝ったチームはトーナメントの決勝のときのように "we are the champions" を歌います。勝ったほうのボスが首長です。横綱のように首長が勝つことに決まっている場合は、台本のある普通のお祭りです。台本がなく本気で競う場合にも、競技である以上儀礼ですが、チャンピオンは意外な人物でありうる。

南田：たしかに、オリンピアやデルフォイで国際的な競技会がおこなわれていました。これは、はじめ貴族、後に市民一人ひとりがかけがえのない頂点であるという気風を養うためのものでした。日常の国際社会編成を解いたというのも本当です。皮肉にもそれは軍事化ではなく平和を意味しました。

老教授：むしろ、元来の部族社会の首長制儀礼には猛烈な競争的贈与交換、échangeの一形態としてのポトラッチ、が伴っていたことを忘れてはならないでしょうね。選挙を考えるうえでね。いずれにせよ暦にお祭りは刻まれていますから、軍事編成を持って出たとしても1年後には自動的に軍指揮権が解消されるのと同じように、公権力も尽きます。議会は解散します。また選挙です。軍事化と公権力はともに一元化され一義化されると同時に区切られます。ずるずると不透明で流動的になりえないように工夫されます。

中村：生のままではとうてい食べられた代物ではない、しっかり焼いて強いタレと香辛料を効かせて、と……、こうなりますか。

横田：自分が選挙が嫌いなわけが、今わかったよ。生焼けのものばかり食べさせられてきたんだ。

吉野：珍しく気が合うなあ。放っておいてくれという感じだよね。お祭りとなるとどこからともなく現れてヨイショする厚かましい奴っているよな。地元の連中からはかえって嫌われる。学校というものがなぜ嫌いかもわかった。下らない行事が多すぎる。

まず行かなきゃ戻れない

田丸：日常の権力を払拭するために軍事化し、非軍事化しても日常には服しない。それが骨子なのでしょうが、そんな微妙な戻し方をどうやって実現したんですか？　興味津々です。

老教授：二つの真っ向対立するエキスを搾り取るようにします。それをぶつける。一方が他方を圧倒しないようにする。日常編成から完全に解放された一人ひとりの個人が完全に流動的に動くということが一つ。しかも彼らが真っ二つに割れてとことん衝突し、かつ勝ち負けが一義的で、かつ負けたほうが勝ったほうに進んで従うということが二つ目。私的権力を一掃し、完全に透明な空間が一方にできあがる。同時に一元的な公権力ができあがっている。

　前回述べたように、国民という概念の基盤がここにあり、他方主権概念の基礎もここにあります。選挙に即して言えば、あくまで日常編成を余すところなくトータルに基盤に取ることがまず重要です。癌組織の摘出のようにね。残せ

ばひそかな私的権力が生き続ける。

　そして日常編成に内在する利益関係や集団を決してそのまま反映させない。つまり利益関係や集団力学が選挙においてそれぞれのメカニズムを発揮すると単なる総動員体制になります。利益混入の遮断のためには、儀礼空間固有の、截然と画す原理を使って仕切りをつけることが大事です。

黒木：政治家とヤクザは冠婚葬祭が大好きで、選挙法は儀礼に伴う贈与交換を徹底的に禁ずる、その理由がわかりますね。

風間：なーるほど、これで今日の判例の土台となった在宅投票制度事件❼が解ける。儀礼空間は身体性を生命とするから、投票には投票所における身体的プレゼンスの一義性が必要不可欠だ。同じ体は一度に2か所にはいられない。直接性は、媒介が入って日常の支配従属関係が儀礼空間に闖入するのを防ぐ。

三宅：というわけで制度を設けないことは立法裁量の範囲内としたわけだが、体の不自由な人に不利益を強いる点は否めないね。儀礼空間自体が出張するような制度を考案すべきだ。立会人と投票箱が出向けばいい。

老教授：そういう概念の彫琢というか、ファンタジーというか、それが原メカニズムに加えられなければならないのですが、特定のレシピに従ってただ加えればよいというわけではなく、さまざまなメカニズムのさまざまな側面やヴァリアントについて深い考察を要求されます。ホメーロスのテクストはその痕跡を遺すということは、すでに言ったとおりです。そしてもう一つ重要な点があります。必ず他の要素の他の彫琢と組み合わせるということです。ローマを例にとると、チャンピオンを選び単一性を実現するのだけれども、決勝の前には準決勝が必ずあり、決勝では必ず二者が相並びますね。二つの頂点が並び立つ。一者に決するという方からばかりでなく、二つの頂点が並び立つというところからも系譜を引っ張り出し、儀礼を彫琢し、絶対の頂点二つが互いにveto（拒否権）を行使し合うようにしました。最高政務官が二人いて、ともに最高たる証拠には拒否権をもっている。なんという矛盾でしょうね。矛盾を混乱なく運用できる力がなければ政治をもつことはできません。それにより、私的権力は

❼　最判昭60-11-21民集39-7-1512。

排除されるのに主権者がフリーハンドをもつかといえばそれもできないようにした。とにかく物事が進まないようにという配慮は周到極まりないものでした。
吉野：ボクの好みだなあ。
老教授：さらにまた、長老会のようなタイプと部族連合のようなタイプを混ぜて実質的審議機関を作り、これが至高の権力保持者に拘束力のない助言をするが、ところがこれに違背すると至高の権力保持者といえども事実上ただちに失脚しました。要するにさまざまな源から採ってきた制度を徹底的に矛盾するように配置するという知恵です。完全に透明な権力を創り出し、ところがそれを複数の完璧な矛盾に曝し、機能しないようにする。
中村：非常にタフな頭脳をもっていないとこなせませんね。
老教授：政治システムというのはそうでないと創出することができません。

●選挙をするのは誰？

田丸：非軍事化プロセスの最後、日常編成に戻すところはどうするんですか？
老教授：よくぞきいてくれました。それでこそ、当雨月館蜃気楼ロースクールの学生です。これで私も成仏できるというもの。
吉野：気持ちわるっ。背筋がぞくぞくしてきた。
老教授：今日の判例はこの問題に答えるために用意されたようなものです。
中村：選挙をする人の範囲が誰かをめぐって人びとが争っているんだったよな。
大森：え？　日本国籍を有する成人は全員選挙をする資格を有するということが大前提で、ただ具体的に選挙をする便宜をどう図るかが問題となっているだけなのではありませんか？
老教授：ほんとうにそうでしょうか？　その前に、国籍により選挙権者集団があらかじめ定まっていると言うのですが、その国籍とは何ですか？　どうしてそれが選挙権を基礎づけるのですか？
黒木：国家を形成する国民の範囲を画す原理が国籍なのではないですか？
老教授：それはトートロジーですね。選挙権が国籍に帰着するというので、その国籍は何に帰着するのかときいているのです。答えが選挙権になると堂々巡りになる。

三宅：国籍は出生により自動的に決まります。日本人を父にもつとか、日本国内で生まれたとか。
老教授：どうして出生にこだわるのですか？　本人の好みとか、クジ引きとかではダメなんですか？
田丸：場所という場合もあると思います。誰が両親であろうとも生まれた所が国籍を決めるという準則です。
老教授：場所が加味されましたね。しかし依然出生が基準ですね。出生物語の大事な部分が、両親から生まれ落ちた土地に変わっただけです。
吉野：個人の意思や国家の決定に一番左右されない事柄だからじゃないかな。好きでこの両親の下に生まれてきたわけじゃない。好きでこの土地に生まれ落ちたわけでもない。そもそも好きで生まれてきたわけでもない。しかしどうすることもできない。自分ばかりか他人も否定できない。ひたすらそのことを尊重するしかない。
南田：その考えには賛成です。逆に言えば、それだけの意味です。この世に存在するということの尊重ですね。だから、ここで生まれた以上はどうしろこうしろとか、何々を祖先とする以上はどうでなければならないとか、言わないでほしい。
老教授：素晴らしい指摘だと思いますが、しかし問題は片付きません。出生地主義であろうと、場所の区分はどうやってするのだということになると、特定の集団が占拠している空間だとなる。特定の集団から生まれたという基準を採ると、端的にその特定の集団なるものが現れるが、それはいったい何に帰着するのか。はじめは何に基づいて区分されたのか。昔、「地下鉄漫才」というのがありました。工場で作った地下鉄の車両をいったいどうやって地下に入れるのだろうかと、地下鉄の最初を考え始めると夜も寝られなくなる、というオチでした。さかのぼれば人類は全員同一の祖先に帰着するという説もあると聞きましたが、どこかで何々人と何々人を分かれさせなければならないとして、たとえば最初に日本人を区別して切り出すときにはどうしたんでしょうね？
遠山：言語・宗教・文化を共有するのが民族だと習いました。
中村：これは全然当てにならない。一人ひとり一義的に集団帰属を決めなければならない場面なんだよ。曖昧な基準は使えない。

横田：そうすると、どこか恣意的な時点で同一空間上に永住する人を特定して区切る以外にないな。以下は好きなように出生を基準とすればいい。

老教授：ほら、ジェネアロジーではなくテリトリーのロジックに逃げましたね。しかし出生地主義について言ったとおり、テリトリーを区切るためには集団を必要とし、その集団はジェネアロジーで区切るしかない。その恣意的な時点で特定の空間を押さえている人びとですね。つまり堂々巡りになる。ま、このジェネアロジクな集団のほうは適当に神話的にこさえて済ますのでしょうが。民族とかいう曖昧な概念も使われるでしょう。さて、この堂々巡りはさっき出てきましたよね。

田丸：なるほど。部族社会の原理ですね。多くの集団が多くの次元で、たがいに絡まり合い、もつれ合いながら共存している。たしかセグメンテーションという社会人類学の言葉が紹介されました。

老教授：政治制度の人的基礎の観点からセグメンテーションとその克服のメカニズムをもう少し詳しく見てみましょう。部族社会ではジェネアロジーが集団の区分のために用いられます。誰かの長男を祖とする集団と二男を祖とする集団と三男を祖とする集団という3区分は、典型的な部族組織用の神話的ジェネアロジーです。しかし、問題は無限に続く系統樹の時間軸を1点で一義的に切らなければならないということです。3人兄弟がいました。いつだって3人や4人の兄弟くらいはいます。いつまでも仲良く一緒に暮らしていました。これでは全然区分できません。ある世代で3人は別れ、それぞれ別の土地に入植しました。もっといいのは、それぞれその土地の娘と結婚しました、とジェネアロジーに折り返すことです。agnatique（単性直系）な線を cognatique（婚姻による連結）な結びつきで切るといいます。そのとき、しかし必ずテリトリーのロジックを使わなければならない。ジェネアロジーとテリトリーのこのイタチごっこからわれわれは永遠に逃れることができません。

近藤：しかしそれを奇貨とするようにして、部族社会は échange のシステムを構築する。政治システム形成のためには、それを克服すべく moitié メカニズムを使う。本来軍事化のためのものだが、民会構成原理に変換する。そういうことでしたね。あ、そうか、なるほど、この moitié メカニズムと軍事化が国民の範囲をまずは定めるんだ！　おそらく民会構成員資格、つまりは選挙権

を定める。

横田：ところが、その moitié メカニズムを働かせるための母集団を採るのが大変。部族社会原理によってジェネアロジーとテリトリーの堂々巡り。メリーゴーランドの上にバベルの塔を建設するようなものだ。

カラスだってお山に帰る

老教授：軍事化した集団を日常編成に戻すということはテリトリーの上に降ろし直し、次の軍事化の母集団を確定するということですが、これがいかに難しいか。しかしまさにこの難しさをこそ政治システム形成のために利用します。moitié 組織によっていったん軍事化した集団が散り散りに日常編成に戻るのが普通ですが、であれば部族社会の原理は決して克服できない。ならばいっそそのままの隊形で入植させるか。屯田兵のようにですね。

とはいえ、これだと社会は軍事化したままです。それは日常編成を破壊しテリトリーを強奪した集団にすぎない。ここに亀裂があると、さきほど申しました。しかし考えてみればこの亀裂はジェネアロジーとテリトリーのいたちごっこの相似形的再現ですね。そう、これを利用します。傷を見れば塩を擦り込むように、対立を見たならば大いに煽りましょう、増幅しましょう。

まず両極へと集団を分解する。理科の時間のようにね。一方は言います。「問われて名乗るもおこがましいから、どこから来たなんぞ野暮なことはきかないでおくんなせえ、けれどもこうして立派に軍事化登録し錦の御旗は飾った以上、どうかこの土地に降ろしてくだせえ」と。他方は言うでしょう。「おとうちゃんも、おじいちゃんも、この土地で汗水たらして働いただ、おいらはたしかにちょっくら寝坊して軍事化登録には大遅刻、んだんどもそれでこの土地から追い立てるとは、あんまりと言えばあんまりな」とね。

軍事化対日常に対応していることはおわかりでしょう。ならばいっそ両者対立からさらに内乱にさえ発展してもらいましょう。そして和解する。仲裁が入る。両方をなんらかの手段で通約する❽。そして、かつてのままではなく混合体として入植する。かつ日常に帰る、ということは分業システムに戻る、つまり区分するということですから、区分し直しになります。

軍事化組織の側から見ると、分散する。テリトリーの区分の所与は部族組織ですから、それに似せて新しい制度が構築されます。軍事編成と旧部族編成から相殺的に中和的に抽出し、人為的な集団を作り、これを新たな部族単位としました。ローマでは、いくつもの政治的頂点がそのまま核となり、その周りにその混合的な諸因子を付着させ、これが固いブロックを多元的に作りストレートにテリトリーに降りました。このブロックが新たな部族単位❾となりました。ギリシャ、とくにアテーナイの場合は、再編成体自体にいったん moitié 組織たるフラトリア、「兄弟団」という形を取らせ、これに独自の政治システムをもたせて非軍事化し、テリトリーの単位としました。これがさらに混合度を増すように部族連合単位フューレーを形成させ、後者を基礎に市民団が編成されました❿。

　以後、一人ひとりの市民は首長として頂点を形成し、首長制のジェネアロジーにより再生産が保障される。同時に固い連帯組織を作ってテリトリーに貼りつく。この組織こそが次の循環の軍事化のベースをなすわけです。選挙人団、選挙権保持者集団です。と同時に、それは日常編成です。軍事化による再編は経るものの、いったんテリトリーの上で日常化し、その上で再度軍事編成させて市民団を形成する仕方です。つまりテリトリーの上の特定の事実が先験的な意義を有するように組み直したのです。

　というのも、政治を形成するためには下に隙間を作らせずにテリトリーに足を付けなければならない。隙間があるとそこに権力が発生し、政治システムはボスの談合組織ないし利益集団の調整組織と変わらなくなるからです。どうし

---

❽　ローマ史では「Servius Tullius 制」の解釈という問題である。POSS, 271 頁以下参照。

❾　tribus のこと。tribe の語源であるが、「部族」という日本語は、「何々族」を表すのにも使われ、混乱している。segmentation の segment を指す。「何々族」は必ずこの segment を横断して形成される。「部族単位」という苦肉の日本語を選択する所以である。人の集団でなくテリトリーの単位である。

❿　Bourriot や Roussel に伍して日本でも伊藤貞夫が堅固な研究を積み上げたギリシャ史学の重要分野です。ギリシャについて安易にイメージをもつのでなく、こういう研究を参照しましょう。

ても個人を基礎としなければならない。政治があくまでテリトリーの上に築かれるというのはこの意味です。

南田：ヘシオドスの考えですね。

基本中の基本、領域の概念

老教授：地に足を付ける部分を担保するために、テリトリーの上で人びとが横断的に連帯するという思想です。前回申し上げたとおり、これがギリシャでは標準形になります。つまりギリシャでは政治成立と同時にテリトリーに複数の第二の政治システムが形成され、基幹の政治システムに対抗しました。

風間：政治システムの頂点部分は、それだけでは空中楼閣にすぎないということだね。「スキピオの夢」[11]は実現せず、だ。

横田：断腸の思いだけど、それはむしろキケローの気持ちさ。テリトリーにおける実力跋扈に苦しんだ挙句の果てに見た夢だからね。

沢井：それよりも、やはり政治のためには一義的な人的ベースが不可欠なのですね。その形成のために鍵になったのがテリトリー、地面の固い一義性だったということですか？

老教授：政治は言語とイマジネーションによっておこなうものですが、他方テリトリーをしっかり押さえてこれを基礎としているのでなければなりません。ギリシャ・ローマの事物を貫く基礎コードは都市と領域の二元的構成で、自由な言語のみが支配する政治的空間たる都市と、これがしっかりと根を下ろすテリトリー、政治システム形成後、都市との対比で領域と呼ばれる空間ですね、これが厳密に区別されるのです[12]。

---

[11] Cicero, *De re publica* 第6巻の基幹。19世紀に大きな断片が再発見されるまではこの作品はこの部分だけが伝わっていた。ローマ共和末の蹂躙された政治システムを前に、それでも政治システム再建に尽くす者は犠牲となっても死後天上で政治システムに迎えられ報われる、という夢。

[12] 以下何度でも強調するように公法の屋台骨をも形成するのがこの都市と領域の二元的構成です。テリトリーは政治と都市の形成とともに性質を変えますので、領域と呼び換えます。

かつこの二つの間に鋭い緊張関係が維持されることが必要です。その結果両者の間には十分な距離が生まれる。なにか丘の上に皆が集まって話し合っている村落共同体のようなものは、決して政治システムになりません。日常的な社会編成をその丘の上では脱せられないからです。どうしても、合議体の他にかなり大きな一義的な人的集団がベースとして必要です。

ギリシャではこのことはよく理解されていたようです。ポリスとその他自然の共同体コーメーは異次元の存在なのです。そしてベースのほうですが、水のない田んぼに霜柱が立ったようにめくれていてはならない。支配従属関係があってはならないからでしょうねえ。

政治は言葉であり理念であり青写真です。反対の極には部族社会におけるテリトリーをめぐる集団の蠢きがあります。暴力と利益を交換しています。とはいえ、政治もテリトリーを離れては生きていけません。テリトリー上の費用投下果実収取関係、つまり生産なしには生きていけません。ところがこのことから暴力と利益の交換が始まります。それでは政治が成り立ちません。

そこで、テリトリーのロジックをいったん遮断した都市空間を物理的に形成し、そこで議論をし、次にこの空間がテリトリーを完全に制圧する。申し上げたとおりこの場合そのテリトリーは領域と呼ばれます。領域ではもちろん費用投下果実収取関係が展開されます。最小限の実力と最小限の利益交換が不可欠です。その弊害を極小化するよう都市中心の決定は全力を尽くします。個々人が一義的明確に領域を区分し費用投下果実収取をおこなう。隙間を作らない。小さな家内労働の集団は仕方がないけれども。かつ都市中心の議論主体の独立水平結合のみでは、極小化をもたらすのに不十分です。もともとテリトリーを組織的に占拠するロジックは部族です。部族単位を模して領域を区分し、各単位に小さな第二次政治システムを作らせます。コムパクトな水平結合体ですね。

この結合体への登録がむしろ市民団構成員の、つまり国民たるの、前提要件となります。市民団が領域をはずせば、領域に向かって支配することにはなるわ、支配しきれない因子を野放しにすることになるわ、全然だめです。かつ領域の上の人員を完全水平に一義的に組織するために、ジェネアロジーとテリトリーという両原理の相克が大事な役割を果たしたと言ったのでした。

● 空飛ぶ住所

吉野：なあんだ、それだけ深い理由があるんじゃあ、風来坊にゃあ辛い人生だ。住所不定じゃ選挙もできません、かあ。

横田：まして世界放浪の根無し草、収まらないタイプは政治に向いてないよ。覚めても覚めても「スキピオの夢」のなか。

黒木：そんな呑気なことを言っているから租税回避されてしまうんですよ。

沢井：慌てる乞食はもらいが少ないと申します。われわれの辞書にまだ乞食という字、いや間違った、住所という字はありません。住所という概念、これはいったい何ものなのか。ここを掘り下げずに民法の教科書を引いて済ませるようじゃ、誰もこの本を読みません。

遠山：あれ？ 沢井さんって、本の虫かと思ってたけど、意外にひょうきんなんですね。

老教授：この紙芝居はもう少しいくと住所に行き着きます。ということは、まだこのお芝居に住所は登場していない。領域にしっかり居を構えていなければ政治システムの構成員になりえない、という原則は、住所の優越を全然意味しません。テリトリーのロジックの優越でさえない。

そもそもジェネアロジーが物を言ったし、いったん編成されるとその市民団はジェネアロジーで武装されます。領域との隙間を生まないために固い横断的結合体が形成され、独自の政治システムを構成します。人員を引き連れたボスが入り込まないようにですね。この組織はジェネアロジーで異分子を排除します。メンバーは一人ひとり首長として頂点を成します。頂点の横一列です。なおかつその審査を自分たちでする。オーケストラが団員を自分たちの選挙で選ぶようなものです。つまり、事実に依存する住所という概念によってではなく、超越的に与えられるジェネアロジーに従って自分たちの政治的決定がなされる、その結果生まれる権原によって、市民権が概念されるのです。

さて、ギリシャでは200年後にデモクラシーへと移行します。あまりに駆け足であったために記憶にとどまってないでしょうが、前回申し上げたとおり、政治的決定手続が二段になります。予選リーグと決勝リーグのようなものです

ね。論拠の前提資格が吟味され、これをパスしたもののみが本審査される、つまり政治的議論に曝される、というわけです。

　制度もこれを反映しますが、なによりも人びとの判断基準、つまり思考様式のなかに内蔵されたのが大きかった。哲学や歴史学、はては自然科学の発達につながりました。他方、こうしたいわば上昇の二段階と並んで、下降の二段階も発達しました。決定手続を実施する段階でもう一段チェックが入ります。異議申立や覆滅のための手続が発達します。

　以上のような二段階構造が、基幹の政治システムと領域の横断的結合体という二段に反応するのは、ある意味自然なことでした。断っておきますが、デモクラシー以前、領域の組織は、基幹の政治システムから見る限り政治制度としては認知されていません。市民団の基礎をそこにとるだけです。領域組織の政治的決定は、市民権授与を除けば無価値です。実際には独自の認証や紛争解決をしていましたが。それは外国が勝手にしているのと同じでした。矛盾するからと言って否定されることがない代わりに参照してもらえるわけでもない。ところが今や両者が連動し始めます。判断手続の二段階のために寄与し始めるのです。

　ただし、引き続いてリーディングであったアテーナイのケースを追跡しますが、領域組織フラトリアがそのまま利用されたのではなかった。フラトリアは市民権統制の形式的権限、つまり認証の役割を保持し続け、消滅するのでは決してありません。しかしとってかわる領域組織デーモスこそがデモクラシーの圧倒的な主役になるのです。

　どなたも「クレイステネスの改革」について聞いたことがあると思います。フラトリアとは別個に、ものの見事に人工的に、つまりジェネアロジーと無関係に、幾何学的に領域を区分し、新規に第二次的政治システムを創造します。まず、前提に社会の変化がありました。既存の領域結合体を越えて土地保有を含む経済的活動が展開され、人びとの流動性が拡大したのです。この事実に対応するかのように、デーモスは、ジェネアロジーではなく個人を束ね、かつ人を領域に貼りつけるのではなく、動き回る個人が幾何学的空間に抽象的に帰属しました。

　もちろんデーモスの構成員になれるかどうかはデーモスの政治的決定が左右

するのですが、個人の申請が前提である。しかし任意団体では決してなく、領域の多くの点で活動していても1点で1個のデーモスに帰属する。かつ市民権をもちながらどのデーモスにも属しないということはありえない。デーモスに属すことを通じてのみ市民権を獲得しうる。まさに公共団体であるわけです。

　いうならば、領域に基盤をもつ者の第二次的政治システムですが、その領域という地面は、個人の活動の流動性に対応して中空に浮かんでいるのです。

風間：たしかに自分の両親の住むマンションでも、管理組合構成員とマンション住民を混同する人がいる。

老教授：住むというよりは少しだけ抽象的なレヴェルに、事実として先立つ要件が設定されているのです。動き回る個人も抽象的な地に足を降ろしているとみなされる。というのも、すべての政治的権利はこのデーモスへの帰属を要件として与えられるようになる。つまり基幹の政治システムは今やこのデーモスを基盤に組み立てられる。それまで基幹の政治システムにおける選挙等のパフォーマンスに基づいて決まっていた評議会員が、各デーモスから選出されるようになる。

　アテーナイの場合、クジで選出しました。ここにすでに政治的決定手続の二段階があります。さらにデーモスを基礎とする大型の陪審団が本審として機能し始める。むしろ下降の二段階ですね。批准というより本審を乗っ取ってしまうのですが。

　このとき、なぜフラトリアを基礎とするのではいけなかったか。それをすると地域ブロックの連合体のごときものに基幹の政治システムが変わってしまう。これではデモクラシーといえないばかりか、大いに政治を阻害する。

田丸：これが歴史上住所の登場する瞬間であると考えていいんですか？ たしかに、住所もそこにへばりついている所ではありません。しかしまったく根拠がないというのも許されない。

老教授：こういうことが土台となって近代の諸制度諸概念ができあがったということも確かなことです。第二次政治システムをどう再編するかという問題はデモクラシーの基本としてヨーロッパでは意識されています。20世紀後半にその精神を最新ヴァージョンで鮮やかに照らし出したレヴェック＝ヴィダル・ナケの名著[13]は、中学校レヴェルでも意識されています。「クレイステネスの

改革」を扱い、デモクラシーの基本精神を明らかにした古典です。

●●● 飛ぶ住所の生き別れ

吉野：デモクラシーの下で、住所概念は居住移転の自由とセットになっているということかあ。ギリシャのことを見ると、まるでレントゲン写真みたいに骨格の論理がわかってくる。移動の自由を突き詰めれば、やがては基幹の政治システムの枠を超えて人が出たり入ったりするだろう。第二次的な政治システムが住所概念で人の出入りを受け止める。外国人の地方選挙権はどんどん認められる傾向にあるし。

横田：それはいいけど、ぼくたちの問題はその反対でしょう。外に出て行った人がなお本国の基幹の政治システムの選挙に関わりうるか、ということ。

大森：住所を柔軟に解すれば調整できるってことだったんじゃないんですか？ たしかに選挙権行使に住所を要求することには理がある。しかしその住所の概念は十分に観念的抽象的でありうるし、そのようにして選挙権行使を広く認めなければならない、その究極形態として定住していなかったり外国に出たりしている場合にも住所を与えなければならない、と。これが結論で、めでたしめでたしとなったような気がしたのになあ。

中村：住所を居住の物的事実に懸からしめるのは誤りである、だから海外在住者にも住所が与えられ、よって以て選挙権行使を可能とするのでなければならない、したがってそれを不可能にしてきたこと自体が違法である……、としても、いったいその住所はどこに定めるんだい？ 海外のその国に住所があって、日常生活のあれこれ、つまり納税や労働契約や社会福祉関係のことを営んでいるはずだろ。本国にも住所があるとなると、二重に住所をもつことになる。

沢井：それでも、外国人にも基幹の政治システムに参加させるという主張は今

❸ P. Lévêque, P. Vidal-Naquet, *Clisthène l'Athénien. Essai sur la représentation de l'espace et du temps dans la pensée publique grecque de la fin du VIe siècle à la mort de Platon*, Paris, 1964

のところ存在しないんですよね。だったら、基幹の政治システムの基礎として第二次政治システムとの連携を示す住所を要請する面と、基幹の政治システムから独立に第二次政治システムを働かせるために住所を要請するという面を、区別しなければならないと思います。

　後者の面は、同じデモクラシーでも、基幹の政治的決定に抗してでも個人を保護する、基幹の政治システムへの帰属がなくとも保障を与える、そのために第二次政治システムが働く場面で、外国人だろうとなんだろうと一定の個人を保護すべく立ちはだかる第二次政治システムの役割です。ヘシオドスの原理の拡張版ですね。

黒木：デモクラシーに固有の下降の場面における二段ですね。

風間：ということは、下降の場面の住所も大いに自由かつヴァーチャルになるのだけれど、それともまた別に、選挙権の基礎としての住所はさらに擬制的に、たとえば大使館などに登録することを通じて行使されてよい、ということになるかもしれない。かえって地方選挙からは排除されるね。

近藤：具体的に選挙区の問題をどう構成するかはどうしても立法裁量の問題にならざるをえないと思います。どういう選挙制度を採用するか自体、立法の問題ですから。

● 政治的決定無答責原則

老教授：とはいえ、海外在住者におよそ選挙の道が塞がれているというのがデモクラシーの基本原則に違反することは明らかだと最高裁も認めたわけですが、その場合にどうなるか？　これが次の問題ですね。

近藤：本件では、早い話が、国会が制度的手当てをしない、つまり立法をしない、その責任が問われたわけだけど、本判決の前提となった昭和60年判決[14]はこう言ってるよ。憲法51条を引いて「国会議員の発言・表決につきその法的責任を免除しているのも、国会議員の立法過程における行動は政治的責任の

---

[14] 最判昭60-11-21民集39-7-1512。引用は1516頁。

対象とするにとどめるのが国民の代表者による政治の実現を期するという目的にかなうものである」とね。

大森：どうせ読むなら「国会は、国民の間に存する多元的な意見及び諸々の利益を立法過程に公正に反映させ、議員の自由な討論を通してこれらを調整し、究極的には多数決原理により統一的な国家意思を形成すべき役割を担うものである」というところを引いてほしかったな。「多元」も「利益」も「調整」もある。

三宅：裁判所なのにこんなに露骨に利益団体多元主義の立場を明確にしてよいのかな。戦後の日本の最高裁の傾向であることは否めないけれども、今となっては古色蒼然の時代遅れという感じがしてくるねえ。とにかく、国会の役割、選挙の意味について、余計な解説を加えてる。この説に従わなくたって、その意義は自明なのに。

近藤：住所問題や海外在住者問題に触れるときにはデモクラシーを考えざるをえないということは、今われわれも見たとおりじゃないか。最高裁なりにデモクラシーに触れようとした。とたん、少々恥ずかしい利益多元主義を出しちゃったんじゃない？　これがデモクラシーの標準ヴァージョンだったからねぇ。その点無反省だったことが歴史に刻まれることにはなったけれども。

老教授：そのへんの争いは後の回で諸君にゆっくりやってもらうことにしますから、さしあたり、原則、国会は法的な責任を負わないのはどうしてですか？

横田：政治的言論が完全に自由でなければならないからですか？　政治的決定に失敗はつきものです。そのたびに賠償しなければならないとなると提案が萎縮してしまう。賛成反対も制約される。お前が賛成したからこんなことになった、とか、お前が反対して潰したからチャンスを逃した、落とし前をつけろ、となると政治的議論は成り立ちません。

中村：だからって、その結果とんでもない無責任体制ができあがったらどうするんだい？

横田：政治責任さ。次の選挙で惨敗する。

沢井：それは少し俗流の理解だと思いますね。政治的決定はおよそ責任を問われないのだと思います。責任という考え方は、応報の考え方に近いのです。これに対してこう応じた、とか、こうしたからこうされてしまうとか。政治的決

定はいっさいのこうした連関を切断し、真っ白なキャンバスの上に自由に絵を描くのだと思います。そのプランを、あれこれの取引や押したり引いたりでなく、全員が納得してすっきり実現していく。いくらいくらくれたら応じてもよい、はナシです。

老教授：たしかにそれが政治的決定無答責の第一原理ですが、しかし、やがてデモクラシーになり、民事法も登場し、政治によるréciprocité切断後の透明な世界で取引やら責任やらが再生しますね。そうなってもなお無答責ですか？

三宅：だからこそ、裁判所でさえ、無答責にも限度があり、法的責任を問われる場合があると言っている。

近藤：法的責任とは何か？

老教授：何を基準として法的責任を分配するのでしたか？

田丸：占有。

老教授：政治システムにおける合議体は占有しますか？

田丸：しません。否、してはなりません。言語だけを生き、テリトリーと関わりをもってはいけません。法ないし占有にとってさえ応報や賠償は異質です。不法行為責任のようなものは鬼子でした。

風間：しかしそれは、政治的決定が政治的決定にとどまる限りは、という話だよね。デモクラシーになって政治的決定への抗弁が認められ、占有原則がそれを裏打ちするようになると、政治的決定が個別的な実施場面で無用に占有を侵害すれば、責任を問われ、場合により賠償さえ求められる。行政法で処分性というのはこのこと。つまり合議体の決定にとどまらなくなったということだ。

横田：政治システムが占有侵害するなんて、異常な事態だな。

遠山：ところがまさに、本件は国会の立法ということが問題になっているのであり、しかも事柄が選挙権です。全然占有に関係ない。占有を持ち出したのはまったくの無駄であったように見えますね。しかも三転、なのに責任が認められちゃった。

今日一番の大推理

老教授：ようやくポイントに来ましたね。答えの前に謎がなければ話が進みま

せん。

南田：おそらく、答えはギリシャと近代の差に懸かっています。なぜならば、ギリシャでは問題にならないことが近代では問題になる。ギリシャには法がなかったから、政治的決定自体もその実施も法的責任の問題になるはずがなかった。ローマには法があったけれども、これは民事に限られたから、ここでも政治的決定が民事法の世界に立つわけがなかった。しかしギリシャではともかく政治的決定が責任を問われるということはデモクラシーの帰結としてさかんにおこなわれました。政治的責任といっても次の選挙というのでなく、関わった個人が刑事責任を問われたわけですが。政治システムを破壊させるような決定を提案した、よく精査もせずに、と。違憲立法審査の元祖です。政治的責任の典型は刑事責任ですよね。

老教授：素晴らしい推論ですね。で、近代はどこで折れ曲がったのですか？

田丸：国家というものが近代にはある。

老教授：するとどうなりますか？

一同：？？？

老教授：正面から攻めても駄目なときにはどうしますか？

吉野：裏から攻める。

一同：（大笑い）

近藤：わからないときには判決文をよく読むというのが鉄則です。2101頁に「このような著しい不作為は上記の例外的な場合に当たり、このような場合においては、過失の存在を否定することはできない」とあります。法廷意見の部分ですね。ここが匂います。過失という単語がどうにもそぐわない。昭和60年判決の控訴審も違法と言いながら、過失がないというロジックで訴えを斥けています。たしかに、国家賠償法の要件に合わせなければならないから、どこかで故意過失をいうでしょう。しかし無理がある。

田丸：けれども、謎の解明には結びつきません。

老教授：さきほど、国会は占有にはなじまないというのがあった。今度は過失だ。考えてみれば、占有と過失の関係は深かった。そして、どうやらこちら側には犯人はいないようですね。

黒木：あっ、じゃあ、故意のほうか？

三宅：あまり占有とは関係なさそうな責任、契約上の責任、bona fides（ボナ・フィデース）の責任、この場合が故意責任だった。悪意と同じことだった❶⓹。

老教授：契約責任であるとすると、何契約ですか？

大森：あっ、委任契約以外ないですね！　憲法の前文は信託と言っているけれども。

田丸：なるほど、委任契約は故意責任の世界ですね。厳重に信義則に従って受任者は事務を遂行しなければならない。誠実に実行したのなら失敗しても仕方がない。しかし成功しても、汚いことをして利益を得ていれば致命的な責任を問われます。

近藤：そうか、だから判決文は普通に怠ったくらいでは責任が発生しないと言っているんだ。わかっているくせに徒に長く放置するとか、それで特定人の権利が著しく害されることがわかっていながら放置した場合、責任が発生すると言っている。これは故意責任を問題にしているんだ。受任者の責任原理と同じだ。

大森：昭和60年判決では、そういうロジックは明瞭には現れてはなかったな。むしろ「立法裁量内」を違法でない理由に挙げていた。

近藤：もっとよく読もうよ。昭和60年判決でも、憲法47条を引いて、これが具体的な選挙制度を明示的に国会に委ねていることを指摘してる。在宅投票制度に問題が多いことを認識してあえてこれを採らない決定をしているのだから、委任の本旨に沿ったもので、かりにはずれていても故意がなければ責任が問われないところ、ましてむしろ委任の本旨に忠実である、と a fortiori（ア・フォルティオーリ）のロジック、つまり「いわんやまして」の論理を使っているんだよ。裁量統制論の枠組は使われてない。

中村：委任契約の故意責任を追及する、つまり信義則違反の追及だということだが、それならば民事訴訟になる反面、いったい誰が誰の責任を追及するんですか？　誰が受任者で誰が委任者なのか？

遠山：国民が委任者で、国会が受任者なんじゃないですか？

---

❶⓹ 『民法の基礎』196頁。

風間：だとすると国民が訴えることになる。私的な利益を害したのでなく公の利益を害したのだから、公訴の提起ということになりそうだ。刑事事件だなあ。

吉野：現に、ギリシャ・ローマでも政務官が一種受任者として個人責任で事務を遂行し、個人として刑事責任を負ったと聞いたことがあるよ。

南田：ローマでも、デモクラシー最盛期の共和末には repetundae（レペトゥンダエ）の法廷、公職者弾劾裁判がありました。キケローのウェッレース弾劾は近代初期イギリスの議会政治を嚮導（きょうどう）したくらい有名ですね。

回り道大明神

黒木：しかしこの訴訟は、私人が民事訴訟を起こしている。国民が、でなくね。

三宅：被告は国家だ。そっか、ここがいかにも近代だなあ。あちらこちらに湯煙、ああ別府だなあという感じ。

田丸：せっかく委任と故意責任にたどりついても、まだまだ不十分だということですね。

風間：そうかあ。

遠山：あれ、なに、一人で感心しているんですか？

風間：法人理論だよ！　まず、委任は委任でも代理権授与つき！　否、法人理論に基づいて、代表だ！　もっともっと厳重だ。もっと高度な責任を負う。

老教授：最終回でやる財政のところまでは法人理論抜きに問題を扱うことが可能だ[16]と思ったんですけれども、甘かったですね。

[16] 本来法人理論を装備することは一層のガヴァナンス強化を意味します。しかし実際には法人理論は厳密には適用されず、危ない装置だけが運転者もインストラクションも無しに手渡されるに等しい。このため制限的に、つまり財政などに限定して、用いるのが望ましい。現に、公法訴訟、抗告訴訟などは端的にデモクラシーの手続として構成することが可能です。すでに教会法内部で、民事訴訟当事者たらしめることは必ずしも法人理論装備を意味しません。訴訟担当概念一つとってみても自明です。まして、本書が以下一貫して述べていくように、占有原理適用は擬制的です。財政におけるように責任財産の観点が不可欠になるときにのみ法人理論は不可欠です。同様の懐疑的姿勢は山本隆司に見られます（たとえば「民営化または法人化の功罪」『ジュリスト』No.1356・1358、有斐閣、2008年）。本件につき（無名）抗告訴訟ではなく公法上の当事者訴訟で

たしかにこの訴訟の形態を理解するには法人理論が不可欠です。政治システムは決して単一の人格をもたない。だから占有しない。だから民事責任を負わない。政治的決定は個々の政務官がまずは個人の資格で遂行する。よければ政治システムがしたことになる。ギリシャ・ローマでは徹底して官僚機構が排された。受任者が自分の名で行為する委任一本で思考します。かつ委任者＝本人抜き。効果は「誰のものでもない」ところでプールされ、また出てきます。

　その政治システムが人格を付与されて、他者との法的関係つまり占有関係に立ちうるためには法人理論を要しました。政治システムに人格を与えてしまえばいいじゃないかというかもしれませんが、それであれば、徒党がいきなり塊となってにょきにょき暴れることになります。政治システムの大前提が崩れる。否、およそ社会にとっての絶対の禁忌に触れる。その法人理論はもちろん教会のために構築されたものです❶。そのへんのところは最近ゼミでギールケを読んだという風間君にバトンを渡しましょう。

● 法人理論の初歩的知識

風間：いや、ギールケの受け売りをするだけで申し訳ないんですが、しかしどうやら以後本格的な研究が意外にもないらしいのです。で、今わかったのですが、ギリシャ・ローマ、つまり政治システムの側からも同じ考慮が働くようですね。いや、教会もその遺産を承け継ぐのかもしれませんが、教会にとっても山賊の談合組織、単なる徒党やセクトではないことの保障、唯一正統に神につ

　　あることを強調する山本の姿勢も（『判例から探究する行政法』（有斐閣、2012 年）490 頁以下）、民事訴訟という形態の使用をデモクラシーのための方便として柔軟に考えることのコロラリーです。

❶　以下については、さしあたり『法学再入門』323 頁以下参照。詳しくは、O. v. Gierke, *Das deutsche Genossenschaftsrecht*, III, 1881 を参照。これはギールケが自身の法人論、まして団体論を述べるのではなく、卓越した歴史学者として冷静に分析するテクストです。愛してやまない側においてはイタリア都市に「ゲルマン」の虚像を持ち込む混乱の極のために不透明な叙述に終始するのに、敵を分析するときにはここまで明晰になれるのか、と思わされます。

ながり、かつ神につながる一部でなくその全員そのものであることの保障が死活の問題でした。教会とは信者団体のことですが、これはただの人の集まりではなく、「神の息子キリストの身体」です。キリストが地上に遣わされ、神のもとに帰るとき、しかし身体は遺される。普遍的な信者団体はこれと同化する。教会は身体にすぎませんが、神の意思と合わせれば心身を有する一個の人格が現れます。だから他者と法的な関係に立ちうる。

　もっとも、法的な関係に立つための理論構成を発達させるのは、神学理論を多少薄めた13世紀の教会法学者たちですが、古代末期の教父たち、とくにアウグスティヌスによって正統の「キリストの身体」、Corpus Christi（コルプス・クリスティ）ないしCorpus Mysticum（コルプス・ミースティクム）理論が完成されます。霊的な物を再現実化するという思考をmystique（ミスティーク）（秘儀的）な思考と言います。三位一体理論の一部を構成します。これにより団体構成に厳重な縛りがかかり、カルト的セクト的発展の余地がなくなる。単一性、普遍性などからわかるように、公共団体と教会は相似形です。公共団体の場合、それは政治システムの性質に由来するのでしょう。

　すると、政治システムの実質を実現するのに教会理論を応用できることになる。国家概念にさらに法人装備を与えることが考えられる。国家概念装備が論理必然的に法人理論の装備を意味するわけではありませんが。さて、神の意思を具現するために霊的なものが再現実化されていると考えられる。目に見えないものを表している物的なものがある、つまり芝居のなかでボール紙の打ち出の小槌が、本物の打ち出の小槌を表しているようにね。これが教会。普遍的信者団体はこのボール紙です。かくして法人理論のベースは二つです。

オバケにも足を

風間：このような仕掛けは人びとの救済という神の意思に基づくから、この神の意思に相当する高次の目的、つまり筋書きがなければならない。それを知らない人間にとってはただのボール紙です。なんだこれ、と言って屑籠に入れてしまうかもしれない。次に、信者団体に相当する基体もなければならない。つまりボール紙がなければどうしようもない。かつそれはキリストの身体によって正統化されている。神の意思は絶対だけど、しかし教会組織の頂点が神の意

思を伝えると称しても、神でないのは当然であるばかりか教会本体でさえない。再現実化体だからどのみち教会は本物ではないけれど、しかし本物の贋物は信者団体全体だから、これが教会組織頂点をチェックしうる。少なくとも頭も手足もキリストの身体として同格になる。

　国家の場合、基体は国民。実質は、ギリシャ・ローマの例に即して見てきたとおりだとして、国家との関係では法人理論における基体として捉えられる。政治システムないし自由が神の位置にあり、これを再現実化し領域の上に具体的に立ち行為する教会、これに相当するのが国家です。大枠で、再現実化＝具現のところが委任に該当する。

　しかし勝手な具現を許さないために徹頭徹尾政治手続による媒介が要求される。ガヴァナンスのことだよね。諸機関がチェックし合う。そしてエイジェントに委任する。第二の狭義の委任ないし代表。機関としては最も重要な議会も所詮一機関にすぎず、政治システムそのものでないばかりか、具現作用も不完全です。法人でさえない。その一機関。いったん包括的に具現するのは国民。もちろん国民でさえ本人ではない。神でもなければ政治システム自体でもない。要するに国民主権といえども国民に勝手が許されるというわけでは、決してない。ということは、機関としての国会が受任者として信義に違背した場合、訴追を受けて当然になります。

遠山：選挙人が選挙する場合の関係はどうなるんですか？ ⓲

> ⓲　小島『制度と自由』227頁以下が刺激的な読書を約束する。ただし、制度＝儀礼＝占有方面の小島のオーリュー読解が着実であるのに反して、代表もまた「固有の意思・利益を有する」というオーリュー代表説の理解が不鮮明である。法人理論の核となる神学理論、とくにアウグスティヌスによって彫琢された記号論的構成、について見通しを欠く（オーリューがこれを保有する）からであると思われる。選挙人もまた舞台上の存在（代表）として芝居の筋書の上で権利主張するが、自分の勝手でなく役者の任務としてする。イェリネックが代表＝記号連関を経由しない単純エイジェントとしての機関のまま権利を与えるため私権のようになって公権だという自身の主張と矛盾するのに対し、オーリューは、公的職能でありながらなお当事者訴訟をしうる、その理由を（小島が的確に読み取ったように）代表に求める。もちろん代表＝ corpus mysticum 理論こそは機関を不可欠の要素とし、古代以来頭と手足の対等をいい、代表僭称を許さないための当事者訴訟を基礎づける。近代の実証主義的機関説の変質（の有無）はなお検討課題である。

風間：選挙人団は基体つまり国民でさえない。機関の一種。つまり政治機構を構成し、最狭義のエイジェントへつなぐための中間的な具現体です。

横田：ということは、投票権が害されたとしても、それは私権が侵害されたということではない？

黒木：あくまで公権ないし職能が害されたということになるよねえ。

吉野：するとやはりなぜ民事訴訟が、しかも法人自身に対して可能なのか、さっぱりわからない。せいぜい機関訴訟でしょ。

沢井：デモクラシーの原理が追い討ちをかけたとしか言いようがありませんね。まず、基体としての国民が機関としての国会と一緒になって何かに責任を負うというわけでしょう。それで、何に対して責任を負うのかといえば、私人としての原告個人ではなく、国民が具現するところの本体に対して。本物の本人ですね。教会ならば神それ自身。政治システムならば個々人の自由。デモクラシーならば、さらに進んでその政治に追い詰められた最後の一人。

　デモクラシーの本人がこれであるとすると、本件訴訟は理解しやすいですね。海外に在住する人たちだけが不当に政治参加を拒まれた、ということですね。近代に固有のロジックを使って、なおデモクラシーの理念を生かしたというところでしょうか。受任者よりももっと大きな責任を、国会というより国民自身が負っているということです。つまり原告は、彼自身としてでなく、「最後の一人」役で舞台に登場しているのです。

　賠償を取ったとしても、多分そのお金は芝居の小道具として演出助手がボール紙でこしらえた金貨です。とはいえ、そういう個別の役割が存在しうるのであり、その役割は機関の外にあると言うことができます。

2 言論・表現の自由 ――天上界にもミニマ・フューシカ

> 第1事案　最判平7-3-7民集49-3-687　自由へようこそ、踊り口はこちら事件（泉佐野市民会館訴訟）
> 第2事案　最判平24-12-7刑集66-12-1337　人間、案山子になり、カラスにバカにされる事件（公務員政治活動堀越訴訟）
> 第3事案　最判昭61-6-11民集40-4-872　団子3本殺人事件
> 　　　　　　　　　　　　　　　　　　　　　　　（北方ジャーナル訴訟）

第1事案の概要

老教授：では最初の事案をお願いします。

遠山：原告たちは市民会館の使用願いを市に提出したのですが、公の秩序を害するとの理由により許可が得られませんでした。やむなく別の場所で集会を開いたのですが、不許可により損害を被ったとして損害賠償を市に求めました。不許可処分の取消を求める行政訴訟にならなかったのは、短期間の出来事で期日が過ぎてしまい、訴えの利益が認められる可能性がなかったからでしょうか。原告は不許可の根拠となった条例自体の憲法適合性を同時に争い、憲法21条、19条、14条に反すると主張しました。最高裁で争われたのは21条の解釈についてです。

老教授：市が公の秩序を害する恐れがあるとした理由は何ですか。

遠山：関西空港建設に反対する運動のための集会が企画されたのでしたが、原告らがかねてより問題を発生させてきた暴力的な集団と関係が深いと判断した

ためです。

老教授：裁判所の判断は？

遠山：第一審から一貫して原告の請求は斥けられ続けました。

近藤：一審および原審のロジックと最高裁のロジックとのあいだに明らかな差があるように読めますが、誤っていますでしょうか。

老教授：どういう部分ですか？

近藤：原審までは、まず「市の施設に対する市の管理権が存在する」というところから出発している。憲法21条、つまり集会を含む表現の自由とて市民会館の「無制限の」利用権を保障するものではないから、利用条件があり、これを課すことは合理的である。しかるに市の設けた条件は少々抽象的であったとしても不明確とまでは言えないから合理的である。そしてその利用条件から判断して本件は不許可とするに値した。まあ、こういうロジックです。

　ところが最高裁は、地方自治法244条から出発します。公の施設に該当するから原則拒めないという側に軸足を移しました。そして、不許可が「憲法の保障する集会の自由を実質的に否定することにならないかどうかを検討すべきである」とします。しかも、拒否しうるのは「他の基本的人権が侵害され、公共の福祉が損なわれる危険がある場合に限られる」とし、近隣の商店街にとって打撃であるとか漠然たる公の秩序をいうのでは理由にならないとしているんです。

　伝統説❶に沿うとはいえ、公共の福祉を他の基本的人権の侵害に言い換えた点は重要だと私は思います。しかも二重の基準論に基づいて、この場合の他の

---

❶ 宮沢俊義『憲法Ⅱ新版』（有斐閣、1971年）228頁以下。この書物もまた必読です。『アンティゴネー』を取り上げる151頁以下など、忘れられない記述を多く含みます。圧倒的に正統的なセンスを代弁します。しかしこの抵抗権論にしても、基本権ないし価値の衝突にもっていく部分で大きな限界を感じさせます。今日に至るまでだからこそ正統なのだけれど。それでも、公共の福祉として曖昧な価値を設定しどんどん調整に入っていくその後の諸学説に比して、ぎりぎりの場面でのみ、にっちもさっちもいかない衝突の前でしかも立ち止まる点、はるかに優れます。たとえ『アンティゴネー』解釈が伝統説に災いされて誤っているとしても（ソフォクレスはアンティゴネーに個人の自由というアプリオリを言わせているから、じつは衝突は解決されている。『アンティゴネー』解釈についてはDEM、276頁以下、本書161頁以下を参照）。

基本的人権は経済的自由では足りない、なぜならば優越的地位を有する表現の自由が懸かっているからである、と明言しています。ただし、他の基本的人権を侵害してしまわずともその危険が感知されるだけで、その表現を阻止しうるという前提に立ってはいます。かつ、その場合「単に危険な事態を生ずる蓋然性があるというだけでは足りず、明らかな差し迫った危険の発生が具体的に予見されることが必要である」と言っています。これも二重の基準論の1項目ですね。判例準則を確認しただけではありますが、大事な点だと思います。

● 団子と呼んでも団子は出ません

老教授：表現の自由は他のすべてに優先します。「表現の自由のためじゃないか、少々腹が減っても我慢せよ」となります。これはどうしてでしょうねえ。去年のクラスで、昼休みにはみ出して授業を延長したら、「昼食の時間を何だと思ってるんだ」と大ブーイングが巻き起こった。ところが一人の学生が、「知の空腹に比べれば胃の空腹など物の数ではない」という名言を吐いて皆を黙らせてしまった。もっとも、「でも、おなかがすくよなあ、胃の空腹だって大事だよなあ」という声もあったようです。しかし殺気だった空気がたちまちなごんだことは否めません。それはともかく、なぜ表現の自由は尊重されるのか。それを考える前に、まず表現とは何か。ここを詰めておきましょう。

黒木：また禅問答ですか？　たしかに昔、南原先生は、哲学の素養のない者は政治学史の授業から去れと言ったらしい❷けれど、この授業にも形而上学が必要なんですかねえ。法の役割は困窮した「最後の一人」を助けることだったはずではありません？　高みに居座られても困る感じなんだよなあ。

老教授：形而上学は民事法にだって必要なのだから、公法に必要なのは明らかです。デモクラシーは哲学と一蓮托生なのだし。それに、「最後の一人」を救うのに哲学は要らないなんて誰が言った？

---

❷　さしあたり、拙著「政治はどこにあるか」『創文』438号（創文社、2001年）1頁以下参照。

大森：先生まで乱闘に巻き込まれちゃうのはちょっと……。
老教授：あっと、私としたことが。それで、表現とはなんですか？　ここにリンゴの絵があります。私が描いた静物画です。なかなかの傑作でしょ。これは何を表現していますか？
遠山：もちろんリンゴです。
吉野：そうかなあ。どう見ても、丸くてどでかいペペローニのようにしか見えないけどなあ。先生、ペペローニが好きなんでしょう。
老教授：いや、じつは大好物。さっと炒めてニンニクとオリーブ油につけておく、あれね。欠かせないね、アンティパストとして。おっと、何を言わせるんだ。
田丸：でもたしかに、リンゴを表しているとはとうてい思えません。最悪のセザンヌ模倣でしょう。
老教授：リンゴだと今一つ食欲が湧かないようですから、ここに今、お団子の絵があるとしましょう。最近はメニューが写真になっているレストランがありますね。客を馬鹿にしている。いいですか、みなさん、馬鹿にされているのですよ。「こんなやつを食べさせろ」としか言えないレヴェルだと。公共放送のアナウンサーまでが「あのやつ」だの「そのやつ」だのと言っている。メニューというのは、やはり言語の楽しみです。何々風の何々とか。レストランのセンスがそれだけで測れます。「ロッシーニ風の矢倉卵」だなんて、ファンタジーに富んでいてなんだろうと思う、そこで給仕長にきくことで会話が弾む。喜んで機知に富んだ説明をしてくれますよ。レストランで食事をするときも、ナイフとフォークで食べるのではない。言葉で食べるのです。ちなみに私が一番好きな作曲家はロッシーニです。なんというか、DNA が同じなのではないかという錯覚に捕らわれます。この人の発想は自分と同じだ、似てるなあ、と。
風間：先生、脱線してまーす。みんな呆れちゃってますよ。今日はわりと真面目にスタートしたと思ったのになあ。
老教授：すまんこってす。
横田：団子の絵が描いてあるんだから、団子が表現されてるんだろう。
老教授：団子屋の場合、ほんとうに団子が出てくる場合があるから、その答えでよいかもしれない。しかし、私の絵はどうでしょう？

田丸：すみませんが、セザンヌのほうにさせていただきます。私は見事にリンゴを捉えていると思います。しかし、あの絵がリンゴを直接呼び出すものでないことも確かです。あれはリンゴ屋さんの広告ではない。美術館であれを見てリンゴを食べたいとか、ここでリンゴを売ってるんだと思う人はいません。ふつうでは捉えきれないリンゴの強烈なイメージを表しているのだと思います。

中村：なるほどねえ。でも先生の絵のほうは困ったねえ。

黒木：なんのイメージかはともかく、先生がそういうイメージをもったからこそそれを表現したのだろうくらい言って、お年寄りをいたわりましょうよ。

老教授：そう、まさにイメージなんです。これを見ると諸君の頭の中にこういう赤い塊がイメージされる。そういうことです。それがリンゴなのか、パレルモのブッチリーアで売っている巨大ペペローニか、それは知りませんが。それを表現しているのではない。そういうイメージを呼び出すだけです。

近藤：しかし、「リンゴ」という言葉はどうですか？ 先生の絵とちがって確実にリンゴを表現していますよ。それが証拠に、スーパーで「リンゴ」という札をつけておくと、みなリンゴだと思って買っていきます。

南田：え？ 札を見て買う人はいません。実物を見ます。みかんの売り場に「リンゴ」という札を貼っておいたら全員リンゴだと思って買うとでも？

老教授：すると、実物とイメージはちがうレヴェルにあるということですね。「リンゴ」という語、正確に言うとそういう音、音韻、分節的音韻ですね、これがリンゴのイメージ、リンゴの概念を呼び出している。その作用を使ってわれわれは現実のリンゴを指示することもできるし、別に指示するつもりがなくともよい。

横田：逆から言えば、イメージの世界、観念の世界、理念の世界、物的でない世界を構築するためには、どうしても記号が必要だということか❸。

---

❸ 以上はすでにソシュールを踏まえた発言ですが、その後の展開を含めて、U. Eco, *Trattato di semiotica generale*, Milano, 1975 を薦めます。翻訳もあります。ソシュールのポイントについてはこの後すぐに確認されます。

● でも、腹が減ってはイメージも伝えられない

老教授：ところで、団子の絵や「リンゴ」という音韻がイメージを呼び出しているとして、どこに呼び出していますか？

三宅：団子の広告であれば、客の頭の中に、でしょうねえ。広告を出した人がイメージをもっていて、つまり自分で団子をこねたので、誰かにそのイメージをもってもらって、そして買ってもらおう、というねらいだろうね。

横田：哲学の風上にも置けない、下らなすぎる推論だなあ。

老教授：いや、きわめて重要です。ソシュールそのものです❹。記号が何かを呼び出すとして、決して物それ自体を呼び出すのでない。実体としての記号がなにか実体としての実体に対応しており、記号とはある実体が他の実体に置き換わることであるという考え、これを最終的に解体したのがソシュールです。ストア派やヴァッラ（Lorenzo Valla）が大いに先鞭をつけていましたが。しかも、対応するのは実体とイメージでさえない。指し示す側、signifiant の分節的差異が、指示されるイメージの側、signifié の分節的差異に送られる❺、そのコードが社会的に存在している、ということです。表現というのは、このコードを使って記号によりイメージを呼び出し、そして相手と共有することです。

吉野：たしかに、団子のイメージは共有したとしても、団子は共有したくないね。かぶりついた瞬間相手の前歯と自分の前歯がゴツンじゃ悲惨だ。思う存分一人でがぶりといきたい。

---

❹ F. de Saussure, *Cours de linguistique générale* はおよそ知的営為をする者の基本です。これを踏まえなければ多くの批評を読めないばかりか知的会話さえ成り立ちません。ただし、主として英語圏では引かれても理解されていない場合が多い。これがなぜかは大きな謎です。私は、今となっては vulgata かもしれないが、Tullio de Mauro の校訂による版を薦めます。理論の骨格をバランスよく伝えます。いずれにせよ、表現の自由を扱うに際して記号論の知見をもたないというのでは話になりません。

❺ 差異が差異に送られる、遷延される（renvoyé）のであり、内容と内容の間にコードが存するのではありません。特定の意味を有する語が特定の音である必然性はまったくありません。恣意性と言います。ギリシャのストア派記号論＝言語学の anomalia 学説を承けたものである。

中村：イメージしか呼び出さないとか、いやイメージを呼び出せるなんて大したものだ、とかはわかりましたが、呼び出しのところはどうなってるんですか？ 呼び出すとか気安く言っていますけれども、いったいどうやって？ 魔法のような部分がありますね。以心伝心じゃあるまいし。

老教授：私たちのような年寄り夫婦の場合は、「あれを買ってきて」と頼まれると、「うん、あれだな」と買いに出て、それで正しいものを買ってきたりするものですが、この場合でさえ、最小限、「あれ」という音は相手の耳に入っているのです。つまり、コードの作用は決定的ですが、その前に五感でなにかを感知しなければなりません。percipere、perceive（感知）の作用ですね。それで、感知するには、なにが必要ですか？

沢井：物理的プロセスです。最低限、空気の振動がいりますね。

老教授：そう、signifiant の側は物理的事象を本体としています。マテリアルだということですね。ここもパラデイクマ、つまり概念ないしパターンという観念的な範型に依存しています。しかしそれをなんらか物的に実現しないとどうしようもない。「アルボル」という音を心のなかでイメージするだけでは駄目です。範型に合わせ❻現実に空気の振動を起こす。それが相手の耳に達したとき、幸運ならば相手の頭の中に「木」のイメージが出る。

三宅：出るわけないっしょ。ラテン語なんか知らないんだから。

田丸：あー、するとこの signifiant の部分が怪しいということですね。表現という以上は精神の領分であり、ヴァーチャルなものであろう、と思いきや、物的な事象が深く関わる。

吉野：たしかに、思っただけじゃ恋心は伝わらない。言葉でもダメな場合がある。行動で示さないとね。

成仏の仕方教えます！

中村：さて、そのような表現なるものの自由とか不自由とかを論ずるわけだが、

---

❻ この範型の働きがソシュール後の言語学の関心であった。下手な字でも読めるように、polarité 両極軸さえ働けばよく、ヴァージョン偏差無感覚である。

いったいどうすれば可能なんだろう。自由不自由の基準が明確でなければ論じても意味がない。

老教授：私たちは公法を扱っているのですから、その観点から自由を見なければなりませんが、しかるにその公法の成り立ちを考えると、政治システムというものがコアになっています。である以上、どうしても政治システムの概念から出発しなければなりません。それで、政治システムとはなんでしたか？

南田：自由を実現する装置でした。かつ、その場合の自由の概念は大変にはっきりしていました。自由を害する要因を、テリトリーをめぐる集団内外の実力行使や利益交換、つまり不透明な取引ですね、そこでいろいろと犠牲にされる個人が出てくる、このメカニズムを解体する壮大な体系が政治でした。それはまず端的にいえば自由で独立の主体から構成される合議体のことでした。この合議体が社会の頂点に君臨することによって、今言ったメカニズムが解体される。支配服従関係が可及的に縮減される。

横田：すると表現と自由の関係については簡単に見通しが得られる。自由で独立の主体が議論、つまり言語だけによって決定するのが合議だから、その基本素材は記号だ。記号行為だ。つまり表現だ。だから表現の自由は基底的だ。いっさい制約してはならない。

老教授：というので、なんでも話し合いで決めることにしました。そしてまた、人は表現に目覚め、たがいに朝から晩まで表現し合っています。政治が生まれましたか？

吉野：そんなのはまっぴらです！　ワイワイガヤガヤ怪しい駆け引きをしたり見栄を張り合ったり。自由を崩す権力は、たいていは言語によってもたらされる。それよりも、誰とも接触せずに深山幽谷で奇石でも一人愛でていたほうがよっぽどいい。

田丸：あれ？　吉野君、いつ隠遁思考になったの？

沢井：そういう自由はかえって物を掴んで世界を牛耳る産業経済・資源第一主義を生みます。モリエール『ミザントロープ』のアルセストをご存知でしょ。『守銭奴』のアルパゴンと通じているのです。

● キュークローペスやアルパゴンは御免だ

吉野：でもなんで合議が自由をもたらすんだ？　どこかで静かにあれこれ思い描いているのではいけないのかな？　やはり何かを誰かに伝えなければならないのか。イメージの共有なんてウザイことをどうしてしなければならないのさ。恋人どうしでもあるまいし。

横田：共同体のなかにこそ自己実現はある。

南田：それはちがいます。みなさん、オデュッセウスがその支配を解体して脱出する一つ目の怪人、バラバラで粗野に生きているキュークローペスの話を知っていますよね。一人ひとりが切れていても自由はありません。暴力的な状態が存在するだけです。

沢井：私もそうだと思います。特別の質の記号のやりとりを通じてのみ、私たちはイメージを高度なものにすることができる。それらを使わなければ私たちは個々の主体が個々の資源とのあいだにある関係さえ透明にはできません。いくら孤立して物を握りしめていても、さまざまな不安にさいなまれ、おかしなことをしてしまいます。骨を埋めた犬のように。そしてわれらが不滅のアルパゴン様のように。

老教授：とはいえ、言語や表現を交換するということは、テリトリー上の集団の活動のコンスタントな要素です。それをしていれば政治になる、自由を獲得できる、と思うのは間違いです。黙って暴力を振るう場合にさえ、多くの記号がそれを準備するのが普通です。談合や振り込め詐欺など、言葉なしには考えられません。

近藤：決定的なのはCritique（クリティーク）❼だと思います。自然言語のパラデイクマ分節力

---

❼　森鷗外「澀江抽齋」は誰でも愛読していることと思います。そこに平仮名で「くりちっく」と出てきます。鷗外は、19世紀以降のヨーロッパ文化の表面を輸入したものの、たとえばこの17世紀の層に気づきさえしない、ことを深く危惧し、対応する江戸時代の考証学をさえ遇しないことを告発するように、一連の考証学者の伝記を記した、「くりちっく」を駆使して。近代日本文学の最高峰とされる。人文主義をうけて17世紀パリで言明の典拠をさらに典拠を挙げて吟味する方法についての論議がさかんにおこなわ

を使い、たがいに鋭く対抗するヴァージョンをぶつけ合う。主張の内容を研ぎ澄ますばかりか、必ず「AだからB」という形式にする。なぜだ、と問い詰める。どういう意味だ、とききかえす。同一パラデイクマの内部のヴァージョン対抗においていっそう高次の選択を迫っているわけだ❽。これだけで少なくともその瞬間権力は解体される。命令一下一斉に、というわけにもいかなければ、黙々とそれぞれ都合のいいように解釈してなれ合う、というわけにもいかない。Critique をおよそすべての思考に施しておくことが政治システム形成の基盤だ、と予備的討論のところでぼくたちは論じました❾。

南田：言語ばかりか非言語的記号の働きについて、ホメーロスがいかに精緻な省察をしていることか。当然ストア派に至るまで、いや、キリスト教が記号に依存する部分に対応したアウグスティヌスの深い分析も含めて、古典古代がソシュールを先取りする大きな蓄積を有したのは、政治を発達させたのだから当然です❿。

> れた（だから Critique と表記され、鷗外も訳さなかった）。もちろん、ギリシャ・デモクラシー期にそうした思考が全開したのであり、ソクラテスはその衰弱に対してしきりに警告を発したが、さらにその原基は政治成立期にさかのぼる。
>
> ❽　同じことのAヴァージョンかBヴァージョンかを突き詰めるためには、差異の部分を切り出し、そこがどちらの極なのか識別する。自然言語はこの極に関わる。この識別は Critique の前提になる。PだからQだと言うとき、QをPに言い換えている、つまり解釈の作用が伏在している。この作業はパラデイクマのヴァージョン識別なしにはなしえない。したがって Critique は自然言語なしには成り立たない。もっとも、一旦切り出したヴァージョンのパラデイクマに漫然と盲従するということもできるから、自然言語は Critique の十分条件ではない。
>
> ❾　本書 19 頁。Critique の前提の一つに記号一般に関するものが存するということになる。signifiant と signifié に分解し記号＝実体間対応つまり即効的実体召喚を遮断するソシュールの確認はきわめて重要であった。実際この分解はわれわれの自由と同義であると言ってもよい。そのことは、Lorenzo Valla の仕事を見れば一目瞭然である。言語のマジックから解放されなければ自由は覚束ない。記号論は、ロラン・バルトの線で大いに混乱し、ファッションを分析するつもりがファッションになってしまった感がある。多くの諸君が不信感をもつのも無理もない。専門の文学研究などでも用語ばかりが衒学的に走る。本格的な記号論の再建が待たれる。
>
> ❿　大きな俯瞰は、U. Eco, *Semiotica e filosofia del linguaggio*, Torino, 1984 によって得られる。これも翻訳がある。ホメーロスに関しては、POL においてふんだんに確認できる。デモクラシー期の抒情詩や悲劇に関しても DEM で確認できる。

都市

老教授：そのような精緻な言語活動は、したがって、狭い意味の政治制度、つまり合議体においてなされるばかりか、水面下で営々と積み重ねられなければならないけれども、そしてそれが合議体を基礎づけるのだけれど、理想的な言語交換が頂点に君臨していればこそそうした営為も積み重ねうる、ということもあるし、その営為を具体的な決定につなげうる、ということもあるよね。かくして、政治システムの最初の工夫は、テリトリーのロジックがまったく働かない空間を区分して切り出し創り出すことだった。これが都市だ。耕すこと、生産すること、が禁じられる。つまり表現するしかない空間だ。地表面も不毛な石畳で覆う。

　もちろん、すべての空間をそうしたいところだが、そうすると生産が成り立たず、もちろん生産のほうも放っておけないから、やがて自由にしてやりたいと思うが、はじめは余裕がない。そもそも生産のほうは100％自由にできるかどうかはわからない。支配従属関係を極小化しえたとしても、個人が小さな物的手段のうえに築く最小限の支配は残るだろう。

　要するに、都市の創出は、都市と領域のカテゴリカルな区分❶だ、ということになる。もうすでに一度出てきたよね。この区分は、政治とデモクラシーの

---

❶　さしあたりこれはギリシャ・ローマ史学の基本タームである。この基本コードを習得しえていないと古典のテクストが読めない。プラトンもキケローも誤読することになる。表現の細部に至るまで浸透しているからである。文法さえ学べば古典語が読めるというわけではない。他方しかし都市と領域の二元的構造の意味を厳密に学問的に、つまり歴史学的に明らかにするということは別のことである。本格的な歴史学的認識に着手したのは E. Lepore（レーポレ）であり、彼が主導する 1967 年のタラントでの語り草の学会においてであった（*La città e il suo territorio. Atti del 8 convegno di studi sulla Magna Grecia*, Napoli, 1968、と Lepore の報告、Per una fenomenologia storica del rapporto città-territorio in Magna Grecia を参照）。これは Finley との接触を惹起し、M. I. Finley, ed., *Problèmes de la terre en Grèce ancienne*, Paris, 1973 というもう一つの記念碑を生み出した（Lepore 論文がここでも綱領的な役割を果たしている）。

基本だから、公法全体を貫く原理になる。全体がこの区分のための観念体系になっている、と言っても言いすぎではありません。公法は政治システムを主題とし、しかもその政治が成り立つ具体的な条件を探りますから、まさに論理的にその条件と同義である都市と領域の区分に主として関わる、ということになります。

誰のものでもない

吉野：テリトリーの通常のロジックを排除した空間でこそ自由になるということか。おそらくそれは公共空間なんだろうな。でもぼくらの考えとは、だいぶちがうなあ。一つひとつの個別利益を追求するのが自由で、公共は最小限仕方なく設けられている。これが自由主義的な概念だけれども。

黒木：いや、今到達したのは、公共空間のなかにこそ自由があるという考えだ。他方私的空間、つまり領域のほうには、放っておくと支配服従が発生する。先に公共空間で自由を実現し、ここが指令することで領域の側にも自由を実現するという構想が、ギリシャのものだということでしょう。

大森：公共ないし公共の福祉は皆の利益ということではないんですか？ 一人ひとりの利益に基礎づけられる。

老教授：都市のコアには公共空間の観念があります。この空間は占有を排除します。つまりおよそ費用果実関係を排除します。いいですか、皆のため、皆で分け合うための費用果実関係も排除します。皆の利益のために存在するわけではない。標語的にいえば「皆のもの」ではなく「誰のものでもない」のです。だからたとえ全員の賛成、つまり全会一致でも改変することは許されません。

　お山の柿の実は誰のもの、と私はよくききます。お山のカラスのものです。誰かが勝手に食べてはいけない。しかし皆で食べてもいけない。公共空間に妥当することは、政治システムそのものに妥当します。したがって公法とりわけ憲法の中核部分は全会一致でも変えることができない。

遠山：政治は皆の利益、国民の利益のためにあるのではないですか？

老教授：法人理論そして代表概念を使って卑俗化させると、代表は皆のためにするのだ、ゆえに皆の利益のためにするのだ、皆の利益だ、文句あるかと、多

数ないし徒党が威張ってしまいます。これをギリシャの人びとは徹底的に嫌いました。そして、むしろ公法の側にこの発想が流れ込んでいます。

大森：経済政策ができなくなりませんか？

老教授：エクステンションの部分でさまざまなことをするのは許されますが、あくまでコアの自由保障を侵害しない限りにおいてです。単純な金融政策でもその面で致命的な場合があります。そういうチェックはされているでしょうか？　いずれにせよ、政治の通俗的概念が政治の外延部をドーナツ状に切り出し、中を空洞化させたことは確かです。念のために言いますが、ギリシャでは社会立法がきわめてさかんでした。とくにスパルタにおいてです。こういうことと矛盾しないんです、古典的な政治の概念は。

三宅：人権制限原理としての公共の福祉は、じつは他の人権だという説もそれであれば理解できますね。

近藤：皆の利益、多数の利益ではないという限りではね。そこになんでも詰め込んで、国民の利益ならばなんでも正当化できちゃうと思っている人がいる。皆の利益なんか存在しないのだから、利益を言う人は必ず具体的な特定集団の特定利益だということを言わなければならない。しかし、公共の福祉が畢竟(ひっきょう)他の人権のことだというのも、少しミスリーディングだ。自由を守るための基盤装置のロジックからして従わざるをえない規律がある、ということ。他の自由が直接現れて、表現の自由と衝突するのではない。そう考えると、どうしても調整図式に陥ってしまう。

頭隠して尻隠さず

中村：しかし一つ疑問があります。言語交換を自由な空間でするといったって、中空の竜宮城でするわけにはいきませんから、地上でする。足は地に着けてする。というのも、記号といえども signifiant のほうは物的な資源の世界に囚われている。しかるに物的な資源は定義上テリトリー上の集団のロジックに支配されている。ゆえに記号行為は自由を獲得できない、となりはしませんか？

近藤：もちろん、物的な行為をしなければ何も伝わりませんが、それがテリトリー上の意味をもたないようにしなければならない。先送り、フランス語でい

う renvoyer（ランヴォワイエ）が肝心で、それでその物的行為は記号行為となります。服を着ても「寒さをしのいでいるんだな」とは誰も思わない。「その服を着る」が「その服を着る」でなく、じつは別のことを意味する、というように送られる。このことが重要なんです。いったいどういうメッセージを伝えようとしているのかな、と考えなければならない。今日は銀杏返に結った❶❷、彼女は何を言いたいのか。モードの世界だと、「自分は金持ちだ」とか、「これからの時代はエコだ」とか、「女性の解放とはこういうことよ」とか。

田丸：近藤君、無理しないで。少し古いよ。ロラン・バルトのレヴェルだね。

黒木：自由な空間、広場の石畳の上のパーフォーマンス、そのイメージはよくわかります。突き詰めれば議事堂のなかの演説でしょう。これは絶対的に自由ですね。しかし、議事堂のなかでさえ、演説の持ち時間は制限なしといきません。広場のパーフォーマンスだって、かち合ったらどうするんですか？ 時間空間の制約を受けます。結局は上野公園の花見の場所取りと同じです。ブルーシートの上に新入社員が朝から座らされています。サークルの新入生がそうして場所取りをしているうちにお酒を飲んで急性アルコール中毒になって救急車で運ばれた事件はなかったですか？

吉野：いや、公共空間は絶対的に自由でなければならない。

黒木：と称して大規模に場所取りするから自由でなくなる。みんなが自由に行き来するのでなければ自由でない。流れるようにね。

吉野：「流れてください」「立ち止まらないでください」とか、初詣の神社や混んだ美術館じゃないんだから。ああいう規制は大っ嫌い。第一、表現なんだから、立ち止まらなければ表現している暇もないよ。

遠山：なるほど、表現の自由の問題らしくなってきましたねえ。デモ行進の規律とか。

風間：表現の問題は、内容の問題と手段の問題がある❶❸、そして後者は物的な次元にあるので、テリトリーの上と同じロジックが働く側面がある……、と考

---

❶❷ 夏目漱石『それから』10章、拙著「夏目漱石『それから』が投げかけ続ける問題」『現代日本法へのカタバシス』（羽鳥書店、2011年）241頁参照。

える以外にないな。内容のほうは文字どおりまったく規制なしで。政治システムや自由を否定する表現も含めて。ほんとうに自由なら、これらは淘汰される。ましてなんかの権威を傷つけるからとか言って、規制してはならない。他方、手段のほうは、signifiant の性質に鑑みて占有の規律でいくしかない。本来、公共空間の上には占有は成り立たないから、みんなが自由に行き来するのはそのとおりだけれども、表現の重要性に配慮して、しばし妨害してても、表現たる限り規制しない。ただしその交通整理だけはせざるをえない。これが制約に見えるときがある、ということだ。

中村：ほんとうに占有訴訟でもせよと？

風間：Aという表現行為の signifiant 構成部分がBという表現行為のそれを妨げるという場合、占有規律と同じになることはわかるよね。占有訴訟は一瞬にして動きをストップし、占有していた側の占有を認定する行政命令を不可欠の要素とする。それにより一方の暫定的な占有を作り出し、この決定を争う。同じように、公共空間のことだからいちいち政治的決定に基づかなければならないが、それを基礎としてさしあたりの交通整理をする行政の決定❹を前提にして、その正当性を争う。

● どこまでも二重

大森：一つわかったことは、表現の内容に関する規制と時・所・方法に関する規制という二元的構成がなぜ要請されるかです。前者は厳格に審査されるが、

---

❸ 「二重の基準」論における「二重」は畢竟都市ないし政治的空間と領域というアプリオリな二元的構成のコロラリーですが、表現の内容規制と内容中立規制の二元的構成もとどのつまりは同じ二元的構成に帰着します。ただし表現固有の signifiant/signifié という二項関係に renvoyer されます。芦部信喜『憲法学 III』（有斐閣、1998 年）402 頁以下は「二分説」への強い反対が存することを伝えますが、ソシュールの記号論は強力な支えとなるし、また政治やデモクラシーの基本的な成り立ちに関わる都市と領域の二元的構成は二分説が大きな岩盤を有することを示します。

❹ 発達した段階の占有訴訟は、凍結命令を前置し、この命令にむしろ行政の起源があります。

後者の場合は LRA、Less Restrictive Alternatives⑮ が要請されるにとどまる、つまりできる限り緩やかな方向で規制すべしというのみで調整の余地がある、というのですね。

遠山：中間審査のことですね。

中村：その中間というヤツがよくわからなかったんだよな。それは二重の基準の話だろ⑯。厳格審査と緩やかな審査が存在するということだった。表現の自由とその外が二重で、表現の自由の規制内部がまた二重なの？

風間：わかった！　かんたん。表現や精神に関わる人権、つまり政治空間そのものに関わる人権と、領域における自由に関わる人権、これが二重で、次に記号の二重の性質に関連する二重が前者の内部に存する⑰。

三宅：政治システムというものの定義から簡単に説明されて、二重の基準というか、表現の自由の優越性は今日よく納得がいったと思います。全面的に言語交換に依存しているのですからね。他の自由とは重みがちがう。政治的空間の特殊性が物を言います。その空間内では、表現の自由自体を守るための規律以外は許されません。他の価値との衝突は問題外です。ばらばらな利益を並べて、あっちを立てたりこっちを立てたり、支離滅裂なことにはなりません。人権制限の内在だの外在だのと不毛な議論にもなりません。

遠山：待ってください。表現の自由の優越性はよいとして、人権制限の審査基

---

⑮　芦部信喜『憲法学Ⅱ』（有斐閣、1994 年）232 頁以下。

⑯　「二重の基準」論に関しては、諸々の解説を読むより芦部『憲法学Ⅱ』213 頁以下を繰り返し読むことが薦められます。表現の自由の問題のテクニカルな解決ではなくおよそ人権保障の論理構造の基礎がここにあるということが理解されるはずです。なお補うべき点があるとすればそれは何か、については次註を参照。

⑰　「精神の自由」の外側でも表現の物的側面に似た規律への制限が必要だという見解を受けた芦部『憲法学Ⅱ』227 頁が、「Ｃの領域」と「Ｄの領域」で「ほぼ同じ基準で合憲性の審査が行われる」とするのは、同頁の図とともにミスリーディングである。都市と領域という同じ区分線が全体（まさに「二重」の部分、ABC と DE）と「精神の自由」（AB と C）を 2 回横切ることはそのとおりだが、だからと言って C と D が接近するわけではない。アメリカの「多数説に与しなかった」対価である。区分の意義に関する水面下の議論に深く関わったことを高く評価したいが、そのようなヴィルトゥオーゾでさえいっそう根本的な次元に降りなければどうしても混乱してしまうということは肝に銘ずるべきである。

準についての判断枠組は基本的に同一だと習いました。本件であれば、まずは保護される人権の範囲を特定する。これは市民会館における原告たちの集会の権利ですね。表現の自由により保護されます。次に制約がなされたかどうかを確かめると習いました。不許可処分ですね。たしかに制約されました。次にその制約が正当化されるか判断すると習いました。正当化されるという結論が出ますね❶⓼。

風間：そのような思考は、とりわけ表現の自由の場合にはまったく当てはまらないと思う。経済的自由に関しては、なにがしかの意味をもちうるのだろうけれども。そもそもおよそ真正の人権に関する限り、表現の自由でなくとも、占有原理が厳格に働き、人権が侵害されたとするほうの正しさが推定されるのです。人権が人身保護を経由し結局占有に帰着することのコロラリーです。まず

---

❶⓼　偶発的潮流にコメントすることは適切でありませんが、「三段階審査論」なるパスティッチョがいわば正式に教育現場に掲げられた（渡辺康行他『憲法Ⅰ基本権』（日本評論社、2016年）58頁以下）ので、学生諸君のために一言コメントすると、まずこれはドイツ判例法理の日本版 Vulgata（松本和彦『基本権保障の憲法理論』（大阪大学出版会、2001年）は何時から何故そうなのか、比較の観点からはどうか、という批判的位置づけの意識のないレポートのような記述である）であり、かつ内容がはっきりしない。まず、宍戸常寿『憲法――解釈の応用と展開』第2版（日本評論社、2014年、以下『解釈論』）27頁以下に留保が見られるとおり、たとえば小山剛『基本権保護の法理』（成文堂、1998年）の併読は不可欠である。ドイツでいわゆる（国家による積極的な）「保護義務論」によって大いなる対抗を受ける様が描かれている。次に、表現の自由と「二重の基準」論に固有の審査基準論を勝手に一般化し、ついでこれを丸ごと三段階審査論に置き替えるボタンの掛け違いが見られる。第三に、「真夜中の楽器演奏という占有問題にいきなり刑事規制」という頓珍漢な事例を使うことに見られるように、衝突の性質、公共空間介在存否、司法行政刑事という規制の別、なんら感覚を示さない。第四に、自由に正当化を要せず制限にのみ、と言うが、自由に権原を要求する。第五に、制限事実判定に際して事実レヴェルでなく権原レヴェルで線引きをする（ピアノを弾かせても外だけで内面までは強制していないという逃げ道を与え、記号行為と内面の深い事実上の連関を見させない）。第六に、制限正当化と言うが、楽器演奏警察規制を平気で例とするだけあって、制限正当化のロジックを解明しえず、公共の福祉論さえ的確に批判しえない。第七に、比例原則等、正当化に対して私人の側が抗弁する論理と制限論理の位相さえ区別しない。総じて、ドイツ判例理論が日本版 Vulgata になるどこかで致命的に希釈されたとの合理的な疑いを払拭しえない。私の非力ゆえに、ドイツの専門家による指摘を俟つ以外にない。

は、原告なのに防御だけすればよい占有訴訟におけると同様、原告は占有侵害の単純な事実を主張すればよく、証明する必要がありません。

　遠山さんのように考えると、まるで、人権訴訟においても原告が権利も侵害の事実も証明し、その後にはじめて相手がそれを正当化する負担を負う——、かのようじゃないですか。本来は、人権侵害主張に対して抗弁の余地がない、否認しかない、のでなければならない。相手は、それが人権でないことを証明するか、侵害の事実がないことを証明するしかない。「たしかに私は人権を制約しましたが、かくかく云々の理由でそれは正当です」という抗弁をする余地はない。つまり占有訴訟で決着し本案移行が遮断される。

田丸：なるほど。なぜ占有原理を類推適用するかわかります。他のすべてのロジック、他のすべての事情、みんなの考え、これらを斥けるという作用が民事訴訟のテクニカルな構成に込められており、この作用を、個人の自由を保障するデモクラシーのために使うのですね。

風間：そう、民事訴訟の構造、論証責任の分配、これが二重の基準論のポイントだと言われているじゃないですか。精神の自由優位の、その優位ということの意味ですね。おそらく経済的自由というのは領域の側の問題だから、政治的決定の優位に基づいて抗弁が許されるのでしょう。

老教授：いえ、領域の側にも精神の自由等真正の人権の問題があり、これは第4回と第5回で扱いますが、そこでも人権の推定効と権原＝本案遮断効が働きます。かつ公共空間が関わるとは限りませんから、私人間でも問題となります。ただ、表現の自由においては方法の問題の場合でさえ占有内抗弁しか許されなかったのに対して、相手に固有の人権に基づく本案の抗弁が許されます。個人の名誉を傷つけて市民社会から抹殺しかねない場合などです。もちろん相手が占有段階で正しく振る舞ったことが条件で、前提で失敗していれば本案の抗弁は遮断されますが。

　これとは別に、領域の物的自由を保障するための二次的な公共空間、およびそれと領域とのあいだの関係に関する問題があります。依然公共空間に関する問題であり、したがってこれを扱うジャンルは公法です。ただし、憲法ではなく主として行政法です。この場合です、占有原理が逆に働くのは。占有原理が働くからこそ法なのですが、政治的決定の正しさの推定のほうが働く。この占

有転換がまさに行政法の特徴です。しかしこれらはまだ先の話です❶。
風間：元に戻ると、表現の自由内に、もう一つの二重が現れたのでしたね。つまり signifiant に関する場合、規律が許される。有限のリソースに関わり、占有訴訟類似の解決法が採られる。

　言いかえると、本案の抗弁、かくかくの権原を侵害しているという抗弁は依然許されませんが、占有判断固有の抗弁、それ自身暴力的ではないかという抗弁は許される。たしかに「お前の占有は認めるが、平穏公然善意ではないじゃないか」というようなものでしょう。LRA はこれに対する再抗弁のレヴェルです。たしかに少々乱暴なものを申請したが、全否定する必要はなかっただろう、なぜ条件つきで認めてくれなかったのか、とか。かつ、行政命令側の抗弁には政治的決定に基づかなければならないという条件が課されます。密かに資源の再分配を含意するので、一義性を与えなければならない。実際には１回ごとの抗弁を政治的に決定するわけにはいかないので、基準を公定し、審査を行政委員会に委ねるのがよい。小さな補助的専門的な政治システムですね。
田丸：だとすると「中間審査」というのは不幸なジャーゴンですね。
近藤：せっかく公共空間でみんなが自由に表現しているというのに、テリトリーのロジック、たとえば暴力を端的に持ち込む。これに対してはもっと強力な抗弁がありそうですね。占有ロジック内にね。
風間：いや、これはもう占有内抗弁ではない。記号行為自体を根こそぎ潰すような暴力的な行為については公権力自体にこれを阻止する義務があり、また訴

---

❶ これは少々先回りしたこの授業の案内図です。もちろん通常の理解と異なります。公共空間が関与すれば行政訴訟の形が採られますが、行政側の占有が推定される場合、したがって「公共の福祉」との調整が問題となる場合、が全部ではありません。人権ないし憲法問題であるのに行政訴訟の原理を適用してはいけません。他方、経済的自由など形式的には憲法の問題ではあっても実質的には行政法の問題であるものにおいて「公共の福祉」との調整が問われるとしても、そこからおよそ人権についてそれが問われるのだと逆流させてはいけません。また、領域の問題であっても人権の問題であることがあり、この場合公共空間自体が人権侵害者であることも多いのですが、だからと言って、そして公共空間内の規律のパターンに幻惑されて、私人間では人権侵害はないのだなどと錯覚しないでください。それが侵害されたなら何が侵害しようとも違法にちがいないのです。

追して刑事司法で責任を追及しなければならない。

田丸：表現の基体が実力による公共空間の占拠になってしまった場合に排除する命令を出す、というのはわかります。けれども、公共空間の自由な性質を害しそうだけどまだ害していないという場合、他の表現を妨げそうだがまだ妨げていない場合、どうなりますか？　妨げてからでは取り返しがつかないということもあるけれども、しかしまだ妨げていないのに阻止してよいかどうか。

風間：これは伝統的な占有問題で、危険の一般法理で解決することになっているよね。「明白にして現在」という基準で、実力が行使されなくとも組織内的に軍事化が具体的に達成されている場合に命令を発動しうる。本件はまさにそれに該当すると判断されたのだと思う。その是非は別として。実力組織とつながっていることが不許可正当化の決定的理由となった。

　一般に公共空間において少しでも実力の要素があればそれは制圧されてしかるべきです。しかしその行為がひとまず表現に該当する場合には、他の表現を具体的に害するというのでない限り容易には禁止が認められないはず。なのに、その点の具体的な証明がこの判決にはない。

近藤：最高裁は二重の基準論を採ってて、その点慎重であるようには見えるけれども、具体的な危険をいう際に「他の何に対してか」ということの特定が欠けている。表現者集団がそれ自身危険なのだと言っているにとどまる。しかもその点の「明白にして現在の危険」は論証されていない。表現が表現としては逸脱するだろうと言われているだけだ。それで具体的な実力に至らないならば、他の具体的な表現可能性を害さない限り制約は認められないですよね。

沢井：規律しうるとしても政治的決定によらなければならないという部分の吟味が甘いと思います。会館使用の規則が制定されていたというのみで、規則の精度、なによりも判定する独立合議体の存在の有無をチェックしていません。まして、何を材料に暴力的な組織との関係を認定したのか。迅速かつ som-maire、prima facie な（疎明のみによる）判断だということはわかります。だったらむしろ司法類似の専門官の判断、その審尋が不可欠です。そして即時の異議申立と即時の決定ですね。

歌謡ショーだって、ピアノ発表会だって

中村：表現の自由はまずは政治的空間において妥当するということのようですが、この市民会館はほんとうに政治的空間ですか？ 普段は歌謡ショーとか幼稚園児のピアノ発表会とかやってるんじゃないですか？

老教授：むろん、都市のなかでも、狭い意味の公共的な空間、合議体の議場のような空間と、その環境をなす空間は区別されなければなりません。さらに、ホメーロスのテクストでの思考作用のようなものは日常的にも、つまり領域でも保障されなければなりません。叙事詩や叙情詩のリサイタルですね。それをめぐってフォワイエやカフェが発達するレヴェルのことですね。この場合、記号としての自然言語の優位性はおのずから揺るぎませんが、しかし演劇のように、そしてマニフェスタシオン（デモ行進）のように、スペクタクルの要素も重要です。

　他方、合議体の議場では音声言語の精度が徹底的に追求されます。これは、自然言語のみがパラデイクマのヴァージョンの識別を厳密に遂行するための分節をもたらすことができるからです。この思考は政治を支えます。つまり、政治が表現の自由を実現しているばかりか、表現の自由が政治を実現しているという関係があります。要するに、氷山のように、水面上と水面下がある。水面下の表現の自由も重要だ、ということになります。

南田：おそらくデモクラシーになると水面下が水面上に上がってくる、あるいは、政治的言論が領域の隅々にある公共空間に展開されるのではないですか？

大森：領域のほうに延びる、そして領域と密接に関係する、そういう公共空間は他の利益にとっても重要ではないですか？ signifiant の物的な性質のせいだけど、デモ行進が移動の自由を妨げた場合は本案での正当化抗弁は許されないなんて言ってられないんではないですか？ デモ行進が道路を塞げば経済が停滞する。こうした利益との調整は当然必要になると思います。

沢井：しかし、判例でさえ表現の自由が懸かっている場合、公共の福祉を他の基本的人権というように置き換えています。政治システムがそもそも自由のために設立されたものである以上、自由以外の公共の目的がありえないのは当然

です。そして、表現の自由がこれほどまでにその政治システムの根幹に関わるとすると、他の人の表現の自由と衝突しない限り、制約されることはないのではないですか。パリでは農民のトラクターの大デモが惹き起こした大交通渋滞でも文句を言う人はいません。渋滞に巻き込まれた車のなかから拍手しています。

中村：原告は、自分たちにだけに認めないのは平等原則に反すると言っていますが？

横田：政治的空間内では平等は絶対でしょ。さっきの行政命令だってエイジェントによって発給されるが、誰かを有利に扱うということはただちに結託を意味する。だけど、じつは政治的空間内では元来希少性がないために平等原則は簡単に達成される。これに対して、政治的空間でもまさに signifiant のレヴェルでは物的希少性の問題が生ずる。けれども大概は、本件のように、自由の問題だけで解決できる。表現ではなく「明白にして現在の危険を有する潜在的暴力」だと認めたのだから、同じ表現相互に差をつけたのではない。

第2事案の概要

老教授：（おそるおそる）あのう、第2事案に移ってよろしいでしょうか？

一同：（笑い）

近藤：それがなんとも珍妙な事案で、かつ珍妙な論理が展開されているので、どうも紹介するのがなんとも気恥ずかしい限りです。

老教授：大丈夫ですか？

近藤：国家公務員といっても管理職でもなく、裁量的な仕事をしているわけでもない、現業に近い労働をしている人が、休日にある政党の機関誌を配り、選挙運動をしたんです。国家公務員法には公務員の政治的中立に関する規定があり、禁止される行為類型が人事院規則に委ねられ、人事院規則では機関誌の配布を挙げています。罰則のある刑事規定であるため、公訴の提起がされました。

　一審は有罪、しかし控訴審は無罪としました。検察側が上告したところ、上告を棄却しました。これらの規定自体は合憲だが、その目的は政治的中立性侵害のおそれ、いいですか、政治的中立性侵害でなくその「おそれ」ですよ、そ

れに対するものであるから、そのおそれのない本件行為はそもそも構成要件に該当せず、したがってもとより犯罪は成立しない、というのです。有名な猿払事件[20]における判断と論理的に矛盾するかのごとくであり、それを意識してか、わざわざ判例変更でないとして説明しています。同じ現業公務員のケースでしたが、組合の活動の一環だったから、おそれを生ぜしめたケースであった、と。

狐に化かされないためには？

老教授：さすがに的確な紹介でしたねえ。おそらく狐につままれたような気分になると思いますが[21]、あっというような狐が潜んでいますからお楽しみに。正しく問題を掘り下げれば、あっという間に狐をあぶりだすことができます。まずは基本からきっちり攻めていかなければなりません。基本は？

遠山：表現、しかも直接的に政治的な表現行為が問題となっているのですから、他の表現行為を妨げない限り制限できません。ところがこのケースでは刑罰をもって禁止している。しかも最高裁は、たしかに民主政と表現の自由の関係のことも言っていますが[22]、公務員の政治的中立性と対等な価値というより、劣位に置かれる価値であるかのように言っています。

風間：いや、そうでもないな。政治的中立性が政治的党派関係によって害されたとなれば、職権乱用罪。重大でしょ。しかし刑事法の大原則からいって法益侵害の結果が発生していなければならない。職権の行使を精密にチェックすればいい。前の晩に家で酒を飲んだかどうか、『デカメロン』を読んだかどうか、日曜日に浦和レッズのフーリガンになって大声を上げたかどうかと同じように、ビラを撒こうがデモをしようがどうでもいいこと。

吉野：そのとおり。妙な論理の隙間がある。おそれ、おそれ、と連呼する。いったい誰のおそれなんだろうね。ある種の雑誌を未成年でも買えるようにした

---

[20] 最判昭 49-11-6 刑集 28-9-393（猿払事件）。
[21] 長谷部恭男他編『憲法判例百選Ⅰ第6版』(2013年、有斐閣) 32頁以下は短いコメントであるが必読の重みを有する。
[22] 刑集 1342 頁。

ことに刑罰を課した判決❷があったけど、ああいうのが青少年を害するというのは、大人の不健全な妄想だよね。自分がいやらしいことを連想するから、子供には見せられないと思う。自分で怯えている。あの手のおそれだね。占有法理ばりの厳密な危険概念のふりをして、じつは全然ちがう。けれども、この「おそれ」を介しないと論理がつながらない。日曜にビラを撒くと月曜日に職権乱用をしやすい、という統計データでもあるのかねえ。雰囲気で文章を作っている。なにがなんでも職権乱用に結びつけたい。

近藤：それはむしろ問題の国家公務員法の精神だよ。判決もそれを追認し、限定のつもりで、絞ったがゆえに法律の本音を吐き出している。例の猿払事件関連の弁解のところ。「公務員により組織される団体の活動としての性格を有するものであり、勤務時間外の行為であっても、その行為の態様からみて当該地区において公務員が特定の政党の候補者を国政選挙において積極的に支援する行為であることが一般人に容易に認識され得るようなものであった」（刑集1346頁）。

田丸：あっ、狐が見えました。「当該地区」とか、「一般人に容易に認識」とか言っている。吉野君の直感どおりだ。岐阜県青少年条例事件が参考になりますね。田舎の大人の妄想が犯人だ。おそれを勝手に作って心配してる❷。しかも、猿払事件は田舎だったではないですか？　今度は東京も目黒区で都会のど真ん中、心配ないよ、と都会と田舎の差を妄想している。この差があるんだからわ

---

❷　最判平元-9-19刑集43-8-785（岐阜県青少年条例事件）。

❷　蟻川恒正「国公法二事件最高裁判決を読む」『法学セミナー』697号（日本評論社、2013年）26頁以下は例によって見事な読解を展開する。猿払事件判決の論理構造を、①政治的中立性を損なうおそれのある政治的行為のみを取り上げ、②さらに猿払基準によって禁止範囲を限定する、という二段と捉え、本件判決は大前提の一段目でスクリーンしえたため二段目を発動する必要がなく、学説は戸惑った、というのである。一段目操作という意表を突く限定解釈に一定の理解を示す。しかし蟻川自身続けて懐疑的姿勢を明らかにするように、とっさの機転にすぎず、行為が実は記号行為たることに便乗し「政治的行為」つまり権限行使を「おそれ」によって曖昧に拡散拡張する根本の誤謬を隠しうるものではない。もちろんそれは法律のほうの思惑である。しかし裁判所も学説もそれに乗ってはいけない。行為はあくまで職務外の表現なのである。曖昧ゆえに抜け道があっただけであり、裁判所もラッキーと思ったかもしれないが、長谷部百選評釈が指摘するように曖昧さ自体、別の大きな悪をなしうる。

かってよね、判例変更じゃないよ、と。同じ日の別の判決では、目黒は都会でも世田谷は田舎よ、と言っていますが（笑）。蛇崩川あたりが境目なのでしょうねえ。

老教授：妄想もイメージのうちです。しかるに、イメージを生ぜしめるのは？
沢井：記号行為です。被告人は自由な主体のつもりでした。自由な主体として政治的意見表明をします。記号を使わなければできません。機関誌やビラでした。ところが最高裁にとって、人間とビラがセットで signifiant でした。可哀そうに被告人はサンドイッチマンにされました。1本の木偶の棒として、イメージを人びとの頭のなかに呼び出すというのです。妄想ですが。その特定の公務員組織全体がなにかよからぬ政党を支持してはいまいか。そういう記号コードってありましたっけ？　あったとして、ならばそれを罰するのですか？　罰するとして、記号コードの作者でなく、1本の木偶の棒にされた人を罰するのですか？　百歩譲ってある記号行為をしたところ、木偶の棒が公務員組織の政治的非中立のイメージを呼び出すことがないようにという非記号行為を妨害したとしましょう。第一、この因果連鎖に木偶の棒君は責任がありません。妄想で闇のコードだからです。第二に、二つの記号行為が干渉し合った場合、個人の小さな固い記号行為が優先です。他方の曖昧で集団心理に訴えかける記号行為は引かなければなりません。風間君、これが占有法理ですよね。
吉野：要するに、田舎丸出しだってえわけだな。
南田：それどころではありません。被告人は人間なのに、ただの棒切れのように扱った。着ぐるみのなかの人間だって立派な一個の人間なのに。サンドイッチマンは2枚の看板に挟まれているからサンドイッチマンなんだと思いますが、人間が2枚の看板に潰され吸収されてしまった。逆にこれは犯罪ではないですか？
老教授：個人の尊厳の問題が関係することは疑いないですね。しかしそれ自体は第5回に扱います。ここではまず政治的空間における自由の問題を論じたいと思ったのです。

第3事案の概要

老教授：それで、いよいよ第3事案ですね。

吉野：これまた奇妙な事件です。市長選挙が近づく頃、ある雑誌が印刷中でした。その内容がある立候補予定者の名誉を傷つける内容だと判断したその立候補予定者と選挙陣営構成員は、刷りあがった雑誌を手に入れ、出版差止の仮処分申請をおこなった。これが認められ、執行された。この差止処分に対して、雑誌発行者の側が裁判所つまり国を相手取って不法行為に基づく損害賠償を求めました。

　裁判を不法行為というのはそれだけで捻じ曲がった論理ですが、一審も二審も相手にし、裁判が間違ってなかったと言っています。間違っていたとしても不法行為でないのに。ま、それはよいとして、最高裁は大真面目で、まず、仮処分は本案の裁判とは異なるものの裁判の一種であるから、行政処分とは異なる、だから検閲に当たらないと、頓珍漢なことを言っています。次に、名誉は人格権に基づき、物権と同じだ、とまた迷走し……。

田丸：「占有」と言えばよかったのに……。

吉野：しかし表現の自由に抵触すると、暇な確認もおこなっています。さらに、表現が選挙等政治的な脈絡にあるときはもっと表現の自由に傾いたバランスを取る必要があり、事前差止はよほどの例外だ、と言います。例外は、真実でもなければ公益を図る目的もなく、かつ重大で著しく回復困難な損害を被害者に与える場合としています。そして結局これに該当するから仮処分は正しかったと結論づけます。

ああ、懐かしの占有よ、こんなところにいたのか

風間：私は今回ほど民集の編集者に感動したことはありません。

吉野：いったいどうした？

風間：参照条文を見たかい？　民法の198条と199条、つまり占有訴権の条文が挙がってるんですよ。目を疑いましたよ。ま、これも「物権のうち」と誤っ

た認識なのだけどね。それでも民法でこれほどまでに虐げられている条文が、なんと憲法判例に登場するんだぜい。東京では見なくなった懐かしい車両に、地方の私鉄で思いもかけず出遭ったような心境ですよ。

大森：なにを大げさな。自分で言っていたじゃないか。表現のフォーラムでの規律は占有のモデルによるって。このあたりがソースだったのか。

風間：もちろん、二つの表現の自由が占有原理によって規律されるから占有の条文が引かれてるんじゃない。むしろ名誉が懸かっているから。名誉は珍しく占有の原型をとどめていて、それというのも人格権という占有からの流出物に近いからだけど、いずれにせよ、差止という典型的に占有固有のリメディーが実定法上認められている。取り返しがつかない損害というポイントを有しているからね。だから保全手続で争う。しかもそこで決してしまう。本件も、選挙が終わってしまっては意味がないから、保全手続の後、本案には移行しない。その判断を本案で覆す余地があっても、しない。保全自体の違法性が不法行為として争われる。praeiudicialis（先決事項）だ。これらの点のすべてが占有というパラデイクマの上に乗ってくる。それで占有条文が引かれた。実際の議論は占有になんら敬意を払うこともなく、検閲について行政措置か司法判断かとやっているけれどもね。

田丸：あ、そこがよくわかりませんでした。検閲は、表現の自由対個人の名誉という以前にアプリオリにいけない、ということですよね。まずこれはなぜですか？

風間：占有の基本則です。どんなに不正に見えようとも動かしてはならない。まずは表現させなければならない。これは、形態チェックに名を借りた内容チェックを防ぐためです。包括的にする。ブラインドにする。だから事前の規制は許されない。行政だろうと司法だろうと、表現の内容に関わるところの検閲を絶対にさせない保障として事前規制禁止があるという、二段を看過してはなりません。

田丸：しかし本件では差止が認められました。

風間：物的次元においてのみ、つまり占有侵害、つまり実力形成があって後にはじめてチェックに入るのだけれど、危険、つまりラテン語のmetus概念を作動させて、侵害があったとみなしうる場合にのみ、予防的な規律が可能にな

る。「明白にして現在の危険」、つまり取り返しのつかないことになるのが明々白々な場合の例外です。これは行政が司法の迅速手続を通じておこなうべきだと思う。さらなる例外として、本件のように表現の内容が致命的な侵害をもたらす場合、司法判断によってのみ、つまり占有の争い方を通じてのみ、差止が可能であるということです❷❺。

田丸：司法にのみ事前抑制が許されるということですか？

風間：そうではなく、一方への占有付与を本案にいかずに sponsio（スポンシオー）で終局的に争うという、占有訴訟です。sponsio praeiudicialis（先決事項のみで決着をはかる宣誓訴訟）ですね❷❻。差し止めておいて、その差止判断の適法性のみを争わせる。本件では実質それをしている。きわめて例外的な訴訟形態のように見えて、じつは例外的に正しい訴訟形態が出現したと私は見ます。

● 表現の内容に規制が及ぶ?!

黒木：表現の相手方に名誉が出てきたということが、例外的な形態の正しさの理由でしょうねえ。これがやや特別だということも常識。不法行為のなかでも特別の条文をもち、差止が可能で、人格権的に扱われる。つまり占有原則が蘇る。もっとも、刑法典にも登場する。後者の場合、厄介なことに真実性の抗弁を許すかどうかで二重になる。刑法230条の2を判決文もなぞってます。公務員や公選による公務員に関する事実の場合、「公共の利害に関する事実」に関し、かつ「その目的が専ら公益を図ることにあったと認める場合」に、真実性の抗弁が認められます。真実である以上いくら名誉を侵害しても仕方がないというわけだ。摘示が公益目的でなくとも真実性の抗弁が許される。本件の言語行為もこのケースにあたる。だから、真実性の抗弁自体否定されて、それ以前に違法とされたことは、もちろん民事の判断だから刑事の場合と異なってよいのだけれど、少し問題だと思います。

---

❷❺ 芦部『憲法学II』227頁の図のAB区分の説明は、構造的側面を明らかにしないきらいがある。

❷❻ 『ローマ法案内』210頁。

老教授：名誉はたしかに占有圏内の法的制度ですが、今回は、表現がよしんば占有の一種で権原ではないとしても何かから対抗を受けていますね。しかもsignifiantが問題であるというのでない。signifié 自体が違法だというのですから重大です。内容を規制してはいけないのではなかったですか？
中村：誰の表現も妨げられないではないかという疑いがある。雑誌の側は言語で勝負した。反対側もそうすればよかった。そもそも政治的空間においては、双方が言論を使って競う。相手の議論の説得力を減殺しようとする。つまり信用力を剥奪しようとする。相手も同等にする機会が与えられている限り、とことん自由だから。本件の場合も機会は全然阻害されていない。
田丸：たしかに公共空間においては表現の内容はまったく自由です。しかしこのケースで制約が認められた。すると、侵害が密かに公共空間を出て領域の側に及んだのではないですか？　少なくともこの名誉はそういう名誉ではありませんか？　だから行政は無関係で、他の私人との訴訟になる。見てください。私人間適用云々以前に、私人が私人の人権を侵害した本件では私人間訴訟により人権が保障されようとしている。司法を相手に抗告訴訟を起こすという話ではない。要するに領域の一般の人権訴訟になったのではないですか？
黒木：しかし政治家の名誉だよ。私人としてのそれではない。さっき言ったように、刑法の規定が参考になる。

いかにして校長はタヌキになったのか

田丸：たしかにそこが不思議なんですよね。どうして表現が名誉と衝突するんですか？　あ、「名誉とは何か」がわからないんですけれども、「名誉とは何か」を追いかけてもこの場合虚しい気がします。表現との関係においてそれが何かわかればよくありません？
老教授：素晴らしい問いですね。では少々、みなさんのお役に立ちましょう。私のような暇な窓際教授にしかできません。「誰かが団子3本食った」と言う。なんの問題もありませんね。自然言語の記号を通じてその人が団子を3本食べるイメージを呼び出しています。結果そのイメージをわれわれは共有できます。翌朝、その人が教えに入る教室に「団子3本」と書いておく。これがなぜおか

しいのでしょうか。なぜその人は怒るのでしょうか。

横田：そりゃあ、オレだって団子くらい食いてえ、悪いかよう。そういう気分です。

吉野：オレでなくたって団子3本食うさ。オレが食うのは団子3本とは限らん。団子4本かもしれん。焼き鳥3本かもしれん。そんなの自由だろ、という気分。この田舎者め、という気分。……さっきの判例の気分？

遠山：第2事案のこと？

老教授：さすがに話が早い。自然言語はとりわけ「アキレウスが走った」のか「アイアスが走った」のか、「アキレウスは走った」のか「アキレウスは歩いた」のかという、ヴァージョン対抗の識別のために存在します。そして自由な主体の条件として、「アキレウスが歩き、アイアスが走る」こともある。アキレウスといえば足が速く、いつも走ってばかりというイメージですが、「たまには休ませろ」とアキレウスだって言うでしょう。それがオレの自由だ、と。いずれにせよ、これは呼び出されるイメージのなかの話です。そのなかでならば、事実上アキレウスが走るほうばかりに呼び出されたとしても、それほど怒りません。やれやれと不平を言う程度です。

　しかし逆転を狙う場合がある。アキレウスを見るや否や走るという動詞を人びとが頭に描く場合です。足が速いのは良いことですから、アキレウスは、「疲れるこった」と自己イメージの維持に体力的な不安を覚えるかもしれませんが、傷つけられたとは思いません。「団子3本」と言うと、その先生のことを皆が思い出すというのはどうでしょうか。私もロースクール棟の廊下で見ず知らずの学生にいきなり「あ、占有！」と指差されました。名誉と思うべきでしょうが。

　校長はある時はタヌキに似ており、またある時はキツネに似ているのでなければなりません。もちろん、「たぬき」という語は日本語の豊かなコードを与えられており、動物図鑑上の存在ではありません[27]。それでも、事実上雰囲気がタヌキに似ているとしばしば言われるくらいは仕方ないでしょう。

---

[27] エーコの記号論上の大きな功績はこのことを強調した点に存します。

ですが、逆に本人がタヌキを呼び出し、タヌキと呼びかけられ、タヌキと呼ばれると本人が実際「はーい」と答えて出てくるに至ると、プロセスは完結しています。もっとも、コメディアンなどは、舞台に出てくるだけで皆が笑うのでなければいけません。本人が記号化、しかも signifiant と化しているのですが、呼び出すものが無限に広がり、限定されず、大きな感動をもたらしているのです。優れた造形芸術と同じです。

タヌキには言われたくない

南田：記号行為がなにかの拍子に逆転記号関係を生み、そして特定の人に特定のイメージが付着するということはわかりましたし、たぶん名誉と関係あるのだろうなあということも予見できますが、表現と名誉の関係がわかったとしても表現の自由の問題にどう結びつくのかわかりません。

老教授：ある優れた喜劇俳優に、以下のような伝説が遺っています。神妙にしていなければならない場面であるのに、あまりにおかしく共演者が皆吹き出してしまって撮影にならなかった、というのです。これは彼のメリットにより劇中の彼の記号行為が機能しない例ですが、ある人がなにかのイメージを呼び出す関係を強く与えられた結果、その人の記号行為が無効になる場合が考えられます。

吉野：あまりにオオカミのことを想い出させるおばあさんが「かわいい赤ずきんちゃん、近くにおいで」と言っても、赤ずきんちゃんは騙されない、ということかな？

一同：（白けて、しーん）

黒木：先生でもないのに、てんでピントが狂ってる。

南田：あ、そうか、特定の表現によってその人が特定のイメージを強烈に呼び出してしまう状況を意図的に作り出し、そもそもその人が記号行為をできなくしてしまう、それがこの場合の名誉毀損だということですね。するとたしかに、一個の表現が他の表現の可能性を破壊していますね。政治システム保持の要請は働きます。内容のほうからの攻撃であるのに、です。

「団子3本」に自由を！

吉野：名誉毀損と表現の関係についてはわかりましたが、なんだかすっきりしないなあ。とりわけ言語表現の場合、政治空間は批判的な議論の空間ですから、特定の個人の発言力を封殺してしまうような内容を自然に淘汰するのではないですか。反論や批判が相次いで、そうした言論をしたほうがかえって発言権を失う。ギリシャにおいても、こうした機能に人びとが絶対的な信頼を寄せていて、だからまったく規律がなかった、ということでした。否、この点さえ固守していれば、政治システムの全体が逸脱することがないということだった。独裁を主張するのも自由、なぜならば必ず淘汰されるという自信がある。完全に自由だからこそ淘汰される。制限により権威を発生させることのほうがよほど危ない。

大森：全面的に賛成。もともと、記号行為によっては観念世界のことしか侵害しえない。どうしても名誉とか猥褻とか曖昧な事柄と衡量しなければいけなくなり、利益確定自体が難しい[28]。

横田：いや、政治的空間で評価されることこそが、個人の価値というものだ。ここを侵害したら重大だし、侵害の事実は一義的に確定できる。

田丸：私はやはり表現の自由は内容的には無制限だと思います。とくに、政治や法の世界に社会通念や常識を持ち込むのは最悪です。定義上、たとえすべての人がそういう考えでも、それを通してはいけない場面に関わるからです。

中村：ボクも賛成。宗教を冒涜しようと、誰もが羞恥心に耐えられないような表現であろうと、許されなければなりません。アリストファネスの喜劇を思い出してください。政治家も哲学者も劇作家自身もとことん皮肉られ、名誉のカ

---

[28] 内容規制ないし厳格審査に関しては前提的なところに課題が多いように思われます。芦部『憲法学Ⅲ』325頁以下が描くように、たとえば猥褻に関しては、表現規制の側でなく表現の側が芸術性・学問性等々違法性阻却を懸命に弁じなければならない状況であり、仮に「定義づけ衡量」が大いなる規制限定手段であるとしても、芦部自身認めるように大きな疑問が残ります。

ケラも残りません。デモクラシー自身も馬鹿にされ、およそありとあらゆる価値観が葬られます、情け容赦なく。残るのはひたすら糞尿のような目を背けたくなるような卑猥な世界です。

「団子３本」の影には？

南田：そういう思想をまさに根底から潰そうとする危険を裁判所は感じとったのではないですか？　原告の言論活動をよく見てみましょうよ。潑剌とした批判精神のなせる業でしょうか。アリストファネスと正反対のような印象を抱きます。

沢井：檻というのは強いことも弱いこともあるのですよね。ライオンの檻は外に出られないように作ってあるのでしょうねえ。けれども、外から入る分には簡単かもしれない。中からは高い塀でも、外は高い地面に接続しているかもしれない。狼さんならば、簡単に飛び降りることができます。けれども、狼さんはライオンの檻には侵入しませんよね。怖いから。

　これに対して、隣に鶏の小屋があったとしましょう。可哀そうですが、これはライオンのエサ用に飼育されているのです。こちらの檻は厳重ですね。狼さんが侵入しては困ります。しかしライオンの檻の側の防備は薄いとしましょう。ライオンが怖いので狼さんはライオンの前を通って鶏小屋に侵入することはないと考えられています。しかし夜陰に乗じて狼さんがうまくライオンの側から鶏小屋を襲ったらどうなるでしょうか。全部平らげてしまったならば結局ライオンを倒すことができますね。ライオンといえども食べ物無しには生きていけません。

　名誉は尊厳に関わりますが、尊厳は具体的なフォーラムにおいて実現されるものです。他から認められ尊重されることを意味するからです。政治的空間が第一のフォーラムです。F1としましょう。けれども、政治的空間の外、市民社会においても声望を維持したいと私たちは思いますよね。政治的空間外でも文学や哲学や芸術などを通じて人はコミュニケーションしています。

黒木：え？　「SNSや飲み会を通じて」の間違いじゃないか？

沢井：このフォーラムをF2としましょう。政治的空間における声望は、あま

り気づきませんが、密かに市民社会における声望を土台として成り立っています。私生活のスキャンダルが政治家の声望に響かないフランスなどはっきり区分しているように見えますが、市民社会での交流においても男女の関係などはほんとうに自由で声望に影響を与えないからやはり土台になっています。デモクラシーは政治システムをいっそう高い程度で領域の側から積み上げるということでしたから、土台の重要性は増すでしょう。

　本件もデモクラシーにおける選挙が脈絡になっていますね。刑法の名誉のところの規定は二段になっているという指摘がありました。F1 では真実性の抗弁が許されるのでしたね。これはまさに批判的な議論に委ねる趣旨です。だから Critique を効かせる限り㉙好きなだけノックアウトしてよい。これに対して F2 ではこうした抗弁は認められません。「公然事実を適示し」とあります。事実であってもそっとして置かなくてはならない部分があるということですか。こちらの檻は厳重なんですね。F1 の檻は緩い。狼さんなど入ってもたじたじだからです。

　政治家などは言論による限り、ありとあらゆる攻撃に耐えなければならない。なにを言われても平然と冷静に答えなければならない。怒ったらそれだけで失格です。でも、本件をよく見てみると、狼さんは緩いことを利用してたしかに F1 の檻から入りましたが、ほっかむりしてライオンの前を通ることに成功し、結局 F2 に侵入しています。内容は私生活に関して悪質なデマを撒くものです。それでいて真実性の抗弁が許される公人の政治的事実だと言い張る。この特異な汚さ㉚を裁判所は見逃さなかったのではないでしょうか。

　㉙　表現者の側においては Critique の営為だけを論証すればよく、真実たることの悪魔の証明は要しないと考える。
　㉚　「現実の悪意」については芦部『憲法学 III』353 頁以下。本件は典型的な dolus malus のケースであり、真実性の抗弁を遮断します。実質 F2 攻撃だと認定したことになります。むしろこのような場合にのみ名誉毀損による表現の自由の制限を認めるべきである、真実性の証明の負担を課すべきではない、というのが「現実の悪意」という法律構成のポイントのようですが、F1 に関してはそれが正しいと思います。

内容規制の要件

一同：ふー。

中村：話がどこへいってしまうのかと思った。

田丸：これでわかりました。思ったより巧妙な手口で領域の私人のほうへと政治的表現が侵入してわるさをしていたのですね。

南田：F1とF2を貫通させるという手口の背後には、やはり黒い組織があるのだと思います。これが特定の個人の市民社会における生存を抹殺しようとした。それを通じて政治家を抹殺する。表現が大変に暴力的だということが、すべてのフォーラムを破壊する作用を秘めていることの徴表になっています。つまり組み上がった空間自体を破壊する。

近藤：表現の内容の面からのストップの場合、政治的空間からはみ出して特定の個人の尊厳を害するということが要件になるのでしょうね。そして領域に出た以上は、集団や組織の部分を相対的に判定する。表現も対抗を受けるけれども、相手も絶対ではない。どちらに悪質な集団がからんでいるのか。そういうことを離れて、たとえば猥褻などの理由であれば、規制するのは違法だと思います。

田丸：児童ポルノや痩せすぎ助長広告の規制も、背後に現実の暴力や現実の売買組織の陰謀を見るべきであるということですか？

老教授：そういう分野こそ、現在取り上げるべきですが、何が何にどうつながっていてどういう効果をもたらすのかという経験的な研究が不足しており、また記号論の理論的枠組もしばらく停滞しており、表面的な内容規制のほうに傾くことが目につきます。

3 政教分離──天地が岐れる時

第1事案　最判平22-1-20民集64-1-1　別れずに腐れ縁事件
　　　　　　　　　　　　　　　　　（砂川政教分離空知太神社訴訟）
第2事案　最判平22-1-20民集64-1-128　別れても腐れ縁事件
　　　　　　　　　　　　　　　　　（砂川政教分離富平神社訴訟）

事案の概要

老教授：今日は2件続けて紹介していただきましょう。
大森：ではまず1件め。学校を建てるというので神社が私有地に移設されたのですね。所有者たる私人はその後、町に土地を寄付しました。町は無償で神社に貸与しなおします。神社の周囲に集会場や土地改良区の事務所などが置かれるという、日本中どこにでも見られる風景が現れます。合併後、当事者は市となりますが、まず町内会が市から無償で土地を貸与され、集会場を建てます。このとき、土地改良区からも貸与を受けますが、この部分はその後市が買い取り、いずれにせよ、神社と町内会施設が市有地を無償で使用するということになりました。住民訴訟が提起され、原告は、収去請求しない点の違法の確認と、有償払下げを求めました。一審は違法確認のみ認め、控訴審はこれを是認し、最高裁は、高裁が釈明権を行使して、収去でない他の方法により違法状態を解消するよう促すべきであったとして破棄差戻します。
　2件め。こちらの場合は、元来住民の合有に懸かる土地の上に神社があったところ、この土地を市に寄付し、時をおいて市が改めて無償で貸与していたの

ですが、神社側は固定資産税等々を事実上払っていませんでした。住民監査請求の結果、市は町内会に「地縁による団体の認可」を求めさせ、認可したうえで本件土地を町内会に無償譲与しました。この無償たるが違法であるとして、違法確認の住民訴訟が提起され、一審は、町内会の宗教団体性を否定して原告の請求を斥けました。控訴審もこれを支持、最高裁も上告を棄却しましたが、町内会の基礎となる団体の宗教性を肯定した点が大きく異なります。最高裁の論理は二段になっており、町内会が旧合有団体であったことの経緯から無償性が導かれ、かつ譲与という手段が、その団体の信教の自由を侵害しないで市と神社を分離する唯一の手段である、としています。団体の宗教性を肯定したうえで、むしろその自由を重視し、他方市との切断に関しては、無償性を肯定すべく、それでも「相当とする限度をこえるかかわり合い」はないとしました。

近藤：政教分離は信教の自由のためだから、信教の自由を害しないというその根本目的に即して政教分離の基準を判断する、というときには市と結びついた当該宗教団体が他の人たちの信教の自由を奪うかどうかという話だったのに、「政教分離をはかるのもよいが、当該宗教団体の自由はどうなってるんだ」とねじこむロジックにすりかわっている。

吉野：市有地の上に宗教施設がのっかっていたらたまらないからね。どちらもこれを解消する方向でよかったじゃないか。ただし、町内会と氏子団体の存在意義を認めたところは気に入らない。横田君や黒木君は支持するだろうけど。

横田：冗談じゃない。アリストテレスでさえ、コーメーのような組織とポリスのあいだには決定的な懸隔があることは当然としている。プラトンの場合はその関係を1と0にしてしまう。むしろアリストテレスは、穏健なデモクラットとして、領域の側の組織に一定の意義を認めたんだよ❶。形相に対して質料の独自の意義を認めたことと関係してる。身体、しかも下層の身体にも一定の意義を認めさせたいタイプのキリスト教思想によって受容される所以だ。

とはいえ、その身体がsignifiant（シニフィアン）にすぎないとしてプラトンに通じ、かつ記号論を得意とするアウグスティヌスが切り返し、プラトンの系譜を引く側も一

❶ DEM、670頁以下参照。

貫して重要な響きをもたらす。さらに、人文主義はアリストテレスにプラトンで対抗したという側面を有するでしょ。ただし、ラディカルな唯物論にイデアが置き換わる場合もある。いずれにせよ、中世的普遍に対する政治の一点優越、クリティックの超絶——、の現れだね。

黒木：おいおい、誰だよ、横田君を刺激して舞い上がらせたのは。でも、ボクに対するのも濡れ衣だよ。町内会と社会的連帯は全然ちがうものだってことくらいは常識じゃないか。

触らぬ神にたたりなし、とはいきません

老教授：正しくアプローチするにはどこから出発するのがよいですか？
田丸：政治システムにとって「宗教とは何か」だと思います。
老教授：それについて考えるためにはどうしますか？
田丸：政治システムというアイディアが最初に生まれたときどうだったかを調べること、かな？　それで、どうだったんですか？
横田：ギリシャではむしろ国家＝宗教制だったと言われていますよね。
沢井：世俗国家という概念自体、ギリシャ・ローマに由来するということは明らかですよ。フランス革命が極端な例です。とことんギリシャ・ローマを模倣しました。つまり政治が徹底的に世俗的であったということになりますが、国家＝宗教制と矛盾するように思えます。
老教授：20世紀の半ば以降の研究は、「ギリシャ人の合理精神」の起源を探り、かつ神話脱出の経過をたどる、そして結局は神話と見えるもののなかにむしろ鍵が存在する、という方向に進みます。神話と宗教はちがいますが、深く関係もしていますから、宗教についての研究も飛躍的に進みます。政治理論家のギリシャ観が19世紀ドイツの研究水準にとどまり続けるのと大きな違いです。
三宅：政治システムとは自由で独立の主体が議論のみによって決定するということであり、この時いかなる特権的な論拠も認められない、ということでした。宗教はつねに権威を伴い特権的な論拠を供給しますから、それで政治的空間の内部からは排除される……、そこがやはり出発点でしたか？
老教授：間違いではありませんが、宗教が特権的な論拠を供給するのはなぜか、

その場合の宗教とは何か、これを政治的空間の内部から排除するためにはどうしたらよいのか等々、たくさんの問題があります。

　政治システムのことを考えるときにはテリトリー上の人的組織から考えなければならないと言いましたが、この方面から宗教を考えてみましょう。われわれの思考の内容、言語化される前にイメージのような形で存在していると思われますが、これをモデルとして物事を進めることもできますから、パラデイクマと呼べば、これらは通常多くの対抗ヴァージョンによって成り立っており、これを統合したり整除したりする活動も社会のなかで活発におこなわれています。

　少し飛躍しますが、多くのパラデイクマの多くのヴァージョンを因果連鎖によってか「論拠の論拠」式にか遡る、前者の遡り方をsyntagmatique（連辞的）、後者をparadigmatique（範例的）と呼びます。テリトリー上の人的組織を安定させる手段の一つとして、この遡りの終点を動かないように固定することが生じます。典型例は、ジェネアロジーによって人的組織のテリトリー占拠を律する部族組織において特定のジェネアロジーを神話化したうえでさらになおジェネアロジーの先端を神格化することであり、かつまたそうした先端つまり神々を再現実化、つまり儀礼化してヴァーチャルに特定のテリトリーを直接占拠させることです。聖域ですね。

　周囲の組織は相対的に安定しますが、聖域に直接つながると主張する集団の闖入を受けてかえって混乱する場合があります。いずれにせよ、宗教とは、この種の先端をめぐるパラデイクマの再生産・伝達と儀礼化、つまり祭祀ですね、これらをめぐる集団の活動の総体と見ることができます❷。

中村：すると単に特権的な論拠をもたらそうとするばかりではない。なぜそうするかと言えば、それがテリトリー上の通常の不安定な人的組織の動きと不可分だからであり、これをこそ政治システムは嫌う、このように考えろというのですね。だからこそまさに土地をめぐる判例を取り上げるのである、と。

老教授：否定はしませんが、先を急ぎすぎますね。

---

❷　POL、103頁以下。

ハサミも使いよう

田丸：そもそも政教分離のような規律は必要ないはずです。自由な議論の空間を信頼すれば、特権的な論拠をもっているような主張はおのずと排除されます。それどころか、人々は水面下でそうした観念体系を完全に解体し整理して政治的空間に臨んでいるはずである。

老教授：いいですか、そのような考えがまったくないところから、そのような考えに、否、そのような考えが現実を制圧するということに、至らなければならないんですよ。これがいったいどうして可能だったんだろうか、どこにマジックがあるか、という問題を最初に提起したのがジェルネという人だった……❸、ということは予備的討論で言いました。政治が定着していれば、はじめからライシテという体制を採ることができますが、でも、見てください、政治という理念を思いついたはいいけれど、どうやって実現すればよいのか見当もつかず途方に暮れているあなたの目の前に、何がありますか？ そこには陳腐なテリトリー上の人的組織が広がっている。

しかしそういう陳腐な社会組織も宗教をもち、宗教用の儀礼空間をもっていますね。そこには聖域という思考もあります。これは権威と不可分であり、疑いえない論拠を連想させますが、しかしテリトリーのロジックが働かない公共空間を創出するときに限りなく有用だとも思えますよね❹。ほんとうはそれも一種のテリトリーのロジックなのですが、少し毛色が変わっており、区分というものができあがる。都市と領域を区分したいときに有用な気がしませんか？ だったら使おうじゃないか。聖域を公共空間に流用する。しかしそのままでは本当の宗教的権威を呼び出し、むしろそこはインテンシヴに神々に支配されている空間です。領域にいる各種のボスたちからは自由ですが。

この神々の権威から解放されるためにはどうしますか？ 神々自身に自由に

❸ 本書20頁註⓳参照。
❹ POL、332頁以下。

なってもらいましょう❺。そのためには神々が対立し勝負がつかないという必要がある。さらにそのためには、神々が従えている多くのパラデイクマのヴァージョン対抗を異様に極大化する必要がある。

　ホメーロスのテクストはこの知的作業が周到におこなわれたことを物語っています。そうしたパラデイクマを儀礼化する。儀礼化というのは地表面に墨守的に再現することを意味しますから、物的な設営を伴います。物が「そこにある」というのは特定のパラデイクマが忠実に再現され続けていることを意味します。かつ豊かなイマジネーションによって、聖域では神々が人々を従えず、孤独に個人として立派ではあるがよく画された住居空間を持つ、というありうる極が採用されます。

　都市型マンション、あ、アパートのことではありませんよ、そういう邸宅が現れます。人を囲い込まないように、列柱によりオープンで透明な空間を演出しましょう。そして複数の神々の邸宅を近傍に集結させましょう。人がどれにも自由にアクセスできるよう、空間を設計しましょう。神々も欠点だらけの人間として自由を獲得していますから、多くの人たちと分け隔てなく交わりたいでしょう。交差点は本物の公共空間ではありませんか？　広場ですね。それに議論の空間を接続すればどうでしょうか。少しお寄りいただいて議論をしていただく。

遠山：そうすると、宗教は否定するのではなく、利用するのである、ということですね？　そういう神殿を支えるのは儀礼なわけですから、その儀礼を支える神話は水面下に保持しておかなければなりません。神殿を物的にどう維持するかは公共空間維持の問題になって、政治的決定の所管事項のはずです。

苦しいときには神頼み、にも2通りあります

風間：しかし、その公共空間の内部で、人々の部分と神々の部分が截然と分かれていなければならないよね。神々が互いにそれぞれ截然と分かれて公共空間

---

❺　POL, 292頁以下。

内部を占拠するのも大事だけど。さもなければ、神々の徒党が人々を囲い込むことになる。

横田：そうだったんだ、国家＝宗教制に見えるのは、政治システムないし公共空間が完全に宗教を支配下においてしまうからなんだ。むしろ宗教の多元性は生命線になるのか……。

大森：近代は政治を世俗化し完全にライシテの領分にしてしまい、宗教を私的空間に放逐してしまう。かわりに私的空間における宗教的自由が保障される。

老教授：とくにローマで最も警戒されるのは領域の側に集団が形成されることです。宗教はそのよりどころとなる。神々には必ず都市中心にオープンな邸宅を持ってもらわなければならない。新しい神々が流入しては新しい神殿を持ちました。宗教的自由は文字どおり都市空間の自由と不可分であり、領域における宗教的結社の自由はまったく存在しませんでした。都市中心では神々が人々を囲い込む実力を形成することができません。信仰という概念、信教の自由という概念、はギリシャ・ローマについてはイレレヴァントであると言われるのはそのためです。政治的脈絡を離れて宗教的帰依を求めることはしてはならないということです。

南田：ギリシャ悲劇では特定の神域に仕える神官団が登場しますが、どうしてですか？

老教授：まずギリシャにはデモクラシーの構造のゆえに領域神殿が展開します❻。さらにポリス間連接を司る国際神殿が存在します。領域神殿も、領域の複数の第二次政治システムを連結しますから、そしてどのメンバーにも依存しないことが必要ですから、独自に領域を占拠し収益を上げる、つまり独自の人員を有する、ということになります。さらにギリシャ悲劇の場合、意図的に神話世界が舞台として選ばれていることにも注意する必要があります。

沢井：私は、先生のように古代と近代を対比するのでは今一つ不正確だと思います。少なくともホッブズには公権力が宗教上の解釈権を独占し宗教を完全に政治の支配下におくという着想が存在しますし、その理由は、自由な宗教上の

---

❻ POL、359頁以下。

解釈権が認められると、ギリシャ・ローマ流にいえば領域というのでしょうか、そこで徒党がはびこり内戦に陥る、というものでした。

　これに対してスピノザは、宗教的な権威から解放された冷厳な自然法則によって与えられた主権者の解釈をその内容において受け容れつつ、しかし主権者にかわって個々人が知的作用によって真実に接近することにより主権者に対抗するという構想に達しました❼。つまり、ギリシャ・ローマでは、宗教に関する限り公共的空間に囲繞された多元的ポイントへの自由アクセスとして個人の自由が設定され、領域における個人の自由は宗教と交点をもたずに別途保障されたということでしょうけれども、近代でも、政治による無害化、ないし公共空間における厳密な棲み分けという動機は存在し、異なるのは、そのような宗教のどれをも拒絶してまったく個人的な信仰をもつということが社会編成上重要な生命線と考えられたことにあるのではないですか？

　ホッブズやデカルトをいったん受け容れますから、いきなり宗教の問題としてではなく、およそ聖書以下すべてのパラデイクマをどう解釈するかというレヴェルで問題が捉えられます❽。したがって、精神の自由、知的自由の哲学的基礎づけを通じて市民的自由が確立される、これが近代の大きな特徴なのではないですか？　精神の自由のなかに個人の信仰の自由が含まれたんです。

横田：ホッブズの場合には古典古代とちがって、囲い込まれる宗教が一元的なところが全然ちがう。儀礼利用の点も、corpus mysticum（秘儀的身体）理論❾利用も一種の儀礼利用だから似ているけれども、これも一元性を調達するためではないかなあ。

大森：いわば領域において諸宗教団体が多元的に活動する自由というものが近代の宗教上の自由なのではなかったですか？

沢井：それは少なくとも原型ではないと思います。ホッブズの嫌ったことが、

---

❼　近代の政教分離問題の基礎については、福岡『国家・教会・自由』がその論理構造を明らかにして必読である。とくに信教の自由ないし精神の自由との間の分節的関係が鮮やかに捉えられている。

❽　福岡『国家・教会・自由』参照。

❾　本書第1章の法人理論の部分（68頁）を参照。

市民社会がこれに対抗するなかで復活したのか、それとも19世紀以降の多元主義の影響なのか❿は、私にはわかりません。アメリカにその拠点があるとすれば、ホッブズを逃げた部分が成長したとも見ることもできますが、いかにも表面的な理解ですねえ。

吉野：ライシテと信教の自由のセットで捉える側はどうなります？

沢井：基本に忠実だと思います。フランスはカルトなど集団に厳しい。宗教を個人的なものと概念することに徹底しています。古典古代とさえちがって公共空間での多元的な儀礼プレゼンスも禁じます。これが狭義のライシテですね。記号が集団を束ねるからです。

近藤：いずれにせよ、政教分離と信教の自由は全然ちがうということが明らかになった。みんな直観で思っていたことだけれど。政教分離の目的が信教の自由である⓫とは言えない。主権者が宗教を独占するホッブズ的体制においても政教分離は貫かれる。これに対抗する原理として個人の信教の自由が現れた、ということか。少なくとも二つの概念を同じ脈絡で使ってはいけないということになる。前者においては、方式こそちがえ、政治システムのなかへと領域の団体を進出させてはいけないという大原理がポイントだ。ギリシャ型もあれば、ローマ型もある。ホッブズ流もあればフランス流ライシテもある。

対するに、信教の自由はあくまで個人の精神の自由。これは政治システムの

---

❿ このフェイズに関して、ドイツ領邦国家の動向に関する研究をまとめる形で優れた概観を提供するのが、林知更「「国家教会法」と「宗教憲法」の間——政教分離に関する若干の整理」『ジュリスト』No.1400（2010年＝同『現代憲法学の位相』（岩波書店、2016年）395頁以下）である。諸団体制圧のために国家が単一宗教を独占するという国教制的「基層」をよく捉える。しかし領邦多元性が宗教多元性にずれ込むドイツの特殊性に引き摺られ、対抗部分を団体自由・個人自由＝第2層第3層と並べてしまった。福岡論文を踏まえていれば、個人の信教の自由が基層を大きく切り返すこと、だから判例のように政教分離と信教の自由を連接させる余地はないこと、多元性＝団体復活は基層への挑戦を意味しうるまったく外の現象であること、という論理的関係、要するにホッブズ、が見逃されるはずはなかった。団体に寄せるシンパシーは著者の他の論文にも見られるが、世界の経済構造のゆえに自由と政治システムに対する最大の脅威は団体であるということ、利益多元主義が崩壊した後均衡の可能性がなくなったこと、否応なく暫定理論でなく堅固な基礎理論を構築せざるをえないこと、は現在明白である。

⓫ 代表例として、宮沢『憲法II』355頁。

近代特有の構造に基づく。公共空間における宗教のプレゼンスの多元性が自由を保障するという構成が採られないから。けれども、ここがアキレス腱かもしれないな⓬。宗教上の自由を私的空間に追いやった。それが野放しになると怪しい団体を形成しかねない。

田丸：知的自由が原点だということが大事だと思います。国家が解釈を独占する場合でも、まったくこれと別の解釈を個人が表現できるんですよね。それくらいですから、個人が個別団体の解釈、教義を否定できるのは当然です。団体の内外からこの批判が活発にされれば、団体に透明性を与えることができます。

南田：ギリシャ・ローマにおけるように、宗教を丁寧に扱って解体していくという水面下の努力に似ていますね。

ボタンの掛け違い

吉野：なんだか急に最高裁の論理がどこかで基本を大きくそれているような気がしてきたなあ。

老教授：われわれの二つの判決に戻りましょうか。

中村：市有地の上にある神社に宗教性がないという主張をきっぱりと拒絶したところまではよいと思う。これが特権付与にあたるというのもまあいいとしよう。ではなぜ特権を付与してはいけないか。「信教の自由の保障を一層確実なものにしようとした」と言う⓭。だからこの目的を害しない程度で特権を与えてもよいというように、論理がトンビのようにくるりと輪を描く。ならばその限度とやらはどう画すか。「我が国の社会的、文化的諸条件に照らし」とくる⓮。

⓬ アメリカ合衆国の宗教的多元主義は一見ギリシャ・ローマに似てライシテに対抗するようだが、領域に多元性を放置するために、統御に苦心するように見える。蟻川『憲法的思惟』の最狭義の貢献は、この種の多元性の功罪とそれについての自省を丹念に追跡した点に存する。

⓭ このロジックを「制度的保障」の名で正当化することがドイツ学説史から見てとんでもなく見当はずれであると明らかにした大きな功績を石川健治『自由と特権の距離』（日本評論社、1999年）が有することはすでによく知られている。

⓮ 宍戸『解釈論』121頁以下は政教分離を人権ではないから人権訴訟の対象でないと言う。そのとおりだが、ならば信教の自由と関連づけるロジック自体を切り捨てねばなら

ここまでで反則ブザーが3回鳴ってます。信教の自由を目的としたところ。目的を害しなければ本体を害してもよいのだとしたところ❺。害しない限度を画するのにいきなり問題と関係のない意味不明の事情を持ち出してきたところ。

南田：信教の自由という個人の精神に関わる人権を持ち出すのならば、世間の尺度を全否定できるのでなければなりません。たとえ本人以外の全員が正しいと考えることでも、それを奪ってはならないというのが人権でしょう。厳密な政治的決定でも奪えないものを、どうして曖昧な社会通念のようなもの❻で奪えるんでしょうか。

近藤：それがまたさっぱりわからないんです。公有地の上に宗教上の施設があってもよいのは、それに文化財的価値がある場合だというのですが、なぜだかわからないうえに、本件神社の文化財的価値は検討していません。もう一つの場合は歴史的経緯がある場合と言うのですが、物事にはすべて歴史的経緯があります。だからここも、なぜだかわかりません。ともかく、本件は後者に該当する可能性があるのであり、通達を受けて宗教施設が当該土地の譲与を受け限度内に逃げ込む手があった。なのにそれを怠っていた、だからお前は限度外だ、と冷たく突き放されてしまったんです。信教の自由となんの関係もないばかりか、社会通念とかいうのも空疎で、そんなものも検証していません。だからこそ、第２事案では、その譲与がたとえ無償であってもよいという論証は全然なく、おまけに暴走して収去請求を許せば信教の自由を害すると、明後日のほうでゴッチンコしています。

老教授：では順を追って見ていきましょう。まず、特権のところですね、公有地に特定の宗教の宗教施設があっては、なぜいけないのですか？

ないはずである。まして主観訴訟可能とするためではなく「信教の自由さえ害しなければ政教分離違反は許される」という方向にもっぱら流れる判例を批判しなければならなかったであろう。

❺　判例が目的や効果を言ってもそれは目的効果基準ともレモン・テストともなんの関係もないということは教育現場でさえ周知されているようである。宍戸『解釈論』124頁参照。

❻　憲法ないし人権、あるいはおよそ法、の思考に反する、その所以について樋口陽一『憲法』(旧版、創文社、1992年) 212頁以下は議論の不動の出発点である。

三宅：国家権力と特定の宗教とが結びついているようなイメージが生まれ、他の宗教が圧迫感を感じます。

老教授：それで信教の自由をいうことになるのでしょうが、特権を受けた宗教のいうことを聞いて国家が自分たちに介入してこない限り、他の宗教はまだ自由を侵害されないのではないですか？　すると後者の要件を満たさない限り信教の自由の侵害にならないのではないですか？

大森：しかし税金の問題がある。Ａという宗教の信者の払った税金がＢという宗教のために使われたら、Ａという宗教の信者は害されます。

老教授：そうでしょうか？　だったらすべての宗教に、自由に公共空間を使わせたらどうですか？　Ｐという宗教の宣伝カーもＱという宗教の宣伝カーも自由に公道を通行しうるとしても、信教の自由に反しませんよね。税金が宗教のために役立っていますが。

黒木：面白いなあ。文化財というのはこれですね❼。都市空間でファッサードが公共財として規制されるのと同じだ。ギリシャの神殿も同じですね。外皮は規制もされれば、財政的支援も受けうる。しかし、中には及びません❽。さっきの社会通念なんかじゃないですよ。

老教授：特定の宗教の宣伝カーは通すが、他の宗教のそれは通さない。これが許されないというのが特権禁止の趣旨ですね。しかしどうして許されないんですか？　信教の自由を侵害するのでないとしたら？

遠山：平等ですか？

老教授：なぜ平等でなければならないんですか？

---

❼　憲法20条1項後段と89条の線、つまり財政関係の線を他から区別し、ここに目的効果基準を適用し、いきなり社会通念＝相当性判断をする類型と分ける説が有力であるとされ、本判決藤田補足意見もこの区別に基づいて釈明したと解されている（宍戸『解釈論』126頁以下）。

❽　目的効果基準自体、記号の構造に対応している。宗教的記号行為をしてはならないのは当然であるが、signifiantの物的性質に対応しsignifiantのみに物的寄与をする行為も、経緯と結果から記号行為と受け取られる場合、そうでなくとも物的実現への寄与が大きい場合、記号行為をしたのと同等である、というのである。公共団体の物的行為であるから、強い公共性は絶対の条件である。

黒木：特定の宗教を優遇する政治的決定が介在するからです。そのような決定は権威ある論拠を受け容れている。だから政教分離の原則に違反する。

老教授：本件において、判決はそのような政治的決定の結果だったかどうかを検証していますか？

吉野：いえ、ただちに信教の自由に議論が逸脱し、さらに目的を害さない限度なら許されるというように議論が捻じ曲がります。しかもこの基準を実際にはまったく使っていません。それは近藤君が指摘したとおりです。

風間：たしかに政治的決定の内容を論じてはないな。経緯と譲与を論じ、掃き出されればそれでよいという儀礼的判断を貫いている。

どうしてこうなった？

老教授：ならば、どういう経路で考えを進めればよいのか❶。

田丸：素直に、市有地の上に神社が建つという結果を招いた政治的決定を論じればよいのではないですか？　判決も経緯には詳しいから、あとはどこに誤った政治的決定が存したのか、ピンポイントに特定する部分が欠けているだけだと思います。

近藤：第１事案では、小学校校舎と体育館増設のために神社を排除したという経緯が重要です。神社は私有地の上に移り、この私有地を市が買い取ります。第２事案では、合有地に小学校教員住宅が建てられ、その合有地が市に寄付されました。

大森：ああ、なるほど、買い取ったから売却で、寄付だったら無償譲与なんだ。

---

❶　目的効果基準あるいは芦部『憲法学Ⅲ』164頁以下から出発することは依然有効です。かつ日本の司法がアメリカの判例法理を十分にこなしえていないという批判はいぜん妥当します。他方、この法理自体アメリカ固有の領域宗教多元主義のものであるため、日本的利益調整と習合してしまうという問題が別途存在するのではないかと疑われます。もともと後述のレモン・テスト自体デモクラシーにふさわしく政治的決定を意図ばかりか効果に即して問うものですから、その結果利益調整になってしまうというのがデモクラシー固有の陥穽であるにしても、これを周到に避けて、政治的決定が領域においてもちうる意義の丸洗い的な精査をすべきではないでしょうか。

この逆向きの行為を決定したかどうかが帰結を分けた。

風間：だけどさらにその前提に、私有地にお世話になったという恩義が存在するよ。住民の側にも、開拓地だからということもあって、払い下げを受けて神社を建設したり、頼んで小学校教員住宅を作らせたり、かなり依存がある。やったりとったりしているところに、性格の曖昧な空間ができあがっている。合有とは言われていないが、住民各人の名義ながら実質共同する空間という、まさに典型的な合有形態が現れるのも、同じ曖昧さからだ。

三宅：その根底に明治政府の政策があったことは疑いないけれども、戦後、新しい体制に適合するために、静態的な曖昧さからやったりとったりに移行したところに一つのポイントがあるような気がする。

田丸：なあんだ。それなら、判決が義務づけたり追認したりした手法も、その延長じゃないですか。大きく言えば、問題を惹き起こした曖昧さにとどまりますねえ。

沢井：戦後は曖昧さが利益交換に置き換わった、というのは面白い観察ですが、その種の利益交換がどういう問題をもたらすのかが指摘されなければなりませんね。

老教授：政治的空間ないし都市の物的基盤充足のためには領域からの調達が不可欠ですが、非交換的な贈与もしくは対価なしの奪取によるのがギリシャ・ローマの原則です。

横田：政治システムが réciprocité〔レシプロシテ〕を嫌うことはつとに見てきたところです。

大森：ともかく、曖昧さの解消のために取引行為が使われたのだって否定できない事実じゃないか。その結果市有地になったのはまずかったけれども、今それを解消しようとしている。

● 魚料理でも肉料理でもない料理は食べられない！

遠山：市が土地を譲与しても問題が解決しないのではないですか？

老教授：それがどうかしましたか？

遠山：地域の関係はそのままですね。

横田：地域というより、住民訴訟で、客観訴訟ですから、市にとってどうかと

いうことが問題となっているのですよ。
遠山：いえ、曖昧さが利益交換に置き換わってもなにも変わらないと聞いて、譲与し返したとしても地域の関係はなにも変わらない、それで違憲が合憲になる、地が天になる、180度ひっくり返る……、どこかしっくりこなかっただけです。
田丸：いくら客観訴訟でも、地域の原告にとってなにも問題が感じられないということはないと思います。それを解決できる答えでなければならないでしょう。
中村：原告たちが地域で危機に陥っているような印象も受けないけれども。神社でお祭りをやっている。その神社が市有地の上に建っているのか、私有地の上に建っているのか、漢字で書かなきゃ差がわからないくらいだから、誰も気にしてないよ。
吉野：んー、ボクなら嫌だね。
中村：どこが？　私有地が？　市有地が？
吉野：からかわないでくれって。市有地なんか国有化の次にボクが嫌いな言葉だけど、そんなのはどうでもいいよ。しかし、どうも町内会主導のお祭りにはうんざりする。ま、目くじらを立てるほどではないかと、いつもやりすごしてはいるけれどもね。とにかく町内会には入らないようにしている。
三宅：なるほど、吉野君の意識を解剖することには意味がありそうだな。どうだい？　君の信仰を邪魔されたという感じかな？　信仰でなく思想信条でもいいけれど。そうするとやっぱり信教の自由ということになって、判決の公式が再浮上するなあ。
吉野：そういう気は全然しない。
南田：なにか息苦しい感じがするということではないですか？　それならよくわかります。
近藤：で、どうして息苦しいの？
南田：地域ぐるみ、地域丸ごとのところです。最初の判例を扱ったときに議論しましたよね。デモクラシーは地縁的な組織を土台にできあがる、と。しかし同時にその地縁的な組織は自由でなければならない、と[20]。地縁的を文字どおりに解してはならず、いわば中空のもの、誰でも理念的に有するものでなけれ

ばならない、と。

黒木：あれ、だったら地方自治の問題なのかなあ？　地域という単位で組織と個人の関係が問題となってる。それとも市よりも下部の組織だから、市という政治単位内のデモクラシーの問題かなあ。

南田：そこはわかりませんが、公共空間そのものが塞がれた、あるいはそこへの通路が塞がれて窒息しそう……、そんな感じです。そこがあるから自由に空気が吸えるんですけど、息を吸うためにそこへ頭を出そうとしたら、水面が塞がれて押さえつけられたような気持ちです。

横田：公共空間の設営は最も典型的な政治的決定事項だから、だとすると重大です。

大森：当該公共空間を一つの宗教が占めているという圧迫感なのかな？　多元性が欠けている？　そうすると再び宗教的自由の問題に戻る。少々ギリシャ型だけれども。

沢井：いえ、ちがいます。宗教がもってはならない地縁的な性質をもつ、つまりテリトリーと関係しているということでしょう。たしかに公共空間内に宗教があっても多元的であるなら少しはましです。しかしたとえ多元的であっても、それぞれがテリトリー支配に関わっているならば、自由はありません。そもそも公共空間が害されています。都市内で孤立して領域と遮断されていなければならない。公共空間と言えるためには誰でも選択的流動的に多元極へとアクセスできるのでなければなりませんね。そういう場合にはじめて吉野君のようにおよそどの多元極にもアクセスしたくないという人でも自由を感じることができるのです。しかし神殿から領域に囲い込みが延びると、そのなかに含まれた個人はその神殿にしかアクセスできません。

吉野：なるほど、そうすると領域から都市へひと続き……、えっと、大潮のときのモン・サン・ミッシェルみたいに陸と海がひと続きになった、天と地の境目がなくなって、そのあいだに天でもなく地でもない空間が現れたってことか。これは重罪だ。

❷ 本書 59 頁参照。

老教授：しかし、そのことと市の政治的決定とはどう関係していますか？
近藤：それは簡単です。たしかに、戦前のようにそれ自身公的な曖昧空間を一元的に展開することは、もはやありません。露骨な政教分離違反はない。体制が変わったからです。だけど、かわって利益団体多元主義が登場する。これはデモクラシーの一類型です。たしかに、領域から積み上げるのがデモクラシーです。公共空間が曖昧に延びる。地域へと曖昧に延びる。他方団体が口を開けて待っている。その団体と公共団体が取引する。取引主体として遇する。団体は地域包括的である。であれば厳密な意味の政治システムでなければならない。地方公共団体です。

　しかし最も単純な政治システムさえ備えていないのが町内会です。曖昧な公共空間が延びている、その御膳立てで、最も警戒すべき、宗教がテリトリーに関わっている案件の取引をした。裁判所までまたぞろ取引を命ずる。アル中患者を酒蔵に監禁するようなものです。譲与自体そういう意味をもちます。近代特有の、「宗教は領域に放り出しておけば安心だ」という錯覚が輪をかけます。

●それじゃ論理が左前

田丸：判決がどこか的はずれで不可思議な印象を与えますが、その理由は少しわかりました。
遠山：判決が繰り返している判例の公式がありますね。これ自体の精度が悪いんでしょうか。それとも、少し指摘されたように、本件では実質使われていないし、たまたま事案に適合しないんでしょうか。
風間：その点は、藤田裁判官の補足意見が必読だよ。「社会的・文化的諸条件に照らし相当とされる限度」を越えているかどうかという判断に際して、公式に従うならば、津地鎮祭事件判決のいわゆる「目的効果基準」が使われなければならないはずなのに使われない、このことの理由を几帳面に説明してます。
　まず、この基準について、国家と宗教の同居を、パソコン屋のお兄ちゃんの言葉遣いを真似れば、デフォルトで認め、そのうえで一定の限度を越えれば例外的に違憲とする、そういう判断枠組になってしまっており、国家と宗教の同居を原則違憲としなければならないところそれが転倒している、という批判が

存在することに言及してます。この準則はアメリカ起源ですから、アメリカでのあり方からの逸脱を批判する意見が、最高裁少数意見にも学説にも強かった❷ことが踏まえられています。

　藤田裁判官はしかし、公式が原則を転換させるそういう強い意味まで帯びるものではないことを言い、原則転換がない以上、国家と宗教の同居が違憲を推定させるのであり、かつ例外が作動するのは、宗教性と世俗性が混然一体となっている場合だけであるところ、そしてその場合にのみ目的効果基準が適用されるのであるところ、本件で問題となる施設は純然たる宗教性を有するから、自動的に目的効果基準は適用されなかったのである、と展開します。見事な整理ですね。ただし本件もまた混然型ではないかという疑問は払拭しえない、という留保も欠かしません。

中村：それ自身見事だとしても、法廷意見がほんとうにそのように解しうるものなのかどうか、けっこう疑問だなあ。苦しいと思う。

　疑わしい場合に合憲の推定が働くとされたまま、かつ本件でも推定が働き、ただ、念のため疑わしさを解消する簡単な手段が存在し、通達で推奨されてきた。なのにあえてそれをしていない、これが著しい逸脱と判定された、それだけのことじゃないかな。むしろさかのぼって純然たる宗教性が後づけされたようにさえ見える。公式の「社会的文化的条件」以前の部分は飛んでしまっており、だから本来宗教性判定の微妙な部分を受けてなされるはずの目的効果基準判定もまた飛んでしまう。譲与さえしていれば問題が露見しないのにバカだなあ、うまくゴマカセよ、というゲスな非難さえ読み取れる気がする。逆に言えば、クサい物には蓋で、問題の実質はすべて隠蔽された。藤田裁判官はこのことを感じて歯切れの悪い後半部分を書かざるをえなかったんじゃないかな。

南田：「社会的文化的条件」と目的効果基準は、水と油という感じが強くします。学説が批判するのも当然だと思えてきました。すると、問題は二つですね。「社会的文化的条件」がなぜ事実上の出発点となるのか。次に、目的効果基準はどのように使えばよいのか。

---

❷　芦部『憲法学Ⅲ』177頁以下は記念碑的で必読です。

横田：前者の問題からいくと、政治の原点からは疑わしい論拠だけど、地域の最小限の統合は保たれなければならないし、保つためには最低限の儀礼的行為は必要で、だからこのくらいは許される、という考えはないのかな❷。つまり、政治の実質に影響がないからかまわない、というより、むしろ政治のため皆のためなのだからかまわない、という発想がどこかにありはしまいか。

田丸：あ、どこが変かわかりました。いえ、横田君の議論ではなく最高裁の論理です。神社の宗教性を認定するときに、特定の氏子集団との結びつきを言っていますが、これは、そうではなく地域全員が共有するものであれば世俗的である、つまり政治的である、だから許されるという論理ですね。宗教的な意味の希薄なただの社会的慣習ではないか、ヴァレンタイン・デーのチョコレートのようなものではないか、と。それが宗教であるかどうかを先に判定し、それに人がどのように関わっていいのかを独立に判断すべきであるのに、参加の形態から宗教性を判断するかのようになってしまい、「え？　みんなが参加するならオーケーとでも言うの？」となる。

　さきほどの私たちの考察によれば、たとえ全国津々浦々からであろうとも、そこへ散り散りの信者が三々五々詣でるならばなんの問題もないのです。それはいくら領域の側に図々しく建っていようとただの宗教であり、教団が怪しい動きさえしなければよいのです。ところが本件神社は、結局否認されましたが、世俗性を主張することで地域を包括しようとしています。この場合には、譲与の有無、その有償無償は問題状況を全然左右しません。

吉野：そりゃ、混然一体はいけないさ。白黒ついていてこそ、だよ。藤田裁判官が心配するとおり。本件は混然一体。われわれが認識したとおり、譲与したってなお混然一体さ。露骨な宗教施設であれ、堂々と公共広場で商売していてくれたほうがいいね。どこからともなくやって来る寅さんのような人たち。花

---

❷　この点、林知更「政教分離原則の構造」高見勝利他編『日本国憲法解釈の再検討』（有斐閣、2004 年）114 頁以下は考えるヒントになる。ドイツ流宗教多元主義を国家＝宗教共存に滑り込ませ、これをさらに分離型・共同体尊重型共存に移し替える。儀礼に気を遣いつつほどほどのところで線を引くということになる。しかしこれはずるずるとコンフォルミスムを進行させるという罠に陥りやすいのではないか。そうであるならば憲法にとって潜在的な機雷である。

見をするそぞろ歩きの人たち。ま、上野公園不忍池の弁天様のようなものだね。かえって公園内のほうが地域住民を囲い込まない。世界の観光客が訪れる。市有地から掃き出したって、そのへんの住民を囲い込んでいるほうがよっぽど悪い。まして、囲い込んでいるから聖俗混在、だから例外テストを受けましょう、となれば最悪だ。

神々にもライフラインを

老教授：目的効果基準のほうは？
遠山：アメリカ法をよほど勉強しなければ。
風間：日本にもよい紹介がたくさんあります。
沢井：もうすでに誰かが気づきました。まず、宗教多元性を採るかライシテを採るかが、大きな岐れ目です。前者から出発するのが便利です。公共空間内であってもよく画され、複数、かつそれぞれ孤立していれば宗教的空間があってもよいという考え方です。いずれにせよ、空間に注意を払うことが肝要です。政治システムですから。このとき、各宗教施設が公共空間の利益を享受していることに注目しましょう。公共空間側は、各施設に便宜を供与しているのです。そしてこれは政教分離に反しません。

さて。公共空間は領域にも延びます。私的空間を貫きます。道路やライフラインですね。これにアクセスできなければ占有が壊死すると習いました。宗教施設とて同じです。神々もライフラインを必要としています。宗教施設だから公の水道を使わせないということが許されるでしょうか。

領域上の宗教施設の場合、多元性アプローチもライシテ・アプローチも同じです。しかし公共空間を宗教施設が享受することに再び注目しましょう。かわりに広場や道と一体の外壁に財政支援の足が伸びてきたとしたらどうでしょうか。外壁が景観を作っている場合そういうことがありえます。支援を受けるかわりに規律にも服するでしょう。病院・孤児院・学校を営み公共に尽くしている場合はどうでしょうか。そうした営みの質とガヴァナンスの状態によって大きく左右されますが、認めてよい場合があるでしょう。ただし、この点になると多元性アプローチとライシテ・アプローチでは基準が変わってきます。

とはいえ、公共空間との接点という特定の脈絡においては必ず一定の問題が現れます。それは、記号論に関わり、例によって signifiant と signifié の区別に関わります。宗教的活動は、宗教の観点からする限りすべて記号行為です。なにかを食べてもそれは腹を満たすための行為ではない。病院のように身体に関わる場合もそうです。たとえば人間の身体自身神からの預かり物であるという場合もあるでしょう。物的施設もまた同様です。つまり、両義的な空間が生まれることになります。一方から見れば単純に物的な問題である。しかし物的な性質をもつ signifiant のおかげで signifié が発生してしまい、政治が宗教に加担したようになる。密かに特定の宗教的論拠のための財政支出が政治的に決定されたかのような外観が現れます。政教分離というと財政が問題になるのは signifiant が関係するからです。われわれにとっては単なる医療行為でも、神から預かった身体をリスペクトする宗教行為でもあるのです。

線引きもまた記号論によって与えられます。signifiant と signifié の峻別です。もっぱら signifié を発生させるためなのではなく、結果として発生しただけであるならばオーケーであり、また、signifié を狙ってはみたものの結果として signifié が発生しなかったとしてもオーケーである、というものです。レモン・テストにはヴァリアントがあり、なかなか単純な把握を許さないと言われています[23]が、私には骨格がそのように読み取れます。実際には、signifié を二段に分節して捉えうるようなら、そして二段めが未完遂であるならばオーケー、ということだと思います。

老教授：そのような議論の妥当性は私には判断がつきかねますが、面白い観点ですね。いずれにせよ、公共空間を厳密に考えなければなりません。今日の二つの判決はそのことを教えてくれます。

遠山：先生、勝手に終わりにしないでください。目的効果基準の本家、津地鎮祭事件判決はどうなるんですか？

風間：あれは民事法上の法律構成の問題だよ。請負契約をきちんとする、つまり locatio conductio（ロカティオ・コンドゥクティオ）[24]をきちんと構築しておく、それで十分だった。請負人が

---

[23] 文献は多いが、時系列に沿って強いストレスに曝されている基準たるをバランスよく描く点で、樋口範雄『アメリカ憲法』（弘文堂、2011年）526頁以下を薦めたい。

工事現場で労務管理のためにどのような儀礼的行為をおこなおうと自由だ。請負における対価は、その向きが気になるけれども、近代的な混乱を受け容れるとすれば注文主から請負人に払われる。しかしかろうじて、それはあらかじめ設定された定額だからね。請負人が費用として何に支出しようと知ったことではない。地鎮祭において、施主というより所有権者が関与しなければならないという儀礼準則があるなら、工事完了により引き渡される前は請負人か元請に占有があるんだから、その社長さんがその役を務めればいいでしょ。いずれにせよ、目的効果基準を使う場面ではありません。それを無理に使うから、習俗論をしなければならなくなり、ボタンの掛け違いが始まる。

大森：それで、本件で裁判所はどうすればよかったんですか？
老教授：この授業は水面下のみ担当で、結論には関わらないのです。
吉野：単純に撤去させればいいだけ。相手をまずよく吟味する。町内会と一体だということを認定し、純然たる私的団体、つまりテリトリアルでない団体かどうか。そうなら払下げられるけど、そうじゃないから、認められない、と。
横田：うーん、その場合は、市有地では弱くない？　これが純然たる公共空間だと論証しなければならない。もともと純然たる公共空間でもないのに市有地にしておいたのがいけない。
黒木：その論証は、とうていできません。しかし他方で、この神社は由緒正しいというものでもない。だから撤去可能です。
大森：中間をとって、町内会と切れた純然たる私的団体に払い下げるよう命じ、町内会と神社のあいだの関係を切断する手もあります。神社に関与しないよう、また任意団体たるにふさわしい活動へ改めるよう、市が町内会を指導することを命じてもいいですよね。

❷ 「民法の基礎」143頁以下参照。

4 個人の尊厳 ──デモクラシーの礎石

第 1 事案　最判昭 48-12-12 民集 27-11-1536　鶴飛び立ちぬ事件
　　　　　　　　　　　　　　　　　　　　　　　　　（三菱樹脂訴訟）
第 2 事案　最判昭 63-7-15 判時 1287-65　心に真っ白なキャンバスを事件
　　　　　　　　　　　　　　　　　　　　　　（麹町中学校内申書訴訟）

第 1 事案の概要

老教授：今日は 2 件別々に扱います。ではまず第 1 事案の紹介をお願いします。
横田：図書館で本の分類がいちいち間違っていることほど腹立たしいことはありませんが、まるでそんな気分です。これは憲法規定の私人間適用の判例じゃないですか。ところが個人の尊厳という授業のタイトルです。どうせなにかのトリックなんでしょうけれども。もっとも、事案自体はさらにちがって、単なる契約問題みたいな気がします。そして私には現に判決がそう言っているようにも読めるのですが、お勉強的には憲法が間接的に適用されるのだというルールを記憶するために使われている。いろいろと腑に落ちません。と、愚痴を言っていても始まりませんから、事案の紹介に移ります。
　原告は大学の学生自治団体組織に所属し、デモ行進にも参加していました。卒業後ある会社に就職するのですが、採用面接で「学生運動をやったかね」ときかれ、「学生運動には興味がない。生活部が忙しく、実際行動も、なにも、やっていない」と答えました。しかし試用期間中に過去の事実が発覚し、解雇されました。そこでこの解雇を無効として地位確認請求の訴えを起こしました。

第一審は、労働契約の問題として、原告に解雇を正当化するまでの事由は存在しないとし、第二審は正面から憲法19条と14条を引用し、それぞれ原告の請求を認容しました。これに対して最高裁は、私的自治と契約締結の自由を引いた後、差別禁止の労働基準法3条は雇用契約締結後にのみ妥当するとし、雇用契約における信頼関係の重要性からして雇い主には広範な裁量が認められると言います。もっとも、最高裁は、試用期間といえども雇用関係は存在するので、別途吟味を要するとし、雇い主に完全な自由があるわけではなく、ただ著しく信頼関係を害する点が被用者側に存在する場合のみ解雇が認められる、と留保します。本件がこの場合に該当することを強く示唆しつつも、その点の審理をなお尽くすよう破棄差戻しました。

惚れた腫れたに理由はない

吉野：誰と契約しようと自由です。誰に惚れようと私の勝手、蓼食う虫も好き好き、そもそも惚れた腫れたに理由はない。反対に、理由もなく気に食わないのであっても仕方がない。気の合わない夫婦を無理にくっつけておくと、ろくなことはない。さっさと別れましょう。とにかく、こういうのが完璧に自由であるということは社会にとって一番大事なことです。

横田：珍しく気が合うなあ。そもそもこういう話は政治システムに関することでない。政治というのは公共の利益を崇高に追求する分野です。基本的には経済的な動機で人がうごめくのをどうこうすることには関心がない。何から何まで政治が面倒を見るという潮流には断固反対。

大森：私にも異存はありません。ただ、国家は最小限の利害調整はしなければなりません。その意味で、最高裁はかなりいい線で思考していると思います。

沢井：一個の基本として、私的自治に異論を唱える人はいないと思いますが、第一にその内容は複雑ですよね。第二に、それはどう正当化されるのか？　私的自治の基礎に矛盾する態度決定をすれば、表面的に私的自治のある側面を墨守しても、私的自治をかえって崩すことになります。

吉野：そのへんの思考が今一つ呑み込めないんだよなあ。もう少し具体的に説明してくれない？

● 契約に見えて契約でないもの、なあに？

老教授：いいでしょう。契約から出発したいんですね。それで、何契約ですか？
遠山：雇用契約です。
老教授：だったら？
遠山：労働諸法によって大きく制約されます。
老教授：なぜですか？
一同：（しーん）
老教授：もう一度ききます。これはどういう類型の契約ですか？
風間：わかった、locatio conductio❶と言わせたいんでしょう？
　　　　　　　　　ロカティオ・コンドゥクティオ
老教授：私はどうしてそう言わせたいんですか？
吉野：そんなの知るわけないですよ。風の向くまま気の向くままおっしゃったか、それともただの衒学趣味か。急にラテン語が使いたくなったとか。そういう輩にはろくなのがいないよな。
風間：いや、知るわけあります。locatio conductio には占有が懸かります。
老教授：本件においてそれはどこでわかりますか？
一同：？？？
近藤：地位の確認が請求されているからですか？　現代日本で、保全訴訟と並んで、確認訴訟が占有訴訟を代替する機能を果たしている場合がある、と先生はかつておっしゃっていました。
老教授：すると？
一同：？？？
田丸：あっ、契約でなく占有だ！　「契約か占有かは白か黒かの二項関係である」と習いました。すると、契約の自由を持ち出すこと自体、的はずれのピンボケですよね。そもそも契約の自由は諾成契約にのみ妥当します。これは、

❶『民法の基礎』143 頁以下、163 頁以下、『法学再入門』247 頁以下。

locatio conductio であるばかりか、諾成契約でないタイプです。
遠山：なんのことだかわかりません。
風間：われわれの賃貸借・請負・雇用は、もともと locatio conductio という一個の契約類型だった。今日でもフランスではすべてにつき louage（ルアージュ）という言葉を使うことができる。雇用契約はこれを3分類してできあがった。しかしその分類法に問題があって、多くの特別な社会立法が必要だったんだよ。

さて、locatio conductio は、一個の占有のなかに他者を入れ、彼に一個の占有を認める、という基本の構造を有する。自分が占有しながら他人に使わせたり、他人に作業をしてもらう。自分の家を他人に貸す、自分の土地の上で他人に家を建ててもらう、自分の労働を他人に使わせる、といったように。占有は水平横一列に敷き詰めたようでなければならないから、この重畳は占有にとって大変に危険なことです。

しかし協業のために法の世界でも認めることとした。ただし両当事者の自由が構造上保障される特殊な条件下でのみ認められる。そのぶん厳密な契約法的規律に服する。そうでない場合、たとえば住むための借家のような場合、一種の契約として規律されても諾成契約とはいかない。諾成契約に固有の自由は妥当しない。追い出されるほうは路頭に迷うから、どうしても不利。そこでこういう場合には占有保障が前面に出る。諾成契約としての雇用も、元来は専門技芸を使わせるということで、働く側が優位を占める類型を念頭においていた。

ところが近代に関係が逆転し、働くほうは他人の占有内で、その他人の支配下で労働するようになった。ローマなら奴隷の地位だよ。自分の労働を使わせてやるという優位が崩れた。それをカヴァーするために分厚い立法がなされ、労働契約は事実上契約法を離脱した。つまり離脱するかわりに占有保障の体制が構築されたことになる。だから、労働契約は第一義的には占有保障というジャンルに属する。
黒木：そうか、それで本件でも地位を保全したいという訴訟になるのか。いわば占有保全の訴えとなる。契約を盾にとって働かせろという訴訟ではないんだ。
老教授：占有訴訟固有の層も見えますね。
黒木：はい、見えました。試用期間の問題ですよね？　ここが前提問題になってる。試用期間だからといって、まだ雇用関係が発生していないとはみなせな

い、と最高裁を含め全会一致で裁判所は言います。原告の占有自体は認められたことになります。被告はあらためて訴訟を起こし、本案で論証し、その占有を取り返さなければならない。
中村：実際には本案でも地位保全確認が訴訟物のままだけれども？
風間：そのまま解雇の正当性が本案審理の形で争われていくのはなぜか、私にはよくわからないです。
南田：久しぶりに争いの出方に着目するんですね。懐かしいです。

⁝アリーナ

老教授：それで、この解雇は正当でしょうか？
吉野：気に入らなければ仕方がない。さっき言ったとおりです。
田丸：それは契約法のときの話。これから結婚するという話ではなく、もう結婚していて離婚するという話です。もちろん、離婚も一方的になしうるという立場もありえますけれども。
大森：政治活動していたのだから、仕方がないんじゃないかなあ？
三宅：デモに参加するのは基本的な政治的権利だよ。それで解雇されるのは、やはり重大な憲法19条違反だと思います。
横田：そうではないでしょう。政治活動していたのに、それについて黙っていたというより、「していません」と端的な嘘をいったわけです。信義に反します。せっかく幹部候補として採用したのに、「これでは困る」と会社側が言っています。もっともな反応です。
田丸：信義則も諾成契約の場合にのみ妥当する原理です。借地借家法の信頼関係の原則なども、じつは信義則とは関係ない。むしろ占有の判定に関わります。
横田：私の言った信義は、契約法以前の政治的な信義の概念です。原告が政治的自由を主張するならば、つまりそれがゆえに経済的領分において不利益を被る謂れはないと言いたいならば、政治的脈絡で筋を通していなければならない、と言いたかっただけです。
黒木：人間はそんなに強いものではない。ああきかれれば、つい否定してしまう。ペテロがイエスのことを3回知らないと言ったように。正直に言っていれ

ば採用されたんですか？❷

田丸：そんなことを尋ねるほうがよくなくない？　なんでそんな関係のないことをきくの？　吉野君は自由の信奉者でしょ。だったら、何年か前に何をしていようと、勝手じゃないですか。そう思いませんか？　ウザいよ。

大森：いや、政治活動のところが突出するのがよくないのかもしれないけど、雇用となればその人が信頼できるか否かを全般的に調査するのは当然だと思う。

近藤：待ってくれ、少し、議論の整理が必要だ。もう一度確認すると、雇用後、その地位を争う訴訟だということを押さえないと。次に、政治活動の経験そのものが解雇の理由なのか、それともその経歴を偽ったことが理由なのか。この二者択一をはっきりさせなければなりません。

三宅：要するに占有の問題ですね。被告の主張線ははっきりしませんが、というか、予備的に論拠を構築したにちがいありませんが、最高裁は、雇用後であるからこそ、後者の論拠、つまり偽ったことを決定的と考えているようですね。信頼という言葉をさかんに使います。争点はここに絞られると言って過言ではないでしょう。

横田：ボクもそう思う。正直に答えて不採用となっていたならば原告は請求訴訟を起こしていただろう。そのときはじめて問題は正しい現れ方をする。政治活動の経験による不採用は認められるべきでないと思うけれども、裁判所はたぶん契約の自由を優先するよね。

南田：雇用前雇用後でそんなにドラスティックに分けてよいのか、少し疑問です。区別はしなければならないけれど、事態がほんとうにそこまで変わるのでしょうか。占有から出発するというのは、この区別に尽きるのでしょうか。

❷　（短く控えめながら）蟻川恒正「プライヴァシーと思想の自由」樋口陽一他『新版憲法判例を読みなおす――下級審判決からのアプローチ』（日本評論社、2011 年）90 頁。私人間適用論を避け、この事案の端的な法的問題を突く。その意味で本書と同一軌道にあるばかりか、（ここでは蟻川が明示しない、しかし蟻川の中心的な動機である）個人の尊厳の問題と捉える点でも本章は蟻川の思索と深く関係している。

恩返しではありません

沢井：人が人を信ずるということはどういうことか。難しいですねえ。自動販売機に硬貨を入れますね。自動販売機を信じているから？　政治家に賄賂を渡す人がいますねえ。きっと便宜を図ってくれると、その政治家を信じている？　もちろん、その人のことをよく調べているんでしょうねえ。賄賂に弱いぞ、とか。お金には貪欲だぞ、とか。ちゃんと権限もあるぞ、とか。

けれども、そういうのがとても嫌になることがありますよね。そういうときにはどうしますか？　自然のなかを歩きたくなりません？　近代初期、一世を風靡したエピクーロス派ならば、庭を散策するでしょうか。彼らは友情が厚いのでも知られますよね。人を信ずることができる人たちです。万物はゆっくり静かに晩秋の銀杏の葉のように落下している。唯物論者ですから、人間もまたその精神を含め原子によってできていると考えます。静かな落下に逆らうこと、息を引き取ろうとしている人に無理やり延命治療を施すようなことですね、これが苦痛をもたらします。自然科学者にエピクーロス派は多かったし、今でもイタリアなどではそうですが、日本では、森鷗外の『高瀬舟』が有名ですね。皆、覚えてますよね。

自然法則に静かに従う人たちは、たがいに信じやすいと感じるんでしょうねえ。余計な打算はないし、人を出し抜かないし、陥れない。だから自然のなかを歩くのは気持ちがいいですね。晩秋の落ち葉のなか。鳥の声を聴きます。河川敷を四輪駆動で荒らす人の気が知れません。『現代日本民法の基礎を問う』に出てくる変わった先生は、自動車が嫌いな理由を話していました❸。河川敷の四輪駆動です。鳥の巣を破壊します。

でも散策をすれば、むしろ反対に、弱った動物を見ると素直に保護するような気分になりますよね。鶴が罠にかかっていたならば、当然はずして逃がしてやります。『鶴の恩返し』では、その鶴は美しい若い女性となって現れる。助

---

❸ 「民法の基礎」204頁。

けた老夫婦はそれがあの鶴であることを知りません。木下順二の『夕鶴』のヴァージョンでも同じです。男はそのことを知りません。なぜ鶴は姿を変えて現れ、布を織り、織った布を贈るのでしょうか。典型的な贈与交換でしょうか。鶴はéchangiste（échangeを信奉してせっせと励む人）だったのでしょうか。ちがいますね。なぜそのように言えるか、わかりますか？　布を織っている場面を見せないからです。

　記号作用がéchangeと深い関係にあることはよく知られていますよね。給付Aが反対給付Bを呼び出すという関係が一種の記号作用だからです。signifiantは物的なプロセスだが、それ自身一個のパターンに従うことを内容としている、ということもよく知られています。語学の発音練習を思い出しましょう。先生の口の形を真似ますね。そのとおりにしないと正しい音が出ず、正しい音が出ないと何も伝わりません。

　鶴はじつは羽を犠牲にしてまでポトラッチをしているのですが、この様子を絶対に見られてはなりません。なぜなら救ったあの鶴が布を織ってくれているのだとわかってしまうからです。物的な過程により光が目に飛び込まなくてはsignifiantは作動しませんが、その物的なレヴェルで、救ったあの鶴の羽根が今ここにあるという連結、記号論でいう繰り返し、répétition、が確立するのは……。

吉野：ターン、タタ、タタタタ、タンタタタン……。
沢井：ラヴェルの『ボレロ』ですね。まさにrépétitionのマニフェスト。signifiantの解放、記号作用解体という現代文化の象徴。そのrépétitionが完結するのは、まさに老夫婦や男の知覚に羽根が現れた瞬間です。その瞬間、現代舞踊のように切れていませんから、全体の経過は鶴にとって耐えがたい惨めなéchangeとなります。

　『夕鶴』では、男が欲深い連中に唆される、つまり商品交換が及んでくる、という設定になっています。たぶん余計なバイアスです。そうでなくともよい。もっと根源的なéchangeが問題とされています。鶴はそれを嫌った。交換によらない結びつきを希望した。そして、決定的なのは見られたことです。反対から言えば、がまんできずに詮索したことです。つまり、つながっている部分をたどりたくなった。échangeは因果連鎖です。予測可能な因果連鎖は期待を

通じて限りなく信頼に近づくかにみえる。しかし鶴はそれが幻想であることを知っています。

『夕鶴』がそこから目をそらして、経済的な動機がいけなかったかのような解釈を提出した。本当のコアは、信頼の根底に切断が存在しなければならないということです。なぜならば、経過とか動機を通じて、多くの人の思惑や計算が混入してくる。ここから信頼が崩れる。人を信じるかどうかの瀬戸際のとき、信じたいとき、一番思うのは「どうか怪しい連中に惑わされないでほしい」ということです。私たちが怖れるのは『オセロ』に出てくるイアーゴです。詮索はその裏。行動によって華々しく因果連鎖に応答し、リヴェンジしていく……。

世界的に、リヴェンジや復讐の流行る嫌な流れです。しかもそれが暴力化する。呑気に自生的な échange を制度や経済や私的自治の基礎と考える社会科学の愚かな潮流もあります。もちろん、鶴はたがいに信頼したがいに交流するということを拒否するのではありません。一方的な行為を二つ、相互にまったく関係なく。さりげなく。見て見ぬふりをして。心だけを通わせて。人と人が信じ合うための第1条は、土足で踏み込むような真似をたがいに決してしないことです。さまざまな秘密があるだろう、大いに迷うことがあるだろう、しかし必ずそれを乗り越えてくるだろう。いずれにせよ、それをそのまま受け容れよう。おそらく人を信じるということは、そういうことです。

鶴が飛び去れば天の蓋は閉ざされる

吉野：そうだよなあ。昨日何を食べようと自由だよね。去年の5月20日の夜、あなたはどこで何をしていましたか、なんて、まるで取り調べじゃないか。「えーと、その夜は彼女とレストランで食事をした後、深夜まで映画を見ていました」「だったら、脅迫の電話をかけることはできたな」「彼女とは最初のデートで、それどころじゃなかったっす」「君は携帯電話は持っていないのかね」「それは、持ってますけど？」「だったら、かけただろ」「むしろ、メールとか、ウェブとか、あー、するためにー……」「うそを言うんじゃない、携帯電話会社の料金明細をちゃんと調べたんだからな」「それって、違法な取り調べじゃ

ないですか？」「馬鹿を言え、これは取り調べじゃない。採用面接だ！　だから何をきこうと自由だ！　私的自治だ！」なんてのは、イヤすぎる。

田丸：あれ？　吉野君、さっきは誰と契約しようと自由だと言っていたけれども？　立場入れ替わったよ。

吉野：あ、そうか。うっかり自白しちゃったな。でも、たとえぶらかされたとしても、自由をとことん愛するのがこのオレサマだ。

老教授：仮に、事案のポイントが採用面接で会社が過去の政治活動をきいたことだとしましょう。そうするとどうなりますか？

中村：どうなりますかと言われても……。先生はその種の質問が多いんですよ、自覚してください。明確性に欠けます。

大森：いや、解雇に正当な理由があったかどうかの本案審理に入ったという前提だった。この本案の判断にどう響くか、という趣旨だと解するのが合理的じゃない？

遠山：被告にとって不利な要因であることは疑いありません。

黒木：たしかに信義則を出しづらくなる。

横田：でも、原告が嘘をついたという事実も重いから、いい勝負。総合的に判断するしかないね。

風間：引き分けならば原告の勝ちだということを忘れちゃいけない。原告に占有があり、その占有を守ろうとしているケースだよ。

中村：引き分けかどうか、どうやって判定するんだい？　ボクシングの判定でさえ厄介な場合があるのに。

南田：おかしいと思います。もし、面接で過去の政治活動をきいたことがひどいことなら、その一個の事実によって、他の事実をいっさい考慮できなくならなければおかしいです。そういう一線がなければ社会は致命的に害されます。自由に生きているという実感を体系的に剝ぎ取るからです。他の点で原告にいかなる非があろうとも、それらがいっさい関係なくなるのでなければなりません。

田丸：それ自身占有に似ていますね。せっかく立派な権原をもっていても、占有のところでミスをする、つまり暴力を使ってしまうと、本案で争う資格を剝奪されてしまうという、あの原則を思い出させます。つまり、locatio conductio とか試用期間云々という本当の占有以前に、論理構成の段階で占有が思い浮かんできます。それも、「占有は本案を経て覆ることがある」というほうでなく、「占有で致命的なことをすると本案に進めない」というほう。

黒木：権原を遮断する、つまり本案でのすべての主張を無効化する、という限りにおいてだけれど、取得時効とも似ていますね。

風間：さっき南田さんがほのめかしたとおり、占有のアナロジーもそこまでで、実際には契約法内である絶対前提条件を被告側が欠かしたため他をいっさい主張しえなくなったケースだと思う。その前提条件、つまり余計なことをきかれない自由そのものは、原告にとって、装甲を施されて本案に進出した占有に該当する。その限りで取得時効と同じ。剥奪するにはデュープロセスを要する。つまり刑事司法という特殊な政治的決定手続だね。

老教授：しかるに、詮索だって必要な場合があるという抗弁を許さない、詮索の結果出てきた事実が解雇を正当化するに足りると主張することを許さない、正当化の根拠、権原を問わせない❹ということ、これはどういうことですか？

一同：？？？

老教授：権原は何によって発給されていますか？

横田：政治システム……、ということは政治的決定によっている。たしか古くは auctoritas（権原の源）だった。ということは法律によるということだな。

老教授：この場合？

大森：実定民法、いや労働法かな。

遠山：信義則とかは実定民法を越えるんじゃ？

老教授：実定民法そのものです。

風間：なるほど。そうすると、余計なことをきかれない自由は、法律を遮断しているんですね。つまり信義則を通じて、ということは多くの考慮要素と並んで、作用しているのではない。吟味、衡量をさせない。それらをすべて無効にする形で作用している。早い話が、これは間接適用説の批判ですね❺。民法が

---

❹　宍戸『解釈論』94頁以下に、私人間適用問題が膨大な文献を生んだ割に厚い法律構成を生まなかったという反省から、法学的ディスコースを模索する動きが見られる。

あるからいいじゃないかという説❻の批判でもあるし、民法を通じて適用される❼という説の批判でもある。

老教授：そういうことは私にはわかりません。これを直接というか間接というか、趣味の問題ですが、基本的人権というのはこのように働きます。政治的自由と区別された狭い意味の人権がこの授業では今はじめて登場しました。

落伍者を一人見落としただけで政治システムの根幹が傷つきます

横田：政治的決定によっても否定できないのが人権だとすると、それは違憲立法の問題ではないでしょうか。あるいは少なくとも違憲の法律に基づく国家行為の問題ではないでしょうか。国家が関係しない場面で人権を言うのはおかしい。

老教授：いいですか、人権は政治的決定を超越しますが、だからといって政治的決定を超越するのが人権だと定義するわけにはいかない。人権以外にも超越

---

❺ 直接適用説対間接適用説の論争を整理するためには、その視野の広さにおいて、棟居快行『人権論の新構成』（信山社、1992年）60頁以下が依然基本である。

❻ 高橋和之「『憲法上の人権』の効力は私人間に及ばない――人権の第三者効力論における「無効力説」の再評価」『ジュリスト』No.1245（有斐閣、2003年）137頁以下は基本的な文献である。つまり「私人間適用」が問題とならないことが基本である。高橋らが認識するところのフランスのように。しかしここから日本においても「適用」すべきでないという結論を引き出したのは、実定法学者に相応しからぬ、そして比較法研究の基本を無視した、誤謬である。アメリカやドイツに比してフランスでは強力な国家が団体を解体しており、その上に（団体を通してでない）個人の社会的連帯が厚く、この結果民法と労働法などが全然日本とちがうのである。同じく占有が問題とならないとしても、フランスでは血肉と化しているからであり、組合に法人格を与えたとしても、暴走の危険がないからである。社会を憲法学者用に切り取ってはならない。憲法学者は憲法のことだけ考えていればよいわけでない。独自に日本民法の研究をすべきである。そういうことと無関係に切実な問題が社会には横たわっているのである。

❼ 山本敬三『公序良俗論の再構成』（有斐閣、2000年）。なお、「保護義務論」（小山『基本権保護』参照）は、防御権構成と間接適用説を批判する脈絡に立つようであるが、棟居が早くから批判するようにエイジェントの分節的把握を欠く点に問題を残し、いずれにせよ、立法ないし行政の積極的役割を要請する点で間接適用説の積極版にすぎない。本来その問題意識は、vindex libertatis たる行政委員会の介入を促す方向、つまり別の脈絡に置かれるべきである。

するものがある。憲法全体がそうです。一層強く改正限界という意味で政治的決定を超越するものも人権以外にあります。日本国憲法でいえば９条２項❽などです。そして人権は法律を超越する以前に厳然と存在します。

　もっとも、政治的決定と無関係の脈絡で政治システムつまり裁判が自由を保障するのはデモクラシーの段階になってからのことです。政治が成立した直後は、徒党を頂点に立たせないという政治システムの最小限の機能しか存在しません。基本的に政治システムはその幹を傷つけられたときにしか直接にはリアクションしません。それは刑事司法手続による修復です。政治システムは自由の基幹のために存在し、間接的に領域にも自由をもたらすにすぎません。

　しかし、政治システムはデモクラシーの段階に至って、大いにウィングを拡大します❾。かつての政治システムの外に、傷つけられれば致命的となる骨格を見出します。したがって刑事司法の対象が広がります。今や社会のすみずみまで、自由を抑圧する権力があってはなりません❿。社会のなかの小さな権力が増長すれば新しく枝を伸ばした政治システムであるデモクラシーをやがて脅かすからです。

　もっともギリシャでは、領域の第二次的政治システムが独自の政治的決定によって対処します。具体的にはそこに基礎をもつ発達した刑事司法です。ローマでこそ、刑事司法も変化しますが、民事法による占有保障とその延長である自由身分訴訟や人身保護訴訟が生まれました。

> ❽　拙著「日本国憲法９条２項前段に関するロマニストの小さな問題提起」『法律時報』1092号（日本評論社、2015年）53頁以下。
> ❾　宮沢『憲法Ⅱ』248頁以下がすでにこの風をいっぱいに孕んでいることは再評価してよい。にもかかわらずstate action法理流の間接適用に落ち着く理由は、私的自治の尊重以外にない。しかし「適用するが私的自治を尊重するから間接的になる」というロジックには飛躍があり、飛躍の理由は畢竟私的自治の概念が詰まっていない点に存すると思われる（その後の学説についても同じことが言える）。
> ❿　しかし本書は「社会権力」を採らない。「社会権力」を国家になぞらえて対国家権たる人権を適用しようとするものだからである（最高裁は待ってましたとばかりに「私的団体と公的団体は違う、お前らそれもわからないのか」と逆襲に転ずる）。「社会権力」の解体が政治システム・占有原則の目的そのものであり、かつ日本の社会の最大の弱点である、という認識は、「社会権力」を法学的カテゴリーに昇格させるべきことを意味しない。

そして、これらの部分を近代はどうする気か、という開かれた問題が存在します。公法、つまり政治システムの問題を民事法範型で扱うことがなぜ生まれるかと言えば、デモクラシーの構造に対応するための独創的な手段ではないか、ということでした❶。政治システムが法人として概念構成される近代独特の事情はかえって大いに役立ちます。まず、政治的空間ないし公共空間内部における個人の自由を占有に見立てて国家と民事訴訟をさせるという狡知が生まれます。公共空間のことですから規律は政治的決定に基づかなければならない。かくして政治的決定を私人が争うという民事訴訟になります。

さらに、記号行為をする主体が政治的空間外で前提的な存立を保障されなければ十分でないと考えられます。政治的空間の舞台の上に登場する前に主体は、固有の精神的世界とその交換システムをもっていなければならず、ここも保障されなければならない。ところが、ギリシャ・ローマで第二次的政治システムや占有訴訟エクステンションが独自におこなった自由保障が、政治的決定に対して国家法人相手に民事訴訟するという構成ゆえに抜け落ちてしまいます。

ここの部分の回復は大きな課題です❷。もともと直接的ではないが権原は政

---

❶ 国家とともに政治システムが再生した後に市民社会の側からの対抗が存在し、これが次のデモクラシーにつながっていったという事情からして、市民は国家以前に自由であり、放っておいても自由だ、国家が介入しさえしなければよい、という混乱が生じた（林知更「論拠としての『近代』——私人間効力論を例に」『位相』375頁以下は、こうした混乱を克服しようと必死のドイツと、遅れて模倣したがゆえに後生大事にしている日本を対比する）。人権規定は私人間に適用がないという通念に影を落としている。契約論的擬制は自由の先験性のためのスローガンにすぎないのに、これを法学的に受け取る勘違いである。政治的スローガンと法学的概念構成の間を短絡させてはならない。デモクラシーの法学化を真剣に思弁しなければならない所以である。

❷ だからこそ間接適用説やstate action法理の例外やらの発達があり、日本でも間接適用説が通説となる。とはいえ骨になる理論構成が欠けているという印象は否めない。この点、小山『基本権保護』、とくに212頁以下が紹介するドイツの動向は注目に値する（同『基本権の内容形成——立法による憲法価値の実現』（尚学社、2004年）も参照）。国家に基本権保護義務を積極的に課し、その懈怠として私人間侵害の場に国家を引っ張り出すのである。しかし第一に、国家がこの場合立法と行政である。司法制度内に人権保護委員会等強力迅速な制度を構築すべきであろう。第二に、人権があくまで国家に対する権利つまり権原と捉えられている。人権概念の成り立ちからすると混乱を招かざるをえないと思われる。

治的決定に由来しますし、実証主義的な考えであれば法律に由来するのでしょう。国家法人を逆手に取ってすべての私人の権原を国家の決定とみなし、行政訴訟をも含めておよそ民事訴訟において本案の通常の論拠たる権原を無効にする特権的論拠を概念構成し、これを人権とし、この人権がすべての権原を遮断すればよい。間接適用説の一種に見えるでしょうが、民事訴訟のなかで民法などを無効化するのであることに注意してください。

遠山：会社が一個の社会権力として公権力に比しうるからこそ、そこからの自由が認められるということではないのですか？

老教授：実際、本件事案におけるような詮索を許すと権力を発生させます。しかしそれは個人であっても同じことです。社会権力説を採ると社会学的な議論に流されてうまく線が引けません。

中村：じゃあ、ここでいう人権はいったい何権なんですか？　「まだ名前はない」なんて言わないでくださいよ。思想信条の自由ですか、差別されない自由ですか？

南田：憲法13条、「個人として尊重される」、個人の尊厳だと思います。

風間：たしかに、政治的自由自体が問題になっているわけではない。

老教授：憲法条文の人権カタログとは何か、という難しい問題は私にはわかりません。

沢井：13条の問題かどうかはわかりません。しかし私も個人の尊厳の問題だと思います[13]。個人としてそっとしておいてほしいという問題ではなく、市民社会の構成員としての資格を認知される権利です。惨めな詮議により裸にされることのない権利です。鶴が望んだのはこれだと思います。

---

[13] 深く省察された尊厳概念を憲法論理ないしデモクラシーの根底に置く（今は『尊厳と身分』（岩波書店、2016年）に収められた）蟻川恒正の一連の論文を深く味わうべきである。身分制としての貴族制のポイントであるが、一人ひとりが王であり頂点であると認知するということがある。反射的に何かを従えるところに問題が発生するのであるが、デモクラシーになると、ほんとうに大切な何かを親密にもつ関係を絶対的に尊重するという重要な（エウリピデスの）動機（DEM、323頁以下参照）に転ずる。なおかつ、重大なジレンマが現れる。子供に象徴されるその大事な何かを主体自身が抑圧するときどうかである。尊厳は救済のための介入に道を譲る。これが人権制限原理である。

単に動物として救ってやるというのでなく、対等に扱ってもらいたい、そうしてはじめて信頼関係を構築できる。そういう思いです。そのためには、衣装やお化粧が認められなければならない。丸裸にしておいて尊重してやると言われても誰が信じますか。かけがえのない個人に装甲が施されています。フィロクテーテースに弓を持たせるのです❶。そのうえで言葉を作動させる。政治的自由のさらに前提です。ただし、鎧を着合うがあまり、お互いに突っ張らかって見栄を張り合い、決闘のようなポトラッチ型尊厳に陥らないことが肝心です。連帯の基盤となる方向で考えなければなりません。

風間：そうか、だから個人の尊厳が私人間適用の鍵になるんだ！　占有からまっすぐ伸びた線上に尊厳が位置しているものなあ。個人間の占有ロジックが働くのは当然か。私人間適用は例外的拡張でなく、むしろ人権訴訟の基本構造を明らかにするかもしれないな。占有訴訟があり、そして占有で決着するというね。第２回の名誉の事案で出てきたね。つまり人権訴訟は、占有訴訟と同じで、守るほうが原告になるという特徴がある。占有侵害、つまり占有と侵害を疎明すれば、被告はそれを打ち消す負担を課される。それと同じで、人権の存在とその侵害を疎明すれば、被告はそれを打ち消すしかない。つまり、「たしかに占有を侵害したが、権原があった」という主張が許されないのと同じで……。しかも、占有の場合は、そこで負けてもあらためて本案の請求訴訟を起こすことができるが、人権の場合は終局的となる。

近藤：われわれが聴いた三段階図式の vulgata（ヴルガータ）のどこがおかしいかというと、法技術的意味が明確に教えられないばかりか、保護範囲と侵害事実を原告が論証しなければならないかのごとくであり、しかも抗弁可能であるかのごとくだからだ。二重の基準が重要なわけで、抗弁可能なのは行政訴訟。主として経済的自由が関係する場合ということになるんだ。かつ、そこでは抗弁可能どころでない。抗弁は政治的決定に基づかないとならないけれど、その場合抗弁の正しさは推定される。つまり結局原告がさかのぼって抗弁を破る論証をフルにしなければならない。疎明では足りないということだよ。被告が疎明から出発で

❶　DEM、303頁以下。

きる。これらのことは、予定をみると、えーと、たぶん第7回で取り上げられるんだろうね。
吉野：そういう、先走って予習を強いるような話はこの授業ではなしにしたいね。

第2事案の概要

老教授：ということで、第2事案に移りましょう。
三宅：中学生の高校受験に際して内申書が中学校から高校に送られましたが、中学校が学生運動への参加事実をもとにいくつかの項目につき最低ランクの評価をつけたため、そのことが争われました。つまり中学生側が、それがもとで高校受験不合格となったとし、賠償を求めた事案です。公立学校だったから、国賠法に基づく損害賠償訴訟。実際には、内申書の件をも理由として卒業式を妨害すると言っていた当該中学生を隔離して別に卒業式をさせた点、その際の監禁を含めて3点が請求原因とされました。

　第一審は内申書と監禁につき原告の請求を認容し、控訴審は第3点のみの認容です。この点は確定し、原告は第1点と第2点に関して上告し、最高裁はいずれも棄却。内申書に関する限り、最高裁の理由は、第一に、内申書は客観的事実の記載であるから思想信条の自由を侵害するはずもないということ。第二に、そもそもその事実を否定的に評価すること自体も、表現の自由といえども公共の福祉によって制約されうるため、とうてい自由の範囲に属さなかったから、相当であること。第三に、情報の開示は、特定の相手に対してなされ、プライヴァシーの侵害に該当しないこと。第四に、公正な選抜を受けるという学習の権利の一種が奪われたというが、選抜は公正であったから妥当しないこと。大略4点にまとめられると思います。

変しい、変しい、私の変人

吉野：なんともひどい事件だ。
田丸：先生が生徒のことチクってどうすんの！

横田：先生の資質が問われる。
風間：たしかに嫌悪感が先に立つけれども、それで法的にどうだと言われると難しいよ。
中村：こういう事件、取り上げるに値するのかなあ。
近藤：どこを手掛かりに考えたらいいんだろう。
老教授：原告が問題とした行為をピンポイントで捉えましょう。
遠山：内申書ですよね。
老教授：内申書って？ 厳密にいうと？ どういう行為？ 教育行為なんて答えないでくださいよ。
沢井：言語行為ですか？
老教授：そう、少なくとも表現ですね。とすると、一種の記号行為です。
大森：表現が違法だなんて、よほどの利益と衝突しているのでなければなりませんね❶。基本的には何を言おうと自由だ。
老教授：この記号行為には特徴がありますね。何に似ていますか？
中村：またアナロジーか。
老教授：では、皆さんが一生懸命必死の思いでラヴレターを書いたとしましょう。しかしその気持ちも虚しく相手に馬鹿にされ、こんな愚かなラヴレターが来たとばかりに、ネット上に公開されてしまったとしましょう。もちろん実名入りです。おかげであなたは翌日授業に出席できません。さて、どうします？
吉野：そんなの自己責任だろ。拙い文章でラヴレターなんか書くから彼女の気持ちをゲットできなかった。
老教授：ならば、かつての恋人がふられた腹いせに親密な写真を公開したらどうですか？
一同：（しーん）
近藤：愕然としている場合じゃない。分析しよう。何が起こったのか？
三宅：記号行為の相手が本来想定している相手から変わった。

---

❶ 山口いつ子「ネット時代の名誉毀損・プライバシー侵害と「事前規制」」『論究ジュリスト』2012年春号（有斐閣）50頁以下が、英米の状況を含めて、入門として優れる。

黒木：単に変わっただけではない。不特定多数に変わった。
南田：そうではないと思います。社会のレヴェルでしっかりと signifié が成立しているけれども、signifiant の知覚を限定し、signifié を二人だけで共有するはずだった。
黒木：それが不特定多数に公開されたんではないの？
南田：いえ、厳密にいうと、たぶん、LINE とかフェイスブックの仲間だけに共有され、その仲間内であざけられるのだと思います。その内部でおもちゃにされる。ほんとうに公にされるのであれば、そういうことをしている連中もみんなの非難を浴びます。別の秘密の集団が共有し、密かに書いた人を陥れるのだと思います。
田丸：だったら、本件にとってとても示唆的です。内申書の前提には教育指導の記録があります。そこには教育という十分に親密な活動が横たわっています。
南田：そこに子供がいるということを忘れてはいけません。
田丸：親密な活動に役立つはずの言語はやはり親密なものでしょう。先生と生徒のあいだの交換日誌とはちがって生徒に見せることは前提とされていませんが、しかし先生と生徒とのあいだの率直なコミュニケーションが基礎としてあります。先生はそれでいろいろなことを知りうる。
吉野：そもそも内申書なんてよくないよな。中学校の授業が萎縮するよ。内申点を稼ごうなんて生徒が思っていたら授業が成り立たないよ。うちの先生は平常点をつけないはず。のびのびしたソクラティック・メソッドを害すると言ってた。
老教授：間違いありません。
田丸：先生まで一緒に横道にそれないでください。そういうわけで、親密さが大事なのですが、裏切りが生じます。最も利害の対立する、一番知られたくない相手と、しかも密かに、共有し、結託するんです。この元生徒はよくぞまあ内申書の内容を調べましたね。知らない間に裏から裏へと情報が回り、道がすべて塞がれるなんて恐ろしい事態です。
老教授：情報という言葉が今出ましたね。情報という観点は、記号行為のみならず物的痕跡（vestigium）のようなものを含むすべての記号作用の堆積がさらに記号作用をすることを前提に、その signifié に対応する signifiant を知覚する

範囲が無限大でなく、堆積する記号作用に希少性が生ずる、そういう場合に成立します。希少性は signifiant の側から発生する点に注意が必要です。媒体自体、あるいは媒体とイメージをつなぐコードの破壊が、一方で問題となります。他方でこれの秘匿や独占を解体するという動機が現れます❶。

お前のかあさんデベソ

中村：情報の根底には事実があるのではないですか？　親密とかなんとか言ってるけれども、「客観的事実を書いたまでだ」と被告は言っている。裁判所も調べてみたけど、そういう学生運動を本人が派手にやっていたのは本当のことだった。原告だってやったことは否定していないと思うよ。
大森：客観的事実どころじゃない。政治的なアピールをしたわけだ。みんなに見られること、みんなに知られることを行動した本人が望み、そのために努力したんじゃないか。それをいまさら隠しておいてくれと言うほうがおこがましい❶。
三宅：うーん、そこは弱い点だなあ。
横田：政治的行為には責任が伴う、と言うべきか。
田丸：事実だからって全部言っていいんですか？
風間：刑法の名誉毀損罪だと、公人の場合に真実性の抗弁が認められる。前々回の第2回に見たとおりだね。今回はあの判例のことがちらちら思い浮かんでいる。
田丸：そうですよ。政治家どころか、今回は子供ですよ。被告も裁判所も一緒になって子供相手に真実性の抗弁なんかして❶、恥ずかしくないんですか？
老教授：事実と情報の関係ですね。それは簡単ではありませんね。まず、何も

---

❶　情報については、将来万が一『[笑うケースメソッド] 法と記号論』が実現することでもあれば詳述されます。
❶　蟻川「プライヴァシーと思想の自由」92頁。「嘘をつかなければ合格を望みえないような『苦境』に立たされていることそれ自体が思想の自由にとって重大な脅威であることに同[高裁] 判決が想い到っていない事実をも自ら告白するものとなっている」。
❶　外部的行為は思想と関係ないという判決のロジックにつき、蟻川は前掲箇所で「人間

しないとどうなるか。物的に物事が実現している、たとえば石がそこにあるというイメージがイメージにとどまらず人がつまずくほどにそこに実現されている、そういうことが「事実である」ことだとする[19]と、これは signifiant にも当てはまってしまうんですね。とにもかくにもその音を物理的に出さなければなにも通じない。音が出たという事実がそこにある。すると、今から事実を実現するのだが、これは単なる事実で signifiant ではないよ、とわざわざ断っても、それが知覚されるときの記号作用は免れない場合がある。意識的な記号行為でないぶん、signifiant と signifié をつなぐコード未定のまま、危険な潜在的 signifiant になります。だから画像を流すという記号行為は大きな問題を含みます。単なる事実として終わったかもしれないことを signifiant の再生作用に転化することになる。材料の事実を欠いて知覚だけ広まるので、チェックのしようがない。記号作用に特化した知覚になる。

近藤：わかった、学校がどうしなければいけなかったか、わかった！　内申書の記載はすでに生の事実ではありません。それを直接写す記述でさえ、特定のヴァージョンを与えています。つまり評価が混じっています。そのままでは「客観的事実」にはなりません。しかし内申書はやはりできるだけ客観的に書かれなければなりませんよね。それは記号作用を極小化する努力によってのみ達成される。ありのまま書きました、では駄目です。

　では客観的に書くにはどうしたらよいでしょうか。客観的に書くとはどういうことでしょうか。明らかに、Critique（クリティーク）を介在させるということですね。つまり、事実を知ったそのソース、そのソースのバイアス、他の事実との関係、大小の脈絡における位置づけ。こうした作業を欠いたまま書けば思い切り統御されないイメージを生みます。先生方はしかも自分で酔った。記号作用の虜になって、いきなり短絡的に最低ランクの評点に結びつけたのではないかと疑われます。

と社会に対する洞察を欠いたもの」と評するが、本章は、洞察欠如を少々記号論的に攻撃し追い打ちをかけ、傷に塩を擦り込もうとするにすぎない。
[19] イメージと物的実現という二元的構成をアプリオリとしていることに注意。これは自明ではなく、厳密に言えば政治存在のコロラリーである。

そのうえ、高校側をもそういう短絡へと誘導した。こうした Critique は政治システム固有の要請であると同時に、デモクラシーにおいていっそう精緻なレヴェルで要求されてきます。

中村：え？　なに言ってんですか！　それは政治的決定過程における議論の質の話でしょ。

南田：たしかに政治的決定過程ではないけれども、子供を教育する場面です。子供を育てるという文脈に私たちはいるわけですよね。育てるとはどういうことでしょうか。未熟な記号行為により制裁を受ける、大いに懲りて二度としなくなるようにすることですか。それじゃ、山から下りて人里を荒らす熊に対するのと同じじゃないですか。

失敗をしながら成長していく、その過程は Critique に似ています。そしてまた政治に似ています。プロタゴラスもそう言いました。ソクラテスによってその楽観主義が批判されますが。教育を目的とした瞬間、Critique は自己崩壊しますからね。でもソクラテスの批判は「批判にも批判を欠かすな」ということで、プロタゴラスの言うことがまず基本です。

沢井：私も、学生運動への参加を隠せばよかったというのではないと思います。もちろん学外での記号行為は自由ですが、それが少し暴力的になった。その点に懐疑的になれない未熟さが認められた。そういうとき、社会はそこを咎めてレッテルを貼りかねないですよね。政治システムと同じように、学校も、だからこそ冷静に分析し、一個の個性がなにか疑問を感じて少々短絡的に答えを与えようとしているが、それを成長のなかで生かすためにはどのような媒体、材料、文学とか哲学とかですね、なにを与えればよいだろうか、と考えねばなりません。そうした省察を書き送るべきだったでしょうね。

ところが反対にランクづけでレッテルを貼った。卒業式における対応とセットで考えると、恐怖に加えて明らかに報復の意識が認められますね。リヴェンジですね。あるいは憎悪と言うべきでしょうか。仕返し。もちろん一生懸命であることは否定しません。優れた教育者であったことも否定しません。しかしその教育を破壊されたときに悔しいからと、ついついしてしまったことには感心できません。回避させてやるべきことを自分からしてしまっている、あるいは申し送ってさせている。

子の尊厳は無限に広がる青い空

老教授：なかなか手厳しいですねえ。教育者といえどもそこまで要求できるかどうかわかりませんが、同じ稼業に携わる身として、学生に対して負のバイアスをもっては絶対にいけないということは身に染みています。ソクラティック・メソッド一つとってみても、答えの誤りや欠落点を糾弾することは絶対にいけません。少しでも良い点を拾い出して展開するのがプロとしてのわれわれの役目です。

　それに、楽しくなければなりません。学問は難行苦行ではありません。楽しくなければ学問ではない。法律学を教える人は学問のつもりもないでしょうが、法もまたファンタジーに富んで楽しくなければいけません。痛烈な批判精神も同様に必要ですが、批判し合うことほど楽しいものもありません。いずれにしても、学生のあら捜しをし、欠席の回数を厳密に調査しろ、そうでないと真面目に出席した学生に対して不公平だ、などというのは最低の精神です。そうやって出席を確保してなんになるでしょう。あまりに楽しいのでついつい出席してしまうというのでなくして、よくもまあ教える気になりますねえ。仕方なく出席していて内職なんかしている学生に教える気はしません。

風間：いくら授業で実際に発せられた科白と同じだからと言って、先生の教育論を聴く時間でもないので……。立派な教育論でも法学的にはまったく意味をなさないことも大いにあります。ひどい教育だって裁量のうち、ひどい教育をする自由が教師にはあると思いますけれども。

吉野：賛成。たしかに不適切だったかもしれないけれども、それで法的に責任を取らされたら自由が死んでしまう。

風間：技術的にいえば、不法行為、つまり占有侵害による損害が回復不可能であることを原告は論証しなければならない。

大森：公正な評価を受けて高校に入学し、そこで勉強できているはずだというのが占有に該当しますね。「そんな権利はない」、つまりそれは占有に該当しない、と裁判所に言われている気がします。

南田：原告はそう言っていますが、私はそうではないと思います。ラヴレター

暴露の例が参考になります。何がひどいかと言うと、被害者が二度とみんなの前に出られなくなるところです。一個の主体として活動することができない。連帯することもできない。それが心の深くに傷を作ります。立ち直れない。立ち上がれない。立ち上がり胸を張る、これが尊厳の定義であるとすると、再度、個人の尊厳が致命的に害された事件だと思います。

風間：ということは、他を論ずるまでもなく侵害はあったということかな。「どのみち不合格だったじゃないか」とか、「他にもいろいろ素行の悪い点がある」とか持ち出すことも許されない？ ある大事な前提を破壊した例外的なケースだから、例外的に教える側の自由は阻却される？

沢井：内申書の送り手と受け手のあいだに陰湿な結託があったということは、やはり少なくともデモクラシーの観点から捨ておけないと思います。自由を保障するのは、そういう権力を解体するということです。さらに大きいのは、個人の尊厳は、子供の場合、いっそう厳格に審査されなければならない。弱いからではありません。可能性を遮ってはならないからです。蕾はそっと見守らなければならない。なんだこんなものと摘んでしまってはならない。「醜いあひるの子」アプローチは最低です。どんな花が咲くかわからないじゃないですか。花も踏み荒らしてはいけない尊厳を有します。しかし蕾にはさらなる尊厳があると思いませんか。

5 精神の自由 ——文化の極点

> 第１事案　最判昭 63-6-1 民集 42-5-277　徒党蠢く葬送儀礼事件
> 　　　　　　　　　　　　　　　　　　　　　　　（自衛官合祀訴訟）
> 第２事案　最判平 19-2-27 民集 61-1-291　音楽家はドタキャンあり事件
> 　　　　　　　　　　　　　　　　　　　　　（君が代ピアノ伴奏訴訟）
> 第３事案　最判平 23-5-30 民集 65-4-1780　不純交友儀式事件
> 　　　　　　　　　　　　　　　　　　　　　　（君が代起立斉唱訴訟）

● **第１事案の概要**

老教授：今日は、第１事案を先に、後に第２第３事案をまとめて、取り上げます。では、第１事案の概要をお願いします。

沢井：事故死した自衛隊員の妻はキリスト教徒だったのですが、夫が県の護国神社に祀られてしまいました。「合祀」という形式らしいのですが、これが不法行為にあたるとして訴えました。被告は国と自衛隊関連団体であり、関連団体が合祀の申請をし、それを受けて神社が祀るという仕組みになっていて、その申請につき責任を問うているようです。神社自体は当事者になっていません。

　一審は、関連団体の被告適格を認めたうえで、連帯して賠償するように命じています。神社が祀ったこと自体は違法ではないが、これに国が関与したことが違法だと言っています。ただし、訴え提起後すでに申請は取り消され現に祀られておらず、申請取消請求は訴えの利益がないとして却下されました。二審は、関連団体の被告適格を否認した点を除くと一審の判断をそのまま踏襲して

います。

　これに対して最高裁は、国の上告を容れて請求を棄却しました。理由は、第一に、合祀申請には宗教的な意味が希薄であり、政教分離は制度的保障であるから、万が一宗教的な意味があったとしても原告の権利が侵害されたわけではない、というものでした。第二の理由は、さらに神社の行為自体がかえって信教の自由に基づくものであり、そもそも権利侵害自体存在しない、というものでした。ただ、事案は実際には非常に複雑で、どう見通してよいのか、難しいと感じました。

老教授：むしろそのあたりに問題解決の鍵が潜んでいるような気がしますが、ありがとうございました。例によってゆっくりと解剖していきましょう。

● 人が死ねば……

老教授：本件は葬送儀礼に関係します。なにを隠そう、著作リストを見てもらえばわかりますが❶、私は葬送儀礼の専門家です。

吉野：あれ、先生は葬儀屋さんの出だったんですか？　知りませんでした。

老教授：ではご親族の方々から前へお進みください……、あ、なにを言わせるんですか。ゴホンゴホン、真面目な話、人が死ぬと何が起こりますか？

田丸：相続をめぐる、血で血を洗う争い。『民法篇』でたっぷりやりました。

老教授：それはまたどうしてですか？

遠山：「占有が空白になるから」ということでした❷。それに、ジェネアロジーが際限ない réciprocité と深くからまっている。

老教授：とはいえ、局所的な社会編成をいったん解消して再編するという最小限の努力はおこなわれます。このとき、死がもたらしうる儀礼的空間が利用されます。死ぬと人は……？

---

❶　たとえば、「紀元前六、五世紀ラティウムにおける所謂『ネクロポリス不存在』について」『国家と市民──国家学会百年記念　第 2 巻』1987 年、有斐閣、489 頁以下。

❷　『民法の基礎』62 頁以下、『法学再入門』117 頁以下。

黒木：ま、あの世に行くんでしょうねえ。

老教授：そのとおりですね。彼我の区別は儀礼のポイントです。いったん神話化したパラデイクマをあえて再現実化するのですね。いったんあの世に行って戻ってきても普通の現実には戻れない。現実のなかに画された空間ができあがります。舞台の上のようなものです。死後、死者は現実には存在しないわけですが、神話の世界のなかで「生きている」ことにしうる。オバケですね。霊的な存在であると言ってもよい。オバケは出てはいけませんが、しばらく居てもらうことにする。空間に呪いをかけてもらう。日常の社会編成や社会活動は停止します。

　社会人類学で、liminal（リミナル）な状態とかフェイズとか言います。民事法では、死者が異質な態様で包括的な占有を維持します。人びとが勝手にむしっていくことができなくなります。破産宣告後と同じですね。人びとはその呪われた空間のなかで仕方なく話し合います。儀礼の障壁で政治的空間が画されるのと同じ原理です。

中村：それはわかりますけれども、実際には葬送儀礼と無関係に遺産分割協議をすることができます。葬送儀礼はしたつもりで十分です。相続財産の占有を皆が尊重する。死者が呪っているなどと意識する必要がない。原理的にはそういうことだと学者が説明するだけの話でしょ。

三宅：そのとおり。葬送儀礼にこだわるのは古い意識の現れで、どうでもいい。この奥さんがなぜそこまでこだわるのか、わからない。

大森：宗教が関係しているからじゃないですか。

三宅：だったらむしろ信仰の問題として心のなかにしまっておけばいいですよね❸。最高裁もそのことを言ったんじゃないですか？

---

❸　今や多くの論者が混乱を認識しているように、宗教の問題でありかつ公的な団体が関与したことに誘われて政教分離の枠組で本件を扱うことはミスリーディングである。政教分離は信教の自由のためにある、ゆえに信教の自由を侵害しなければ公的機関の宗教活動も自由である、という転倒した免責ロジック（本書第3回参照）が輪をかけた。裏を返せば、伊藤裁判官の反対意見がすでに明晰に指摘するように、（あくまで精神の自由の一分肢である）信教の自由を例解するためには好適な事案である。団体対個人というはっきりした構図が存在するからである。その団体がずるずると公的機関に切れ目な

老教授：待ってください。相続や政治システムを例に出したことがいけなかったですが、葬送儀礼が社会編成の再構築に大きく関わるのであるということが言いたかったわけです。遺産分割協議でさえ、最小限痕跡を遺しています。死亡診断を基礎として一連の手続が証明されなければ始まりません。そしてその基礎にあるのは遺体の確認と同定です。これらの検分自体儀礼です。物的なプレゼンスが不可欠だからです。役者は体勝負。「みなす」などということができない。行方不明者に対する手続は厳重なものです。

横田：葬送儀礼で遺体が重要だということですか？

老教授：身体の重要な作用の一つは、人格というものの存在を一義的に示すことです。つまり記号作用です。まして死者は実際にはそこにいません。生きている人間の人格も見えませんが、身体がおのずと記号作用をしている。身体が生きているからです。

　ところが死は魂と身体の分離を意味します❹。人工的に記号コードを設営しなければならない。遺体をただ置くだけでは駄目で、さまざまに工夫して死者を指し示す記号なのだということをわからせるようにしなければなりません。遺影や位牌や花などですね。これらは signifiant と signifié の合体したもの、signe（記号）そのもので、référent（指示対象）としての死者を指示しています。référent もまた今やゴルギアスにとってのケンタウロスと同じく実在していませんが。ただしかつては実在していたでしょう。それに相続財産の占有は実在のレヴェルです。

くつながるからといって原告が受けた侵害の性質が変わるわけではない。国家が截然と介入するというのでなく、どこまでが国家でどこまでが私的団体かわからないということが明白さと悪質さを際立たせるというのみである。そのうえで、もちろん、宗教団体と軍事組織の相互浸透は別途憲法９条２項違反の問題を生ぜしめるし、これがまた大きく見れば政教分離の問題であることは言うまでもない。

❹　ホメーロス、特に『オデュッセイア』中の第 XI 巻「ネキューイア」と呼ばれる部分に顕著に表れ、以後ギリシャ社会を貫きますが、それはこの点を徹底させたということであり、社会人類学レヴェルにおいて根源的な観念であると同時に、本書で紹介する限りの初歩的な法人理論に至るまで大きな射程をもちます。

● ボールが二つ入ったのではサッカーはできない

近藤：すると、身体の一義性をうけついで記号＝死者関係も単一だということでしょうか。人格の一つの特徴はこの単一性であり、政治システムの単一性と似ていますね。

老教授：政治や法の制度が登場する前から、単一性は存在します。むしろ死者が遺した空白において奇跡的に単一性が現出する。首長制などではこれを奇貨として利用します。死者の前でしばしば人が一つになるのはこの単一性のためです。

横田：儀礼的空間も二つあってはならない？

大森：最高裁が「寛容であることを要請している」❺と述べ、原告も、自分の信仰や祭祀が妨害されたわけではないのだから、神社の行為を容認すべきであるとしている部分にその単一性が関わるということくらいはボクにもわかるけれども、現代では、葬送儀礼は社会の再編成とかとは切り離されているのであり、純然たる信仰という内面の問題になっているのではないですか？

吉野：そうだと思うな。お葬式がいくつ出たっていいじゃないか。私が死ぬ。あっちでも私の葬式をやっている。「このお葬式はどちら様の？」ときくと、みんな、ボクの名を挙げる。少し向こうでまた葬式をやっている。またきくとまたボクの名前をみんなが呼ぶ。挙句に梯子をする連中が出てくる。お通夜のお寿司を食べ比べる。スタンプラリーが始まる。子供たちがスタンプを集めて景品をもらう。

遠山：いい加減にしてよ。バカみたい。

風間：一つにすべきだとは思うけれども、あっちとこっちが対立したときに、いったいどちらに軍配を上げるかが難しいなあ。遺言でもあればいいんだけれど。死者が棺桶の蓋を開けて発言することはないからね。墳墓の承継に関する

---

❺ 民集288頁。この名高いパッセージには公共団体が厳密には構成されないという日本の社会構造を照らす歴史的な意義がある。それこそが自由だとさえ言われるので目が点になる。

民法897条も参考にはならないしなあ。
三宅：単一性はやはりそこにいう慣習の問題で、法的にはその慣習に従うしかないのではないか。
田丸：墳墓の承継と一人の死者をどうするかは、まったく異なると思います。一人の個人の死をどうするかは、やはり漠然と慣習に委ねてはいけないと思います。そうするとこの訴訟ははじめから成り立たなくなります。神社に合祀することを普通にやっているじゃないか、となります。最高裁でさえ、そういう議論はしていません。神社の自由を持ち出しています。

墓なんかにこだわっていったいなんの利益があるって言うの？

老教授：困りましたねえ。困ったときはどうするのでしたか？
遠山：事案を見る！
老教授：で、どこを見ます？
南田：困っている人を見る。でも私たちのことではありません。
老教授：ではやはり原告ですね。原告はどうして困ったか。
田丸：個人的に、liminalとか単一性とか関係なく、夫が神社に祀られ神社にお参りに行くなんて耐えられないんです。彼女がキリスト教徒だからです。
大森：もう少し宗教的多元性に順応してくれるといいのだけれど。お参りに行けとは言ってないでしょ。故郷にお墓くらいはありますよ。その他に神社に祀られている。ひょっとしたら知らないかもしれないんですよ、あなたは。
中村：なんで知ったんだっけ？
近藤：申請のために除籍謄本が必要なんだ。殉職証明書でもよかった。隊友会の地連職員が理由を告げずに三度、原告を訪れている。不審に思った原告が問いただして判明した。原告が抗議すると幹部はいったん取り下げる旨返事をしている。ところが新聞によって故人の父が賛成であることを知り、家族親族筋を使って圧力をかける。親族会議が開かれて取り下げをしないよう働きかけがなされました。
沢井：明らかに、原告はこうしたことが嫌だったと思われます。どこで誰が何をしようと内心で夫を偲んでいなさい、というのは誤りです。人間が豊かな内

面をもつためには、どうしても記号が不可欠です。少なくとも言語や造形、音楽などが必要です。そうしないとわれわれは観念を分節できないからです。観念を分節できなければ深い内省は生まれません。

記号が必要だということは、話を聴いてくれる人、書きつける紙、造形や音楽の媒体、絵具や楽器ですね、それを見せる空間が不可欠です。最低限、これをもっている状態を、人間から奪ってはならないんです。この授業の参加者にとってはフィロクテーテースの弓であるといえば早いでしょう。

老教授：あ、ここでもう出しちゃいますか？

沢井：（かまわず）独房の囚人にも、このことは保障されています。本件では、一人の個人が他の個人と親密な関係を築いた幸福な思い出があります。それを呼び出す個人的な記号行為があります。オデュッセウスとペーネロペイアのあいだではベッドの秘密の仕掛けでした。帰ってきた夫を妻は簡単には信用せずCritiqueを欠かしませんでした。さりげなく二人だけの秘密に触れて目の前の男がほんとうに夫なのかためします。そのような、二人のアイデンティティーに関わる部分に職場の組織や親族集団からがやがやと雑音が入る。それが耐えられない、と言っているのだと思います。雑音を切断するのが自分の神、信仰です。この切断を理解しないという問題を日本社会が抱えているのは伊藤裁判官が言うとおりです。向こう側には神社で祭祀をおこない、こちら側にはひっそりと故人を偲ぶ孤独な個人がいる、というのではない。この点で法廷意見はまるっきりピントが狂っています。

大森：父親だって親密だったんじゃないかな。自分だけがというのは少々傲慢なんじゃないか？

風間：単一性が証明できなければやはり占有の問題、つまり法的な問題にはならない。多少の不快感というだけではね。それはたしかに、最初のアプローチはいかにも乱暴で、原告は大いに傷ついたと思う。だからといって、祭祀自体の違法性まではかなり距離がある。

● 彼我の境目を無いと思うのは勝手ですが、境目があるのと無いのとの
● 境目が無いと主張することはできません

近藤：伊藤裁判官の反対意見❻も言うように、その点、宗教が関係していると

いうことは十分考慮に入れなければならない。宗教が関係するから二つの祭祀は相容れないんじゃないか。
大森：やはり宗教的多元性は駄目ですか？
黒木：たしかに、個人的な記号行為が大事だということはわかるけど、葬送儀礼とかお墓とかとはどうもすぐには結びつかないんだ。無宗教の個人ならそもそもお墓なんか自分には関係ない、誰でも好きにすればいい、となる。他人の行為をとやかく言わない。やはり宗教がかかる場合だけ、そうも言ってられなくなるんじゃないか。
吉野：宗教と葬送儀礼は切っても切り離せないが、でもなぜなんだろう？
老教授：神々というのは、白と黒のような両極のあいだに張り渡された意味の軸を司り・あらしめ・分節する主体であり、とりわけ生死や彼我を分けたり相互関係を律したりします❼。律するなかでも、彼我の境界の絶対性・一元性を措定するか否かという分岐は重要で、仮に宗教的多元性、私は一義的にこちら、あなたは一義的にあちら、という立場を採っても、一個の彼我の関係、つまり一人の個人、一人の配偶者にとってのそれが「絶対的にして相対的」を甘受せよというのでは頭がおかしくなってしまいます。一個の錯乱を強いることになります。死者をめぐる記号行為のコードは彼我の規律を基礎としているから、いくつかの平面で相容れない関係というものを創り出します。単一性を措定しなくとも混乱を避けうる場合があるでしょうけれども、措定すれば必ず避けられます。世界中宗教上の対立は深刻ですから単一性は常識です

アンティゴネーは埋葬にこだわった

南田：やっとわかりました。原告にとって自分の宗教とは異なる宗教に則って埋葬されるのが嫌だったのではありません。合祀は埋葬というのともちがうようですし、「だからあなたの葬送儀礼とも両立しますよ、そう固いこと言わな

---

❻ 伊藤意見が不法行為概念の基本から出発することに注意。
❼ POL、280頁以下。

いで、向こうも自由じゃないですか」と裁判所は言っていますが、しかしまさにこれが最悪なんです。葬送儀礼が覆いかぶさる。二重になる。A宗教の個人対B宗教の個人でも大変だけど、原告は受け容れるでしょう。しかし厳格といい加減の二重で、しかも厳格といい加減のあいだのいい加減を受け容れろと言う。日本の社会の体質です。これがいけない。こういう場合必ず、向こう側には組織と集団が蠢いています。こちら側は夫婦だけの固い関係です。今、それは妻の小さな記号行為として生き延びるだけである。これは典型的な占有保障の場面じゃないですか。しかも占有にとどまらない。人間にとって政治的場面以前に不可欠な内面の豊かさに関係する。つまり主張しただけで侵害推定される、あの人権ではないですか。

　しかもこれまでのよりもっと根底的基底的であるように見えます。本当の宗教はそういうところで働くのかぁ、と思いました。単一性はたしかに死に際しての社会の再構築に関係しますね。しかしこの場合、再構築されるのは、最後の一人からなるデモクラシーの基盤です。「どういう再編成がおこなわれるか知りませんが、とにかく一元的な儀礼空間ができあがります」というそれではない。片隅の遺体の、かけがえのない孤独な単一性に変換されています。集団でなく一人がそこに連帯するという儀礼空間であり、再編成後の像、原告のこれからの人生と社会もそのままこれです。だから、アンティゴネーにとっての墓です。

横田：アンティゴネーは、ポリスに対してオイコス、合理性に対して不条理を突きつけたのではなかったか？

南田：ソフォクレスのテクストをぜひ読んでください❽。祖国を裏切って敵に与して戦い戦死した兄の埋葬をアンティゴネーが死を賭して望んだ理由は、肉親に対する情ではありません。死をもって埋葬を禁ずるクレオンのほうこそ、デモクラシーの最新イデオロギーたる当時流行の徹底した利益多元論に依拠して計算しまくり、この政治的決定こそは国益に沿うと言いますが、じつは敵味方、血と土、互酬性、見せしめ等々の古い観念に毒されています。

---

❽ DEM、276頁以下。

アンティゴネーは、そうした利益計算が集団のロジックに他ならず、個人のかけがえのなさを踏みにじる、ということを透徹した論理で明るみに出します。彼女の立場は、究極の敵味方関係にも抗する、彼が自分にとって替えが効かないという関係、これを地表面の１点にピンで刺す、何物にも動かされないハリネズミのような小宇宙とする、そうしたものです。

デモクラシーとは意味不明の利益計算ではなくこちらのことではないか、とアンティゴネーは言います。徹底した反コンフォルミスムです。アンティゴネーが決行したこの小さな連帯こそ、現に大きくなります。人びとはそれこそ連帯するに足るものであると簡単に理解できます。一人残らずアンティゴネーに連帯して「私も一緒に死にます」と申し出てクレオンを破滅に追い込みました。

風間：なるほど、原告がアンティゴネーとまでは思わないけれども、これでようやく法的な枠組に当てはまるような気がしてきた。そもそも、当事者適格、訴訟要件が争われる場合は占有に問題があるケースだから気をつけろ、と先生にかつて言われました。

本件では隊友会の被告適格が問題になっている。そればかりか、被告側はじつに複雑だ。自衛隊そのものなのかそうでないのかわからない団体が、支部や県連合体などに組織され、かつこれが媒介して神社に申請し、神社が祀るという見通しの悪さ。背後にはそうした団体のつながりのなかで合祀推進運動が存在し、地方の社会組織、親族会議等々も動いている。

原告側の唯一の弱点は、日本基督教団が支援に動いたところだと思う。これがなければ完全に、何重もの複雑さの巨大集団対個人だった。後者の圧勝。それが法だ。こういう怪しく不透明な集団に公共団体が絡んでいるのは最悪ですよ。しかも軍事組織じゃないですか。とくに厳正な透明性を要求されるのに、特定の宗教組織と相互組織浸透していてよいのか。憲法９条２項違反ではないですか❾。

---

❾ 拙著前掲「ロマニストの小さな問題提起」参照。

第2第3事件、事案の概要

老教授：第2事案と第3事案はまとめて取り上げます。事案を紹介してください。

沢井：どちらも非常に単純です。第2事案は、ある小学校の入学式で音楽の先生が君が代のピアノ伴奏をしなかったというだけの話です。数年前からテープの伴奏ではなく音楽の先生がピアノで伴奏することになっていたのですが、その春転任してきた音楽の先生は、職員会議での打ち合わせや校長の当日朝の職務命令にもかかわらず、入学式でいろいろな歌の伴奏はつとめながらも、君が代のところではピアノの前に坐ったままで弾きませんでした。このことが予期されていたため、5秒から10秒後には用意してあったテープが流され、式自体は問題なく進行しました。しかし音楽の先生はほどなくして戒告処分を課され、これに対して不服審査を経て処分取消の行政訴訟を起こしました。

一審二審とも問題なく原告の請求を斥け、最高裁も上告を棄却しました。理由は以下のようなものです。原告は君が代に特定の歴史観世界観を見るようだけれど、「一般的には、これと不可分に結び付くものということはできず」、ゆえに、職務命令が原告の「歴史観ないし世界観それ自体を否定するものと認めることはできない」。君が代斉唱は広くおこなわれており、音楽教師として伴奏は「通常想定され期待される」ものであり、特定の思想を外部に表明するものではないし、まして職務命令によってするということであればますますそのようなことはない。他方公務員の仕事には公共性があり、全力を挙げて職務を遂行しなければならず、また職務命令に忠実でなければならない。以上からして処分は憲法19条に違反しない。

第3事案は今度は一転、卒業式です。都立高校教師だった原告が君が代斉唱の際に起立しなかったとして戒告処分を受けました。このため定年後再雇用の選に洩れ、これを不服として処分取消を求める訴訟を起こしました。一審は、前提の戒告処分自体は正当と認めましたが、再雇用拒否処分に反映させた点は正当化できないとし、再雇用を命ずる判決を下しました。二審はこの判決を取り消し、最高裁は原告の上告を棄却しました。

理由は少し複雑になっています。起立は「慣例上の儀礼的な所作」であるから原告の世界観を否定するものではない。しかし、教科を教える日常の業務には含まれないから、世界観に由来する行為とは異なる外部的行為を求められる限りで、思想信条の自由の間接的制約となる面がある。その間接的制約については、許容しうる程度の必要性と合理性が認められるか、判断しなければならない。本件はたしかに間接的制約を伴うと評価できるが、他方、職務には公共性があり、制約の態様と職務命令の目的内容を総合的に考慮すると、許容しうる程度の必要性と合理性は認められる。

深い霧と一筋の光明

吉野：事案が驚くほど些末。それがまず際立ってる。
南田：それは、驚くほど些末なことが処分の対象となった、ということですよね。本人にとっては悩みに悩む事柄です。
近藤：もっとすごいのは、最高裁のロジックの、ほとんど理解不能なくらいの不鮮明さだ。
老教授：ほう、どこがそうですか？
近藤：まず第2事案からいきますと、伴奏拒否が一個の世界観に基づくのだろうと認めながら、「一般的には」という意味不明な言葉を発し、世界観に結びつくと思うのはお前の思い込みで、普通の人はそうは結びつけないぞ、と理由なく決めつけています。一般人を持ち出したのも最低ですが……。
田丸：そうよ、ハラスメントだってされた本人が不快と思うだけで十分なんです。誰がどう思おうと勝手ですが、本人が不快だと思うことをしてはいけないんです。エピクーロス派です！
一同：は？
近藤：続けると、混乱のポイントは、君が代がどの特定の世界観と結びつくのかは考え方によって判断が分かれるということと、およそ世界観に結びつくかどうかは判断が分かれるということが、ごっちゃになっているところです。お前はそう結びつけて考えるだろうけれども、所詮それは独自の考えだ、と否定するとき、他の世界観に結びつくというのか、人それぞれさまざまな世界観に

結びつけて解釈されるというのか、論理的にどちらかが帰結されるのに、いきなり飛んでしまって、およそ結びつかないという命題、あるいは誰も結びつけていないという命題を導いてしまっています。それを言いたいならば独自の論証を要します。もっとも、実質的に論証の役割を果たしているのは、その次のパラグラフ以下の、広くおこなわれているという事実と儀礼的だということと職務命令だということです。

この三つはどれも世界観との結びつきを否定しませんし、またこれらがどう関係しているのかさえわかりません。世界の全員がしていることでもなにか特定の考えが根底にありますし、儀礼は必ず神話を再現実化するものですから、その神話に思想が存する以上、通常は特定の思想に関係しています。職務命令によると急に思想性がなくなるというロジックにも驚きますね。いやいややっているのだからオレの本心ではないよ、ということでしょうか。これは通りません。いやいやだろうとなかろうと、したことの責任は問われます。いやいやだったんだから許してね、と言っても相手は容赦しません。戦争犯罪の場合を考えればはっきりします。日本的無責任主義です。

むしろはっきりしているのは、「全体の奉仕者」「公共の利益」を言うところですね。「そういう者の思想信条は無視してよいのだ」という考えはクリアです。

第3事案のほうの論理はもっと錯綜しています。広くおこなわれている事実と儀礼的な所作たると職務命令を結びつき否定の論拠に使うのは同じですが、意味不明の留保がつけられます。文章自体よくわからないのですが、起立は、教科を教える事務というより、国歌国旗に対する敬意の表明だと下らないことを言い、しかも「一般的、客観的に見ても」そうだと言っています。原告のように色のついた人間でなくたってそう感じる、というのでしょうか、とにかく、こういう教養が疑われる言葉遣いはしてほしくないですね。

その次のセンテンスはもっとダメです。一般的客観的に見て国旗国歌への敬意の表明だと言ったくせに、「特定の思想の表明に係る行為そのものではない」と逃げ、ただ「外部的行為」として結びついているだけだ、と少々帰ってきます。本当の内部と偽の外部があるとでも言うのでしょうか。いったい、どういう形而上学に基づくのか。素性が定かでありませんね。

いずれにせよ、一歩退き半歩進み直す、この曖昧さに連動して「間接的制約」という概念が導かれます。外部的なところ、半分なところは相対的で、制約してよい場合もあれば、いけない場合もあるというのですが、これは明らかに利益衡量に持ち込む布石です。そして、実際には思想信条の自由を公共性が負かすというレスリングを形ばかりさせ、予定された結論に着地します❿。なぜこういう回りくどいことをしたのか、私にはわかりません。漱石の『それから』で代助が父親の説教を聴くときに感じることを感じるまでです。

風間：しかし、第２事案における藤田裁判官の反対意見を読むと少し霧が晴れるよ。世界観への結びつきではなく、信条に照らして苦痛なことを強制できるかどうかが問題なのだ、とはじめから明快だ。もし苦痛であるならば、憲法による保護を受けるに値するかもしれないと言う。それから、君が代を国歌とすること自体には抵抗がなくとも、だからといって儀式においてそれを強制されることには抵抗感があるというのは大いにありうるとします。

　他方、全体の奉仕者だからといって人権を無制限に制約していいわけではないし、この場合の公共の利益をきちんと分析すると、教育という大きな目的の下位に入学式における秩序という中間目的が位置するけれども、だからといってピアノ伴奏の強制がただちに導かれるわけではない、なぜならば儀礼が妨害されたわけではなく、テープを用いて儀礼は滞りなくおこなわれ、代替可能であったし、そもそも音楽の授業では君が代を適切に教えていたのである、と精密に展開していきます。

吉野：そのとおりだと思うなあ。どちらの事件とも、なんでそんなに細かいところまで強制されなければならないんだという疑問が湧く。なんの支障も出てないじゃないかと思う。そうとも言えないとか下級審の裁判官は言っているけれども、みみっちいなあ。そもそも卒業式や入学式なんて授業でもなければ教育でもないよ。

---

❿　学説は判例に批判的ではあっても圧倒的に判例の枠組に依存し、問題を根底へと掘り下げるものがない。衡量論に持ち出すことが目標であり、つまりはそれ以前のところへ押し込まれている。渡辺康行「『日の丸・君が代訴訟』を振り返る──最高裁諸判決の意義と課題」『論究ジュリスト』2012年春号（有斐閣）108頁以下参照。

心を込めてはいけません

老教授：例によって一つひとつ見ていきましょう。問題が儀礼であることは疑いないですね。儀礼とは何で、何のためにあるのでしょう。

遠山：神話の再現実化とかなんとかおっしゃってませんでした？

老教授：それが定義になります。でもあれは何を何のためにしているのでしょう。出発点は芝居、御神楽のようなものですね。

三宅：まさに神話のストーリーを記憶し伝えるのでしょう。

老教授：伝承で伝えるだけではいけませんか？

三宅：それだとヴァージョンがバラバラになります。科白や所作を固定するためには芝居が有用です。

老教授：しかしどこか片隅で演じても意味がありませんね。

田丸：あっ、そうか、普通のストーリーを再現しているのだ、というのでは駄目ですね。私が自転車で横断歩道を渡ってみせたのと同じになる。彼我の区分を使うんですね。全現実に対峙するあの世をいきなりこの世で再現する。現実を切る。現実が凍り、びっくりしてみんなが見る。その光景をみんなで完全に共有する。あ、すると一種の公共性が現れますね。

老教授：政治システムは政治的空間ないし公共的空間を区切るために儀礼を使うことがあると言いましたね。十分定着していて使わずに済む場合にはしかし使わない。副作用がありますからね。

中村：卒業式は何のためですか？　芝居でも政治システムでもないですよね。

老教授：ありゃいったい何をしているんですかねえ。フランスやイタリアでは入学式も卒業式もありませんね。

風間：出入りないし通過を公式に宣言する、formel（公式）なものにし、publicité（公示性）を与えるのでしょう。あの世の人たちに降りてきていただく必要はないけれども、卒業アルバムを作ったり記念撮影をしたり、記憶を確定する作用はあります。時間軸を画し、組織を再編します。葬儀と同じです。一堂に会し、一瞬軍事化します。フランスでも軍系統のエリート教育機関では儀礼がさかんなはずです。

吉野：軍事化と関係してるんだあ。
黒木：音楽はどう関係するんですか？
老教授：音楽は、音声の分節を解消し創造するという作用だけを純粋に抜き取ったものなんだ。儀礼のなかの儀礼を形成する。序曲が響く、ファンファーレが鳴る。すると、がやがやした話し声がぴたりと止む。舞台が始まる。祝宴が始まる。乾杯の唱和も同じことです。
横田：ならばピアノ伴奏や起立は不可欠じゃないか。
吉野：そぅかなあ。そうだとしても、やりたい人がやればいいんじゃないの。儀礼的なものだ、というのは「実質がない」「本気じゃない」「形ばかりだ」ということを意味しているわけだし。今わかったんだけど、芝居だからだ。本気だと大変だ。歌舞伎の舞台でほんとうに人を切ってしまったら大騒ぎになる。
大森：本気の芝居でさえないからね。区切りとして利用するだけだろ。そこで一応静粛に神妙にしていればいいだけ。
吉野：まったく、拍手も一つの儀礼だけど、手の叩き方に熱が入っていないというだけで処刑されるような国だけは嫌だね。この事件はなにかそういう匂いがするねえ。監視カメラで撮って一人ひとり起立の仕方をチェックしたんじゃないの？
沢井：そういえば、言語的記号の signifiant（シニフィアン）はいっそう儀礼に似る、なぜならば、「ひどい字で書かれても名句の感動は伝わる」と聞いた覚えがあります。パラデイクマのとおりにしなければならないがその精度が低くてもよい、ということですね。もちろん、漢詩と書が組み合わさるともっといいかもしれない。儀仗兵（ぎじょうへい）が完璧に動作を揃えるのは美しいですよね。でもこれは美学で、ミスをしたから鞭打ちだとはなりません。しかも、形が問題で、熱が入っているかどうかは関係ありません。
横田：けれども、本件では、儀仗兵がサボったり、形を崩したという事案なんじゃないですか？
一同：（しーん）

着ぐるみのなかは辛いよ

老教授：その問題はしかしなかなか微妙ですね。さしあたり、判決においてはどの文脈で扱われていますか？

近藤：「全体の奉仕者」「公共の利益」論ですね。

黒木：いくつかの要素が混じっているね。まず locatio conductio（ロカティオ・コンドゥクティオ）の線がある❶。雇われ、ということだ。だから雇い主の占有内の規律に服しなければならない。次に、雇い主が国家であり、労働が公共のためだということ。

三宅：しかしそれは教師として雇われたというところまでだ。だからと言って当然に儀礼要員になることを意味しない。遊園地に勤めたら着ぐるみをさせられた、しかしそのゆるキャラは自分の思想と相容れなかった、ということだって大いにありうる。

中村：少し論理が飛んだな。思想の問題以前に、着ぐるみのなかの拘束が強いということが先にくる。くまモンに向かってなされた「何人いらっしゃるんですか」という質問は切実だったにちがいない。儀礼のポイントを突いた質問だ。

風間：第3事案の判決論理が屈折するのは、単純な雇用と儀仗兵とのあいだのギャップを気にしているからだよ。第2事案の場合は、音楽教師は当然に儀仗兵だという認識がある。第3事案では、事務要員に着ぐるみをさせるのは必要合理的な限度でなければならない、という制約がある、と言っている。

大森：儀仗兵でなく、儀礼空間に入る単なる公衆だと思うけれど。

近藤：その辺はごちゃごちゃで、さらに思想の問題に飛んでしまう。原告が統制的行動自体を忌避したのだと主張したのに対しては、なお書きでわざわざ斥けている。少し気にした証拠ではあるけれども、せっかく思想の問題と切り離して儀礼と軍事化の関係が扱われようとしたのにね。反対に第2事案の藤田裁判官は問題の分節的把握に成功してる。儀礼になお思想を見る観点は払拭されないけれど、個人が儀礼のなかで拘束されるということをワンクッション独自

❶ 本書第4回第1事案参照。

に捉えてる。だから、locatio conductio 問題と儀仗兵問題を区別し、全体の奉仕者といえども無制限に縛っていいわけじゃないと言い、かつこれを音楽教師について言ってる。儀仗兵とみなしてない。

中村：儀礼を独自に扱えば扱うほど、儀礼の思想的中立性という最高裁の立場が有利になるんじゃないか？

老教授：思想の問題は後に扱うこととして、ひとまず儀礼要員問題はどうなりますか？

田丸：ただそのために雇われたのでなく、臨時に駆り出されたりその他大勢要員だったりした場合は所作が少々手抜きであったりサボったりしてもよい、というところに線を引くのが最高裁ですが、なんだかすっきりしません。そこに問題があると言えるのかどうか。

吉野：ほんとうに、着ぐるみ要員には自由はないんだろうか。儀仗兵はサボってはいけないんだろうか。単なる契約問題じゃないか。契約には契約を破る自由があるんじゃなかった？　スペシフィック・パフォーマンスは強制されないんじゃなかった？　お金さえ払えば自由に不履行をすることができるんじゃなかった？

風間：戒告という処分の内容が問題となるな。賠償だとみなす余地もあるけれども、キャリア自体に響くから、どうしてもそれ以上の制裁という色彩を帯びる。

遠山：比例原則の問題ですか？

風間：それ以前の問題だと思う。

●●● おととい来やがれ

沢井：儀仗兵かどうか、それによって扱いが変わる、というのもわかるんですが、やはり原告たちには、その特定の儀礼のなかに置かれることが嫌なのだという切実な気持ちがあるのではないですか？「所詮儀礼なのだから真剣にコミットする必要がない」というのももっともですが、原告たちは、「いや、そういうことではない」と言うでしょうね。やはり思想の問題なのだ、と。

　儀礼はもともと記号行為であり、それ自体が目的なのではなく、なにか別の

イメージを喚起するところにその役割があるということでした。そもそも特定の神話を呼び出すものだと言われました。そうすると、イメージにせよ神話にせよ呼び出されたものがまた別のものを第二次的に呼び出し、と無限の連鎖に置かれます。特定の儀礼が特定のそれらを呼び出す、それが嫌なのだ、というのですね。思想の問題というのは、結局儀礼が呼び出す神話の内容の問題であるということでした。

しかし最高裁は、これは儀礼とは言っても借りているだけで、大丈夫、誰もなにも連想しないんだよ、と言うんですね。あなたはその儀礼の儀仗兵なのだから、サボるなど言語道断、と。A思想を呼び出しているから嫌だと言うのに対し、そのどこが悪いんだ、それに反対するB思想こそけしからん、とか、じつはこれはC思想を呼び出しているのにそれがA思想だなんて、そういう色眼鏡こそお前のB思想のせいだ、とか言ってないんですね。

原告たちは、A思想が嫌だというところから出発し、かつこの儀礼がA思想のせいだと思っている。ならばB思想を呼び出すものに変えてほしいのか？でも待ってください。違いますよね。ほんとうはそんなところに何も呼び出さないでほしい。最高裁が言うとおり何も呼び出さないのならばどんなによいことか。そうであれば着ぐるみでもなんでもやります、と、こう言うんですね。

原告たちに儀礼自体を拒否する考えは認められません。他の曲のピアノ伴奏を精力的にこなしています。真剣に演ずるつもりです。つまり、意識の奥底を一言で言えば、formel な通過を画すための遠い意味での政治的空間創設儀礼であるというのならば、元の神話と十分に切れていてほしい。こうなります。拭い去る工夫、Critique を積み上げておいてほしい。ギリシャで儀礼を使うとき、どれだけ入念に神話を文学化していたことか。それをしていないのではないか❶。そこに疑問と不安がある。裁判所は、原告である以上そのことを原告が証明せよと言う。公式にはそうした工夫は済んだことになっているぞ、と。

---

❶ 蟻川「不起立訴訟と憲法一二条」『尊厳と身分』173頁以下は、公対私ではなく、公対公で原告は戦うべきだったとする。裏を返せば、相手のロジックが公になっていないという攻撃をすることを意味する。そのためには「誰のものでもない」空間の基礎づけを固める必要がある。

私はポイントはここだと思います。いくら政治的空間に出ていっての表現の問題とはいえ、前回以上に、この場合は個人の深い内面に関わります。さまざまな記号行為を通じてそこに親密で豊かなイメージを蓄えるということは、個人の自由という政治システムの究極目標であると同時に、デモクラシー下、逆にその基盤となるものです。その基盤があってこそデモクラシーにふさわしい仕方で政治的空間へと出ていくことができるのです。
　もしそうなら、前回確認したように、そんな人権を侵害されたと主張しさえすれば、いや侵害していない、と被告が証明しなければならなくなります。この場合、当該儀礼が十分に神話と切り離されているということの論証がすべて被告に課される。完璧な証明に至らない場合は、被告の敗訴となる。もちろん、儀仗兵たることが論証される必要がなおあります。そうでないと強制できません。しかしたとえ儀仗兵に対してさえ、不純な儀礼には参加させえません。まさに儀礼の名において拒否できます。
　原告たちは儀礼の不純さを嫌がっているのでしょう。まして、儀礼なのだからと言って密かに背景の神話を伝えてくる。この汚さを嫌がっているのだと思います。

横田：そういう儀礼をすること自体が違法だというのですか？
沢井：そうは言っていません。政治的決定の側は儀礼の純化が完了したと判断したのでしょう。しかしそのことを証明できるまでは、政治システムに固有の作用、人びとが一義的に決定を実現するという作用は抗弁を受けるということです。抗弁した人限りの抗弁で、任意にその儀礼を継続することはできますし、それを妨害するためには逆に分厚い手続を要し、いきなり妨害すれば違法です。

まず弓を返しなさい

南田：私は、たとえ不純さが払拭されたことが証明されても、やはり個人の自由は奪えないと思います。たまたま個人の特殊な事情で儀礼の背後の神話が悪夢のようなイメージを呼び出す場合、「誰もそんなふうに考える人はいないよ」と言うことはできないと思います。たまたまそういう人が儀礼担当で、その人が役割を果たさないために儀礼が妨げられたとしても、その人に制裁を加える

ことは許されないでしょう。

　この２件、とくに第２事案に接すると、またしてもフィロクテーテースのことを思い出します❸。トロイアに向けて出帆したアカイア軍は、とある岩だらけの無人島にフィロクテーテースを置き去りにします。彼は業病を得ており、発作が起きると物凄い声を出すので、音声を生命とする軍事化儀礼が成り立たないのです。発作が起きたのをよいことに、足手まといを切り捨てる決定がなされたのです。発作が治まって意識を回復したとき、たった一人無人島に取り残された人間のトラウマは想像にかたくありません。

　ところが皮肉なことに、苦戦するアカイア軍に診断が下ります。フィロクテーテースは弓の名手です。戦術的に決定的な役割を果たすべきは彼で、彼を欠くので勝利に至らない、というのです。万が一彼を葬っていたならば、いったいどうなっていただろうか。敗北と滅亡が待っていたのではないか。否、あのような無人島で果たして生き長らえることができているだろうか。食料はないし。死んでしまっていると困るな。しかしともかく急いで呼び戻そうではないか。

　最も交渉上手なオデュッセウスが使者に発ちます。オデュッセウスは策をめぐらします。やはり真っ直ぐな性格ゆえにフィロクテーテースと仲が良かった亡きアキレウスの遺児ネオプトレモスを連れ、彼に行かせます。正面からアプローチしても怒っているに違いないフィロクテーテースを説得できないし、そのうえその強弓には誰も叶わないから、近づくことさえ難しい。ネオプトレモスに「連中のことが嫌になって同じく戦線を離脱し故郷に帰る途中だ」と嘘を言わせよう。これが作戦でした。

　これは怪しい神話にはつながっていません、純粋な儀礼です、というようなものです。フィロクテーテースはネオプトレモスが気に入り、すっかり気を許します。とくに、発作が起きて意識を失った後、ネオプトレモスがまだ立ち去らずそこにいた、これがトラウマを抱えるフィロクテーテースを感動させます。そして問題の弓をネオプトレモスに扱わせます。

❸　DEM、304頁以下。

まさにそのとき、物陰に隠れて見ていたオデュッセウスが命令を発します。弓さえ取り上げてしまえば怖くない。フィロクテーテースを引っ立てることができるし、嫌ならば置いていくまで。特別な弓ではあるが、自分をはじめ引ける者が他にもいるはず。

　はじめて真相を知ったフィロクテーテースは絶望します。その弓で鳥や動物を射て辛うじて生きてきたのでした。弓を失うことは死を意味します。弓さえ失って今や唯一の友として残された島の自然に向かって美しいアリアを歌います。

　しかしここで意外なことが起きます。有名なネオプトレモスの反転です。「おい何をする」というオデュッセウスの制止を無視してフィロクテーテースのほうへと近づき、弓を返してしまいます。そのうえで言葉を使います。自分たちのもとに戻って病を治療しましょう、と言います。フィロクテーテースはなおも葛藤に曝されますが、ついにネオプトレモスを信じます。弓を返したところがポイントであることは誰にもわかります。

　占有がフィロクテーテースの側にあること、動かすためには言語が必要で、それは相手が負担すること、それによって一人一人個別的に本当の信頼をかちえなければならないこと。弓を返して説得するという部分が個々人一人一人にとって Critique が十分でなければならないということを示しています。弓さえ手に入れば本人などどうでもよい、戦術的にそれで十分だ、というアプローチは弾劾されています。フィロクテーテースの寄与が得られないばかりに全体が壊滅する。

6 生存権 ——命あっての物種

> 最判平 16-3-16 民集 58-3-647　親の因果は子に報わない事件（中嶋訴訟）

● **事案の概要**

老教授：今日は1件だけです。事案をお願いします。
田丸：今日の事案はなかなかいい話です。両親とも体が弱く、生活保護を受けていたのですが、必死にやりくりし、学資保険をかけていました。お兄ちゃんは頑張って高校を卒業し、経済的に自立し、二人の妹のうち長女も高校を卒業します。その少し前にお母さんは亡くなってしまうのですが、長女の高校卒業を控え、学資保険を社会福祉事務所から解約させられ、返戻金を収入認定され、生活保護費を大幅減額されてしまいます。当時次女は中学生でしたが、高校に進学したものの退学を余儀なくさせられます。

　お父さんは減額処分を不服として審査請求しますが、再審査も含め棄却されます。そこで減額処分の取消を求めて抗告訴訟を提起しました。国家賠償も求めます。ところがそこでお父さんも亡くなってしまいます。そこで長女と次女が訴訟を引き継ぎました。

　第一審は、一身専属ゆえに子供たちに取消訴訟の原告適格はないし、死亡により父の請求権も存在しないため、そもそも子供たちが承継する前提が存在しないとしました。これに対して、第二審は、一種の家団論❶のロジックを用いて、世帯が受給するのだから、亡き父は代表として受給していたとし、したがってその死後は子に固有の権利が存在するとしました。そして処分の違法を認

定し、処分を取り消しましたが、ただし、故意過失がないとして、賠償は認めませんでした。最高裁は、処分取消部分のみに対してなされた国側の上告について判断し、上告を棄却しました。当該保険が減額処分の材料となる「資産」にあたらない、というのです。受給した金銭をどう使うかは自由であり、かつ高校全入に近い時代にこの学資保険は生活保護の趣旨に反するものではない、と簡潔に論じました。

腹が減っては言葉も出ない

老教授：そもそも、生活保護のような社会保障制度はなんのためにあるのですか？❷

遠山：社会国家になり、福祉が国家の目的に加わった、というか、主要な目的になったからだと思います❸。

中村：それはただのトートロジーだな。

黒木：「社会」つまり、"social" のところにラテン語の連帯の意味が込められています。福祉というのはみんなが連帯するんです❹。

老教授：連帯というのは、困った人を助ける、恵んであげる、人助けだという

---

❶ 家共同体に実体ないし法主体性を付与する理論で、ナツィス期ドイツのそれが代表的。

❷ 本章に関しては、太田匡彦の一連の論文（たとえば、「対象としての社会保障——社会保障法学における政策論のために」『社会保障法研究』1号（信山社、2011年）165頁以下、「社会保障の財源調達——社会保障の構造を踏まえた法的議論のために」『フィナンシャル・レビュー』113号（財務総合政策研究所、2013年）60頁以下など）が必読である。

❸ 宮沢、芦部の教科書に顕著なように、かつてはこれが真剣な時代認識であり、懸命に理論的な基礎づけが模索されたということは認めなければならない。しかし基礎づけに成功しないまま社会国家の理念自体が財政問題その他により揺らいでしまった。そして攻撃の側の議論がきわめて乱暴で表面的であることは確かである。攻撃においてさまざまな自由が標榜されるのであるが、その理論水準が低すぎ、自由とは何か、自由保障のメカニズムはどのようなものか、気にかける様子も見せない。他方、防御する側においては、社会国家というのではなく、およそ基底的な人権であるということの論証、つまり自由を保障する政治システムそのものの要請であることの論証が欠けた。

❹ 少なくともサン・シモン以来のフランスの伝統が念頭にあります。

ことですか？
大森：利益の非市場的な移転であることは間違いないな。
老教授：では交換と無縁だとでも？　贈与も交換の一形式ですね。それも最も危険な一形式ですが？　たとえば生活保護ですが、あれはいったい何をしているんですか？　どういう観点を採ればきちんと考えることができますか？
横田：政治システムにとってどうかでしょうね。
老教授：政治ステムにとってどうですか？　政治システムは自由で独立の主体の批判的な言語交換によって成り立ちますね。この観点から見ると？
中村：なんの接点もない。
一同：(笑い)
老教授：ほんとうに関係ないですか？　自由独立の主体と言いますが、それはどこかの妖怪ですか？　ギリシャの神々は、肉の焼ける匂いを吸って生きます。これは、人間が匂いを献げ、肉のほうを取ることができるようにするためです。なかなかうまいやり方です。
吉野：自由独立の主体といえども飯は食わねばならない、と、こうおっしゃりたいんですね。
老教授：自由独立の言語が保障される空間が用意されてはいる。しかしいわば舞台に上がる前にまずその人の精神が自由でなければならない。またその人の発言が尊重されるようになっていなければならない。勝手にしゃべっていろ、誰も聴いてやらない、ではいけない。これがここ2回の主題でした。しかしそれでもまだ足りない。で、何が足りないんですか？
吉野：だから飯を食わせろと言ったじゃないですか。
老教授：どうして食べなければならないんですか？
三宅：食べなければ死んでしまいます。
老教授：なぜ？
中村：このしつこさは、おそらくなんらかの形而上学を求めるサインなんでしょう。われわれは心身二元論へと確実に誘導されつつあります。いつものことですが。
老教授：そもそも政治システムをもつということは、心身二元論にコミットするということです。実力と集団の要素からなるテリトリーのロジック、物的な

交換、これから切断された言語の世界を得るということです。これはひるがえって領域の側をも自由にする。その経路については次回以降扱います。しかし、それもこれも、いったん切り離した身体の部分が健在であってこそです。

　もちろん、一人ひとりの身体です。身体という語は、団体、集団、とりわけ実力をも指します。テリトリーを強く connote する語です。corporate 等ラテン語の corpus（身体＝団体）の系統ですね。要するに、二元論で切り捨てた側が一転不可欠になってくる。だからここへ折り返す、ということです。

体を縛るに腕力は無用

沢井：それはわかりますが、だったらそれは人身の自由の問題ではないですか。身体刑の禁止とか拷問の禁止とか、奴隷・人身売買の禁止とかですね。腕をねじりあげて自由に発言せよと言われても困りますから。

老教授：素晴らしい。政治システムにとって最も大事なことの一つです。政治システム固有の問題ですから、刑事司法で対処します。ローマで言えば iudicium publicum でしたね❺。しかし近代になって民事法を借りて対処するという拡張部分が現れると言いました。公法は狭くはこれに関わる。デモクラシーという補強方法、拡張方向とも区別される。逆にそのデモクラシーを補強し、また手を携える、とも言いました。

吉野：たしかに、人身の自由さえ確保されれば、身体の問題は経済の問題で、領域の問題だ、政治システムはそこに巻き込まれてはならない、とも言えます。身体のことは各自なんとかしてくれ、と。

老教授：ところで、身体はどうやって支えるんですか？

中村：手足でバランスを取って支えます。

一同：（大笑い）

大森：リソースが不可欠だ、というのでしょうね。

老教授：土地というリソースを持っていました。それで十分ですか？

❺ 本書予備的討論 32 頁参照。

大森：いえ、畑を耕して穀物を穫らなければなりません。それを食べる。
老教授：雑草を食べて生きるにも限度がありますから、畑から穀物を穫るためには？
大森：種と肥料が必要です。あっと、労働力だ。その労働力のために食料が必要だ。
老教授：費用ですね。しかも初期費用が用意されていなければならない。費用投下の客体も用意されていなければならないから、土地のことですね、その調達も不可欠です。
黒木：そうすると、あらかじめ蓄積をしているわけではない人は費用を誰かから借りなければならない。つまり、依存が生じるということをおっしゃりたいんですね。債権者が現れる。債権者は債務者の占有に介入したがる。なんでも持っていく。人身を縛る。娘を売らせる。
三宅：なるほど、支配従属関係が発生しますね。権力が生まれる。放置すると政治システムの基盤が崩れます。そこで介入するというわけですか。
横田：まず、介入するにしても政治的決定によるということは最小限の要請だけれども、それにしても危険だな。裁判のような形式ではなく、領域固有のメカニズムを通じて介入するわけだから。種類物を給付するんじゃないか。危ない橋を渡るもんだ。どろどろに巻き込まれる心配がある。
黒木：だから、貸すんじゃない。政治システムは債権者にはならない。一方的な給付でなければならない。

バカにするんじゃねえ

吉野：全然気に入らない。馬鹿にするにもほどがある。自由、自由、というけれども、それじゃむしろあてがい扶持じゃないか。まだ元手を貸してもらったほうがましだよ。自分のリスクで勝負できる。その日消費する種類物を流しこまれて、オレは穀物の通過点じゃないぞという怒りが込み上げてくる。国家に依存する人を大量に作り出して、どうしようというんだ。
横田：それはそのとおりだな。政治システムにふさわしい主体の維持という理念にほど遠い。

黒木：だからこそ、恩恵というアプローチを捨てて権利として法律構成するんです。

中村：どうやって？

風間：給付が政治的決定によって確定されると、給付前に占有が発生し、理由を並べて説得しなくとも獲得できる。請求が必要なくなる。申請は政治的決定手続の一部だ。さらに、給付が決定すると、占有原理が働いて、行政はいっさい受給者に干渉できない。判決が言うように、使い道は自由だ。いろいろ監視し、生活保護を受けているのに服装が派手じゃないか、とか、アイスクリームを食べていたがその分は主食費に回せとかいう介入は、きわめて悪性が高くて違法だと思う。

　本件では学資保険を解約させているよね。指導という名目だろうけれども、これだけで行政側は正当性をいっさい剥奪される。仮に学資保険が受給資格に影響したとしても、ここだけで残余の主張を失うから、それも主張できなくなる。占有原理というのはそういうもので、こうして占有原理に持ち込めるということは、法学的に構成できるということでもあるし、政治的決定に依存するくせに占有が留保され転換しないから、そしてそれは結局個人の自立というアプリオリからくるから、人権だと言える。

上げ底ではありません

中村：たしかに政治システムの決定は不可欠。そうでなければ闇から出て闇に消える怪しい恩恵です。支えるためにいかなる給付が必要なのかを厳密に議論して詰めなければならない。危険なことに手を出すのだから、せめて余計な因果連鎖が発生するのを切断しなければならない。それができるのは政治システムだけ。受給者に干渉しないようチェックするのも政治システムの役割だし。

　でも、そのように政治システムの決定に依存している事柄がどうして権利なのか❻、ましてどうして人権なのかがわかりません。いったん決定がなされた

---

❻ これが憲法学における主要論点である（宍戸『解釈論』165 頁以下参照）。憲法 25 条

ならば権利である、というのはわからないではないけれど、それなら既得権という意味ですか？　それじゃあ大したものではない。なぜならば、政治的決定の是非を問えない。それを覆しえない。しかるに、覆しうる原理があるのか、疑わしいと思います。

　特定の人に給付がなされないときに「いや、それは間違っている」と言える論拠はあるのか。額が低すぎるとき「いや、かくかくしかじかの額でなければならない」と言いうる論拠というものはあるのか。まして、論拠一般ではなく、他の考慮要素をすべて排除する論拠というものがあるのか。そうでなければ人権とはいえませんよね。この授業後半の行政法の問題です。

大森：私もやはり政策の問題だと思います。給付にとって重要なのは財政状態です。それとのバランスが大事です。それに支え方は多様でなければならない。効率性を追求しなければならない。裁判所も総合的に判断すると言っているはずです。

田丸：他に依存せずにいられる条件はかなり特定できるような気がします。むしろ、その人がその条件を獲得することが期待できるかどうかの判断が難しいのではないでしょうか。それこそ高度の政治的判断になります。

三宅：そういう判断を求める権利が絶対にある、というのはどうですか？

黒木：漠然としているし、役に立ちそうもない。高度の判断は回避できないけれども、連帯の考えはぐるりと1周して結局不可欠だと思います。どういう連帯かというと世代間の連帯ですね。時間軸を働かせると言ってもいいかな。政治システムというのは信用のシステムでもありますよね。

　もちろん無償で寄与するのだけれど、それが自分の自由の保障に返ってくる。今寄与できない人に少し貸しておく。自立を助けると、その人が自立した暁には大きな寄与が返ってきて、ひょっとしてそのとき自分のほうが困っていたならば助けてもらえるかもしれない。自立すれば将来納税者として寄与するだろうと言っているだけですが。この観点はギリシャ・ローマの場合最初期から、

をめぐる日本の膨大な文献は、結局判例が広く認容する立法裁量、財政との均衡等々にどう抗するかを模索し答えのないまま、平等原則や後退不可などの統制をするしかない、というところへ落ち着くようである。

つまりデモクラシーへ移行する以前から存在すると聞きました。政治に内在するということですね。この観点を採ると、誰をどれくらい助ければよいのか、そのための財源をどうするかが、理論的には決まるはずです❼。

南田：どうでしょうか。その観点が妥当する場合が多いとは思いますが、それだったら、依然政策的な議論の範囲で、行政法の担当だと思います❽。チェックが総合的にかかりますから。

　けれども、致命的に追い詰められ、また不透明な支配力に興味をもつ人が舌なめずりして近づくようなケースがあるのではないですか？　この場合は、財政のことを鑑みている場合ではありません。緊急の介入が必要です。そんなときに多くのことを計算している時間はないし、またその必要もなく、すべきことははっきりしていると思います。経済的な給付であったとしても、です。人権はこの場合にだけ妥当する概念ではないでしょうか。政治自体に連帯が含まれるとすれば、デモクラシーに対応するのは、この、他を顧みずなされる救済ではありませんか？

風間：この修正は受け容れざるをえないな。占有保障は元来緊急のもので、時間軸を一義的に切る。その点で政治的決定を借りるが、現在のみを生きる点で、政治的決定の長期のプランニングという側面は共有しない。

黒木：ボクも認めるけど、その場合でもやはり将来寄与が返ってくるという観点は忘れるべきではないと思います。つまり経済的に自立するのを助けるのであり、経済的自立が目標です。つまり経済的に倒れそうなのを緊急で支えるという観点ですね。それによって限度が定まるのではないですか❾。

---

❼　太田「社会保障の財源調達」60頁以下参照。本文の観点から租税・社会保険間に精緻な比較・関連づけがなされるのを見ることができる。

❽　宍戸『解釈論』167頁が「三段階図式に生存権を載せるのは難しい」と述べるのは皮肉な意味であたりまえである。防御権構成を採れないから、というのが理由であるが、防御権構成自体「阻却」可能性を政治的議論アリーナにおいて認めるのであるから、これは財産権にふさわしく、精神の自由には使えない。ところが生存権は精神の自由の方と連帯の関係にある。

❾　社会保障ないし連帯はギリシャ以来政治システムのコアに属するのですが、デモクラシー段階ではこれが拡張されたことも事実です。デモクラシーの要請を例によって擬制的に占有展開すれば法学的概念構成が得られます（最後の一人）。一切を度外視して救

● 明日の 200 円より今日の 100 円、では寂しすぎる

老教授：本件の場合、その緊急性が存在したとしましょう。生活保護を必要としたという点はまったく争われていませんから。問題は、先ほど誰かが触れましたが、受給者がそれを費消するのでなく元手として運用し、金融資産を作ったことです。

大森：そのこと自体が問題とされたのでもありません。そのリターンが収入認定されただけです。で、減額につながった。

田丸：金融資産といえるんですかねえ？

中村：生活保護費でギャンブルをしてはいけないというのは当然だろう。

風間：「いけない」というのはどういう意味か、はっきりしないな。不正受給として罰金でも取られるのか、資格認定を剥奪されるのか、指導されるのか。

大森：リスクの高いものはいけないということだと思う。

中村：じゃあ、投資信託はどうだろう。外国為替の差益に投資するのはどうだろう。国債を買うのはどうだろう。

吉野：時間軸上に支出を先延ばししただけじゃないかなあ。

大森：投資というのはまさにそのこと。今は支出する必要のない人が今支出する必要のある人に渡し、自分が必要になったら相手から返してもらえる、というのが投資なんだよ。

黒木：そのことを連帯の観点からも見ることができるとボクは言いました。とくに、政治システムはその往復から réciprocité (レシプロシテ) を完全に剥奪する。「これだけ出したんだからこれだけ返せ」とか、「利息をつけろ」とかですね。国債のいけないところはその réciprocité を派手に復活させ、政治はおろか法でさえ最も警戒する消費貸借に伴うあらゆる災厄を呼び出すところです。正規の信用とこういうギャンブルのような信用を区別できないのは、単純時間軸信用理論の

済する緊急の類型です。これと、むしろ予防的に自立を保障する類型を分け、後者に関しては、財政についての理論的見通し、信用についての民事法的見通し、を確保することが重要です。元来の政治の文脈です。

欠陥ではないですか？

風間：そこは民事法が区別の基準を提供しているよ❿。経済の人たちには理解されていないけれども。政治システムは大いに参考になる。なぜわれわれは税金を払うか。これは一種の預金のようなものだよ、黒木君の理論だと。

老教授：おいおい、それは最終回のネタなんだから大事に取っておいてもらわないと困るよ。

風間：これは失礼しました。とにかく、税金を払うのは、委ねてもそこに怪しい人が怪しいことをする余地がない、透明性が極大化されている、と信じられるからです。その辺の寄付のお願いがまったく信用できないのと正反対なんですよ。

吉野：いや、オレは政治ほど不透明なものはないと思ってるけど？

風間：お生憎様。その政治とこの政治は意味がちがう。ただちに政治システムだというのでなくとも、同じように緊密な信用が作用している取引圏を当てにする場合、bona fides に基づく信用と呼ぶ、ということは『民法の基礎』で勉強したとおり⓫。短期でリスクが少ない。政治の場合、時間軸上の延長は大きくとも短期だ。なぜならば、中間エイジェントのところに占有を発生させられない。普通のビジネス用語だと、リスクを取ってはいけない。リスクというのは曖昧な言葉だから、法学的に厳密を期するならば、占有を分析し、とりわけ中間に果実を発生させてはならないという原則が遵守されているかどうかを精査しなければならない。これは財政の単年度主義、残余プールの禁止などに現れてる。

遠山：政治への信頼は典型的な長期の信用ではないですか。公共投資自体がそうですよ。

風間：政治システムを支える物的装置が、将来の自分の自由を返してくれるという関係は、長期の投資であり長期の果実であるように見える。これを短期の連鎖とみなせるようにするためには、まさに政治システム固有の批判と連帯が

---

❿ 『民法の基礎』97 頁以下、『法学再入門』147 頁以下、285 頁以下、363 頁以下。
⓫ 『民法の基礎』89 頁。

強く作動していなければならない。中間で果実を取らせないということがポイントだから。

横田：政治が連帯というのはとてもわかりやすい話だし、生活保護もその延長にあるというのもわかるけれども、学資保険はどう考えたって民間の制度であり、一個の金融商品にすぎないし、連帯とは関係していないようだけれど。

風間：金融商品としての技術的詳細はわからないけれども、これがリスクや運用や保証の面で bona fides に基づくもの、つまり消費寄託や委任にちかいもの、という判断ができれば、認めうるということになる。

世代間信義が最高の信義

近藤：本件では、金融商品の技術的な面よりも、受給者の意図や目的が決定的だったと思います。つねにそれでよいか、という問題はありますが、本件に関する限り文句のつけようがない。つまり、子供の進学のために乏しいリソースを切り詰め支出を繰り延べたという事実が明瞭だからです。一審でさえ、解約指導に際して、全生連（全国生活と健康を守る会連合会）の支部事務局長がケースワーカーにかけあい、次女の「高校進学に使うと言っているんだから、こういう指導はあまりにひどすぎるんじゃないか」と抗議したのに対して、ケースワーカーが「気持ちはわかるが、運用がそうなっているから仕方ありません」と答えた、という事実を認定しています。

高裁は、とくにお母さんが、いかに計画的に節約し学資保険の掛け金を捻出したかを認定しており、生活が質素だったことを強調しています。そしてお母さんが「その中学校時代、貧困のため修学旅行にも参加することができなかったなど到底恵まれたとはいえない学校生活を送った自らの経験から、自分の子どもには不自由をさせたくないとの思いが強く」、子供たちの「修学には特に意を用い、これに必要な支出を惜しま」なかったと言います。ありていに言って、これは納税者にとって大変ありがたい話です。貧困連鎖を断ち切ってくれようとしているわけですから。自立を支えてもらわなければならない自分を顧みて、せめて子供たちには自立してほしい、と思うのは当然です。教育の点で大きなハンディ・キャップにつながるのが貧困の最大の問題であることも意識

しています。

　ひるがえって考えれば、先ほどから論じられているように、政治システムつまり自由の基礎として時間軸をまたいだ連帯ということがあります❷。私は、それがなぜかと言うと、政治というシステムは省察の積み上げによってしか成り立たないからだと思います。Critique（クリティーク）という場面一つをとっても、判断を先送りし豊かにしている営為です。自由に秘訣はなく、ただ特定の質の営為をこつこつと集積していくしかない。

　それに、刹那的に自由を達成してもいかに虚しいか。そもそも文化というものは積み上げです。だから、将来の自分に返ってくる以上に次の世代に返っていってほしい。そういうのが政治システムの根本動機だと思います。政治システムが第一次的な信用装置だとすれば、その信用から枝葉を作り、半政治的なbona fidesにもとづく資産レベルの第二次的信用装置を使って子を支える、この場合それが生活保護を元手にした学資保険ですね。それも、単に支えるだけでなく、教育を通してより高いレヴェルで次は貢献できるようにする、これはむしろストレートに政治システムの目的を体現していると思います。と同時に、枝葉の分デモクラシーにふさわしいと言えます。

沢井：なるほど、私は、助けを必要とするほど追い詰められた人にも、自分が大切だと思う内側をちょうど庭のように育む権利があると思うのですが、子供の場合、それを次々にバトンタッチしていく関係にもなるわけですから、それと政治システムの基本のリズムは見事に同調しますね。信用は先延ばしですけれども、先延ばしに対してさらに小さく先延ばしする行為が、大きな先延ばしの橋を架ける。小さくつなぐことが大きなつながりの基礎なのですね。

---

❷　社会保障、とくに子供に対するそれは周知のごとく典型的なギリシャ的伝統です。ローマにおいても政治システムはむしろ原点においてこそ強い連帯を動機としました。つまり自由保障のミニマムの方に属するのであり、20世紀以降国家サーヴィス・メニューに加わったというのは俗説です。ローマ末期から中世一杯、国家の原型たる教会という強力な装置がその基軸を福祉に置いた（pia causa）ことも忘れてはなりません。そうした作用を欠く「夜警国家」なるものは、極短命な、イデオロギー色の強い、スローガンにすぎません。堅固な心身論と明晰な信用理論が見失われると、卑俗な議論がまかり通るようになります。

公共空間内の物的規律 ——商売も哲学のうち

第1事案　最判平3-3-8民集45-3-164　ヨットクラブ軍事化事件
　　　　　　　　　　　　　　　（浦安漁港ヨット係留施設撤去訴訟）
第2事案　最判昭50-4-30民集29-4-572　岡山の薬売り、オレにも売らせろ事件（薬事法距離制限違憲訴訟）

● 第1事案の概要

老教授：では最初の事案をお願いします。

風間：ある川の河口付近に突如、鉄道レールを杭として立てる構造物が全長750メートルにわたって現れました。同じ河口付近やすぐ上流には漁港があり、漁師たちから危険だという通報が町当局に対してなされました。町は河川を管轄する県に対して撤去を要請、県は杭の打設者が権利能力なき社団たるヨットクラブであることを突き止め、これに対して撤去を要請したところ、代表者から承諾の回答を得ました。

　じつは、漁港側で水管橋をかけたため、ヨットがくぐれず、出られなくなるおそれが生じたため、急いでヨット係留施設を下流に作らなければならなかったという事情が存在しました。しかし町としては、ヨットクラブも県もなかなか動かないという認識をもつに至り、強制撤去を決定、ただちに業者と契約し、撤去し、職員に時間外労働手当を支払いました。この支出が違法であるとして、町民の一人が住民訴訟を起こした、というのが本件訴訟です。一審判決は両当事者の主張を並べるだけですが、請求を認容、二審もほぼそのまま維持、理由

としては、町はたしかに漁港の管理権者ではあるけれども、管理規程の整備がなく、法律に基づくことを前提とする代執行法の適用が不可能であり、したがって本件執行は違法である、という点を挙げました。民法720条後段の緊急避難の点についても、当座安全を確保する他の手段がまったくなかったとは言えないとし、要件に該当しないとしました。

これに対し、最高裁は、本件施設が違法であるということを確認しながらも、本件撤去強行は漁港法に違反し、代執行としての適法性を肯定する余地はない、と言ってはいますが、とはいえ緊急の事態に対処するためにとられたやむをえない措置であるから、「民法720条の法意に照らして」認められてしかるべきである、と結論しました。

川流れの褌

老教授：今日はまず川の話です。当然、「川とは何か」から議論を始めるのがこの授業ですよね。
吉野：え？　杭の話じゃないんですか？　「川流れの褌、食い（杭）にかかって離れない」という言葉だってあるんですから。
黒木：その川は大川、つまり隅田川だが、これは境川。江戸川から分かれるので隅田川の親戚ではあるが、少々異なるのだ。
田丸：川ならば天の川。七夕伝説です。
中村：ボクにとってはむしろ三途の川だな。渡し守にはお金を払わなければならない。
大森：なるほど、川は渡るものか。近いところでは、矢切の渡しだね。しかしボクにとっての川は流れるものだな。流れてなければただの水たまり。
三宅：流れてたって川かどうか。排水溝は川か。小川は川か。どぶは川か。しかし、干上がっても川は川。
横田：機能から考えると、本件のように航行との関連でいく場合と、取水や灌漑など水資源との関係でいく場合があるのではないかな。
老教授：それでいきましょう。とくに航行のほうで。航行の自由が問題ですから。

中村：いい加減な先生だね。
老教授：航行の自由はなんのため？
吉野：海は広いな〜大きいな〜♪
近藤：ゆく川の流れは絶えずして、しかも元の水にあらず、淀みに浮かぶうたかたは、かつ消えかつ結びて久しくとどまりたるためしなし、でしょ。
遠山：なんのことだか、ワカラナーイ。
吉野：自由のイメージだよ。ここかと思えばまたまたあちら、変幻自在で、とうていつかまらないから自由。
近藤：水は流れ、地面とちがって一定しない。だから占拠できない。占有だってできない。通せんぼできない。ヴェネツィアを見よ！　巨大な権力の巣窟は無理だ。そういうスペースが水で寸断されている。そこを囲い込むことは難しい。どうしても空間が分節される。運河に巨大軍艦は入らない。道路もあるけど、絶対、迷子になる。外から道路をつたって侵入するのも不可能なようにしてある。
　正反対なのが、今日の事案の舞台にも近い東京下町だと思う。ほとんど埋め立てちゃった。台無し。いまさら見直してウォーターフロントじゃもう遅い。水路が張り巡らされて、車がブロックされればどんなに快適だったことか。もう一つ、海のほうもねえ、広いな大きいなと歌ってられなくなった。資源が海底にあるからって軍事力を使って囲い込むことばかり考えてないかな。

● 二つの顔

吉野：なあるほど、だとすると自由を身上とする公共空間も水の上に築くのがいいですね。議会なんかも屋形船を浮かべ、芸者を揚げて花火をドカーンと。議論も白熱します。
風間：待て待て、本件のは芸者遊びの自由、あ、ちがった、そういう表現の自由が問題となる空間じゃないでしょ。漁師さんが漁船にのって朝早くポンポンと音を立てて沖に出ていく、手を振ってそれを見送る家族、という麗しい情景。その自由だよね。
横田：勝手に海にでも山にでも行けばいいだけじゃん。誰も止めてない。公共

空間、まして政治的空間はそういうことには関わらないから。
黒木：そういうことってどういうこと？　漁船がポンポンと音を立てて出ていくのを、わりと軽く考えてるんじゃないの？
横田：都市と領域の区別は基底的だったんじゃ？
黒木：政治的空間における言語行為においてさえ、物的な要素は無視しえないということでもあった。
沢井：そもそも、領域の人も都市の政治的空間に、時として足を運ばなくてはなりません。仮に常時議論をする人たち、評議会員、議員、元老院議員ですね、これらの人たちが端的に都市内に住んでいるとしても、他の大勢が民会に出てくるということがなければならない。そうでなければ政治システムがそこに存在するとは言えません。
老教授：都市内部の構造、とくに内部の住居については次回議論することとします。
三宅：政治システムのためには、テリトリー占拠のロジックから解放された空間があるだけでは不十分で、そこへ自由にアクセスできるのでなければならないことは疑いありません。そのためには自由な通路、つまりテリトリー占拠のロジックから解放された通路が不可欠で、民会に参加するためにいちいち土地のボスに仁義を切りながらでないと都市に接近できないんじゃ話にならない。三途の川の渡し守のようなのがいて、いちいち袖の下を取るようでも困る。つまり身体の移動という自由を保障する、自由な通路が必要になります。それなしでは表現の自由も絵に描いた餅。
風間：そう。だから、人身の自由は人権のプロトタイプなんだよね。移転・移動の自由とも関係するでしょう。移動の自由を含む人身の自由は、おそらく刑事法篇で取り上げられるのでしょうね。そういうのがあればですが。というのも、政治システムの物的基礎の破壊が犯罪であり、これに対処する政治システムは物的プロセスを動かすために主体がもつツール、人身を扱わざるをえないからです。公法のコアである刑事法は今回は扱わないということでしたから、ドーナツを食べているようなものです。
一同：？？？
大森：あれ？　そうすると、政治的空間のほうとしては領域のことなど知った

ことではないと考えていても、政治的空間を設営するだけで、自然と、領域のほうにも自由が散ることになるなあ。しかも人身とか物とかに関わる自由だ。

●●● 老教授の小さな政治学

老教授：頂点が多元的で開かれているからこその領域の自由ですけれども。つまり、頂点に一元的な最終権威が君臨していれば、いくら自由であるように見えてもその権威につながる人びとに逆らうことができない限り、領域でも自由はありえません。

また、さしあたり頂点が多元的にスプリットしているとイメージした場合、まあ、元老院議員たちですね、この人たちが議論しているとして、人びとがその複数の頂点に固定的に従う集団を形成している場合にも、政治システムは真正には成立していません。ボス間の談合と変わらないからです。

自由で批判的な議論というものは、決着がオープンであってはじめて成り立ちます。決定を民会に委ねるとしても、支持関係が流動するのでなければならない。下手なことを論ずれば支持が離れるというリスクを、頂点が抱えているのでなければならない。

反対から見ると、領域の一般の市民は、支持する頂点を乗り換えることができるのでなければならない。これにより頂点から自由になります。ちなみに言えば、これだけでポリアーキー❶やリベラル・デモクラシーができあがったように思うかもしれませんが、頂点からの自由はなお精確に把握されなければなりません。

まず、デモクラシー以前に、政治的支持関係が他の関係から完璧に分離されなければなりません。この点がギリシャに比べてローマでは不完全でした。流動はするけれども、支持を移すときには生活のすべてを移すのだ、では駄目です。利益集団多元主義が、一個の政治システムたるように見えて、なぜ不安定

---

❶ R. A. Dahl, *Polyarchy. Participation and Opposition*, New Haven, 1971 は必読ですよ。教養の政治学でたっぷり勉強しましたよね。

で、かつデモクラシー破壊の大きな理由か、ということを考えなければなりません。宗教的多元性も、宗教が包括的集団を形成する限りでそういう危険を内包します。ボスが市民を丸抱えしていてはならず、個別議論の上での自由な支持＝アデジオンでなければならない。

　デモクラシーは、たしかに政治システムに対抗する連帯の組織をリソースとし、第二次政治システムを要請し、議論を多重的に積み上げます。この点を団体主義的に解すると、いわゆる多元主義❷の陥穽にはまることになります。第二次政治システムはあくまで公共団体としての質をもたなければならない。ただの団体であってはいけない。

一同：？？？
老教授：あ、みなさんをドン引きさせてしまいましたね。
一同：？？？
近藤：先生、無理しないでください。21世紀初頭の学生用語を誤用しています。それこそドン引きです。いずれにせよ、10年経ったら註が必要ですよ、「ドン引き」の部分は。

おいらにゃ政治はわからね

大森：政治的空間とその周りの公共空間ができあがっただけで領域のほうも多少自由のおこぼれに与ることができるのはわかったけれども、まだ本件との関係はわからないですね。たしかに、漁師が自由に移動できる通路が問題になっている。しかし民会に行くわけではない。つまり現代で言えば投票に行くわけでもなく、政治集会に参加するわけでもなく、デモ行進に行くわけでもない。それどころか、コンサートや演劇に行くのでもない。沖に出て魚を釣るだけ。
黒木：それが妨げられたことは疑いありません。嵐もあれば岩礁も待ちかまえているでしょう。しかしそのことと本件鉄杭は全然ちがいます。
遠山：人為的に打ち込まれたのだから、占有侵害に似ていませんか？

---

❷ H. Raski が代名詞です。問題点につき、DEM, 32頁以下参照。

大森：しかし漁師が占有していたのでもないし……。
中村：政治的空間への通路でもなければ、占有内でもない。
南田：そもそも漁師さんは、あれはいったい何をしているのか、そこを深く考察しなければなりません。

　昔、グリプスという漁師がおりました。大嵐の翌朝、釣り上げたのはなんと、ずっしり重い立派な鞄でした。どうやら中には金目の物がたくさん詰まっていそうです。意気揚々と引き揚げてくると、「おい、その鞄はどうしたんだ？」と呼びとめられてしまいました。じつは、その嵐で難破した船には女衒と若い女性が乗っていて、その女性を解放しようとする若者にとって、その女性がほんとうは自由人であることを証明する大事な品が入った鞄だったのです。

　証明できれば女衒の違法を裁判で明らかにし、女性を取り戻し、彼女と一緒になることができます。実際には、若者の奴隷が漁師に掛け合います。漁師が、「オレが釣り上げたんだから、これはタイやヒラメと同じや」と抵抗すると、「なら、魚屋で鞄を売ってみろ」と応酬しやり込めます。

　無主物先占のロジックに対して、それは海という公共空間のなかにあって潜在的に記号行為へと向けられている物、つまり「潜在的 signifiant（シニフィアン）である」と主張したのです。物的証拠は典型的な signifiant です。たとえば足跡は誰かが入ったことを指示します。公判手続はこの記号作用を Critique（クリティーク）にかけます。そして、ある物を端的な物、たとえば食べられる物であると主張する者は、それが記号であると主張する者に対してアプリオリに劣後する、という法理が今主張されたことになります。

　公海は万人に開かれた空間であり、自然的事実を公に確かめうる。航行の自由とも関係する。決して無主物先占のために公海があるのではない、ということです。この法理は、ある人間を「奴隷身分である」と主張する者は、「自分身分である」と主張する者にアプリオリに劣後するという、ローマでは古くから動かない原理と重ねられています。女性の解放の部分ですね。

　事実、女性が鞄の中を見ずに入っている物をことごとくあてることによって、問題は公に決着します。時間軸上、かつて女性のために呼び出された signifié（シニフィエ）と、今見ている連中にとって呼び出された signifié が一致するのです。signifié の大勝利です。二重の基準を思わせる思想ですね。もちろん、これはプラウトゥス

の『ルデンス』❸ですから、そういう古典的なインスピレーションの中枢に属します。シェークスピアの土台の一つですから、英米の法律家の意識の底に堆積されていてもおかしくありません。

中村：それで、何が言いたいの？

南田：あ、すみません、本件は鞄ではなく魚の話だと言いたかっただけです。つまり漁師は川や海から入って魚を占有する。つまり公共空間経由で占有する。そしてそこは他面で記号空間でもある。そのおかげで漁師は魚を自由にとれる、ということです。つまりおかげの部分ですね、本件は。

田丸：それだけではありません。沖で魚の上に占有を成り立たせると、それを自分の占有する内部へと運んでいます。出荷するときにまた運ぶのでしょう。つまり、占有と占有のあいだに自由な空間があるかないか、という問題になっている。二つの異なる主体の占有間の通路であればもっとその意味ははっきりするわね。鉄杭は占有間の公共空間を破壊したんです。政治的空間との連絡ではなく。

黒木：記号行為をするんじゃなく、物を占有間で交換するための公共空間だな。たしかに、それはどの占有にも属しちゃいけないな。論理的に。

雪隠づめは皆の敵

横田：そうすると論理的に、自由な空間、つまり公共の空間にも２種類あるってことになる。でも、物的なほうの交換はéchange(エシャンジュ)になるから、公共空間に入らせないのではなかった？　仮に入らせるとしても、本来政治システムとは関係ないはず。なぜ公共空間を物的な交換のために流用するのだ？

風間：田丸さんの話自体、占有を前提にしてしまっています。つまり政治システムとはちがう価値がアプリオリの地位を占めている。その占有のために公共空間を利用する、という格好になっています。

沢井：それはそのとおりです。しかし、個人の尊厳や精神の自由のところでわ

---

❸　POSS、741頁以下。

れわれが論じてきたように、政治システムが自由を創設するという関係は、個人の自由によって政治システムが支えられるという関係によって裏打ちされなければなりません。この点を完成させたのがデモクラシーであり、個人の絶対的な価値から出発します。占有というシステムをもつこと、つまり民事法はデモクラシーの1ヴァージョンなのですから、占有を通じて領域の側に別途自由を確立しておくことは、政治にとって決して損なことではありません。

老教授：そこまで言えるかどうかわかりませんが、デモクラシーに移行するとき、ギリシャでもローマでも、間接的に自由にしたにすぎなかった領域をもっと積極的に自由にする関心が生まれたことだけは確かです。ギリシャでは、初期にすでに領域に独自の小さな政治システムが樹立され、領域の問題、つまり物的な échange の問題、とりわけ信用の問題を政治的決定によって解決していました。しかし逆に本格的にそれを発展させることはなかった。

デモクラシーになり、そうした第二次政治システムを開放的にし、échange を発展させると、中心の都市空間内にアゴラが分化し❹、道路・水路・水道網も発達します。これら第二次的公共空間、ないし公共空間の第二次的作用により échange を規律し領域の側の自由を補強し、反射的にみずからの基盤を強化する。そればかりか、信用不安が発生するとモラトリアム立法、救済立法等をする。大規模な大土地所有解体や再分配などの社会政策にさえ乗り出す。

もっとも本体の政治システムにつねに依存するというのが一つの弱点でした。政治システムから相対的に独立にオートマティックに問題を解決しておく、自由のために独立の電源をもっておく、というのがデモクラシーの一つのねらいだったのではなかったか？　この点で劇的な成功をおさめ、デモクラシーの徹底という観点からは不満が残るものの長期安定を誇ったのがローマでした。占有というきわめて独創的なシステムをもったからです。民事訴訟という私的自治の洗練された形態を発案しました。

田丸：なるほど。公道 via publica（ウィア・プーブリカ）、公水 aqua publica（アクア・プーブリカ）へのアクセスを断たれると占有は血管を断たれた細胞のように壊死する、ということでした。たとえ

❹ 本書第8回参照。

ば裁判所へアクセスできず占有訴訟できないとしたらどうやって占有は生き延びるのか、と。せっかく広場まで苦労して出てきても「占有訴訟？　そんなものやってないよ」と言われたらがっくりと頽(くずお)れてしまいますが。地上げはたしかに占有から出口を塞いで圧力をかけるやり方ですね。ギリシャのアゴラよりもローマの forum(フォルム) は占有＝民事訴訟という付加価値がついているのですね。だからこそ、今日の瑕疵担保責任や消費者法のルーツである actio aedilicia(アクティオー・アエディリキア) も発展したのですね。特化した市場法ですね。

老教授：占有も霞を食べて生きているのではありません。費用果実関係を生命とします。費用投下のためには信用が不可欠ですが、果実も、団子屋が団子だけ食べては生きていけないように、échange を通じてはじめて真に実現します。

　租税法で実現主義というのを聞いたことがあるでしょう。信用のほうに循環させうるかどうかが生死の分かれ目です。そして、デモクラシーは、この占有を壊死させることは、ひいては政治システムを支える自由にとって危険であると判断します。というわけで、占有間の通路に多大な関心を寄せることになります。

　都市の民会や劇場、ギリシャ・ローマでは後期になるとあの円形劇場でこそ民会をしていましたが、そこへ通じる道さえ確保しておけばよい、そこを取引に利用はするだろうけれども、いわば付録であり、都市への道が実質的に阻害されるまで政治システム本体の関心を引かない、という段階は早々に克服されました。

● 行政とは？

老教授：さて、われわれはこうして行政の概念に到達したことになります。すなわち、領域の占有を成り立たせるための第二次的公共空間を維持する政治システムの活動、と定義できます。

　政治的空間およびそれを直接支える公共空間、広場や城壁や公道ですね、これらの物的維持は政治システムの根幹に関わる政治システムの中心的な任務です。これに対して、デモクラシーの段階に至り、領域の側に独自に独立の主体が展開するということがヴァイタルになってくると、第二次的な公共空間、同

じ公共空間の第二次的な作用を含みますが、これが生命線として浮上し、その物的維持が政治システムの第二次的任務に加わります。したがって狭義の公共空間、政治的な脈絡における公共空間の維持という任務をプロトタイプと仰ぎ、かつ、にもかかわらずこれに対するのと相対的に独自の規律に服します。

一同：（がやがや）

遠山：国家作用から立法司法を引くと残りが行政であるという控除説❺に依拠して行政組織、行政作用、と追うように行政法を勉強した❻私たちには、到底ついていけません。

中村：ボクとて全然ついていけないが、しかし行政法の授業を聴いた時もついていけなかったな。先生自身、「定義にこだわるより今や広範囲に及ぶ現実の行政から経験的に考えましょう」というようなことを言いましたよね。しかし国有と民営化、もっといけないのは独立行政法人なんかですけど、そのあたりが関係してくると、何がなんだかわからない。外郭団体や公営企業、民間団体を通じての許可判断とか続々出てきて、カテゴリカルに判断するのはやめてケースバイケースで丹念に判断しましょう、と言われる。するとますますわからなくなって、そのあたりで急速に関心を失いました。

老教授：まず、気持ちはわかりますし、行政法でつまずく学生が多いというの

---

❺ 主権ないし単一性と三権分立を組み合わせること自体、納豆にケチャップをかけるがごとき蛮行です。こういう引き算をしたり、特定の国家作用が三権のどれにも当てはまらないと騒いだり、憲法に書き加えようとしたり、は最悪です。前者は、政治的決定が外の権威に条件づけられたり闇の権力により実現が阻害されたりする場合に使います。後者は、非常にさまざまな機構間チェックの一局面です。1を3分割するという観念は存在しない。モンテスキュー『法の精神』第11篇は、隠れた社会的条件（principe）を基にしてしか制度は立ち上がらないというメイン・テーゼを例証すべく、「したいことをする」のではなく「いやなことをさせられない」という自由を得るためには、人民が好きなようにする共和政でなく相互チェックを旨とする制限君主政が望ましく、とはいえそれも社会基盤分立があってこそである、と論じていくものです。三権分立は条件次第の皮肉な処方です。ローマの精緻極まりない権力掣肘メカニズムを引くまでもなく、自在な処方が求められます。この点、樋口『憲法Ⅰ』141頁以下にはそうした先進的思考を受け継ぐ筆致が見られます。実際、一つひとつ政治システムの基本に立ち返って思考する必要があります。

❻ 教育現場のサンプルとして、櫻井敬子他『行政法第5版』（弘文堂、2016年）4頁。ひとまず田中二郎にさかのぼるようである。

は常識に属しますが、行政法はデモクラシーにとって鍵を握る分野❼ですから、そのことを感じ取ってわくわくしながら勉強しましょう。そのうえで、いわゆる行政作用法から端的に勉強することを薦める授業に私は共感を覚えます。行政という概念の分化・発達は近代に固有のものですが、その近代の概念配置を正確に理解するためには、分化以前とはいえ基礎となった古典的な概念配置を理解しておかなければなりません。Aダッシュを理解するためには、A自身を理解しておかなければならないからです。Aはギリシャ・ローマの政治システムとデモクラシーです。きわめてシンプルな画像です。

　これに対して、近代の概念配置は良かれ悪しかれ複雑に捻じれています。国家法人と行政組織はその部分に該当します。裏から言えばここは上級コースになります。体系的にはそこから出発するのが正しいのでしょう。しかし、それがつねに論理的であるとは限りません❽。

大森：行政作用法の話から入ったとしても、今日の説明は通常とはあまりにも概念がちがいますね。

老教授：それは当たり前です。そうでなければこの授業の意味がありません。上級行政法を聴けばよいだけでしょう。繰り返してどうなるんですか。一度根本から考え直させるのがこの迷惑千万な授業のコンセプトであり、それを求めてこうして少数の諸君が集まっているのではないですか。

川に戻れば？

黒木：しかし境川の河口に戻ると、占有間公共空間の維持が問題だといえばぴ

---

❼　行政組織よりはデモクラシーから入る行政法論は、予備的討論で触れたように、ます ます有力になりつつある。1点挙げるならば、山本隆司『行政上の主観法と法関係』（有斐閣、2000年）。元になった法学協会連載のドイツ留学後分の解き放たれたような精彩が強烈な印象を遺した。

❽　塩野宏『行政法Ⅰ──行政法総論　第6版』（有斐閣、2015年）2頁以下は、すぐに法律適用段階の裁量に話題をもっていき、行政の定義から行政法を導入するということをしない。暗に、政治的決定の一義性を条件としつつデモクラシーが抗弁と分節を生むという構造を指示している。

ったりじゃないか？

横田：当たり前だろ。その事案に合わせて行政を定義したんだから。

吉野：そう当たり前でもないよ。因幡の白兎が鰐を並べたように延々と鉄杭を並べて通行を妨害した、とイメージすれば当たり前に見える。これを除去するのは政治システムの任務だ。

でも事件の経緯を考えてみようよ。骨と皮、いや海と川の男はなにも漁師ばかりじゃあない。カリブの海賊だって、いや間違えた、粋なヨットマンたちを忘れちゃいけない。水管橋とかでブロックされて、彼らが川と海にアクセスできなくなったんだ。それで仕方なく下流に係留できるよう緊急に施設をこしらえた。締め出したのは漁港の側で、ヨットマンたちは自由を求めた。

浦安といえば、東京湾の漁業を語るうえで欠かせないところだよ。そういう伝統的な漁港と、新しい海のレジャーの衝突じゃないかな？

三宅：公共空間を規律する側が自由を侵害したと言うんだね。そうかもね。侵害されて反撃したヨットマンたちは、今度は実力によって排除された。

風間：公共空間破壊を目的として工作物を構えたような場合は刑事司法の問題になる……。刑事法は公法の核ではあるけれども、今回は扱わない……。そして本件は公共空間破壊の問題ではなく、公共空間内交通整理の問題。整理されたほうが押し返したら実力で排除されている……。

南田：公共空間が何かを実力で排除したというのはおかしくありませんか？政治システムが排除したということでしょうが、政治システムって、自由独立の主体が議論をしているだけじゃないですか。それが妨害排除するようなアクションを起こせるんですか？「それは公共空間の侵害である」という決定はできるでしょうけど。

沢井：もちろん、法人理論を使って占有の真似事はするのでした。占有を反転させ、政治的決定に対して人権訴訟ができる。これは民事訴訟です。ということは占有を観念しています。しかし今日は少しちがいますね。公共空間というか、政治システムの側が本当に占有しているかのようではないですか？その挙句、実力まで行使している。それが占有侵害だとまで言われている。

南田：ギリシャ・ローマでは、政務官が自分の責任で排除の実現をおこないました。自分の腕力でこそありませんが、命令を出し、従わなければその者は致

命的な打撃を受けます。その命令が間違っていたならば、政務官が個人として刑事的な責任を問われます。政治システムに法的なパラデイクマを適用しないという、ギリシャ・ローマの鉄則によります。本来の公共空間にふさわしいやり方です。近代になって法人理論を採用したとしても、基本は変わらないはずです。

田丸：なるほど、本件では行政主体があたかも占有を侵害されたかのように考えて、鉄杭を自力で排除しています。占有内に侵入してきた部分を押し返せるのは占有の効果でした。

風間：もちろん、「やった、やり返した」の出来事だから、精密に写真判定をしなければならない。判決も日付ばかりか、時間まで特定している。つまり、占有原則に従い時間軸を１点で切る。それまでの応酬は切り捨てる。その瞬間において、しかし自力で占有奪還を図ったのはヨットクラブのほうです。やられたところで行政が占有訴訟に訴える……。

これは見事ですねえ。占有をモデルとして使うんでしたよね。近代になって、政治システムの原理が占有原理に翻訳されるとき、「いかなる理由があろうとも、政治的決定に従わないことは許されない」ということが根底にある。勝手に政治的決定を不当と判断して抵抗してはならず裁判手続を要する、という部分がまさに占有原則にぴったりです。と思っていたら、本件では政治システムが本当の占有の争いをやっている。

田丸：判決文テクストからはしかし、終始行政が手続を無視して自力執行をしたようなイメージが浮かび上がりますが……。

風間：あ、それは占有原則が日本では定着していないことからくる混乱ですね。迅速な手段がないから自力執行した。

横田：そうかなあ。公共空間から実力を排除するためならば、ただちに執行してよくない？

● 子供のケンカに親がゲンコを振り回す

風間：いや、本案訴訟、つまり「正当化の論証はしなくてよい」というにとどまり、司法手続をまったく要しないわけではないですね。問題は、占有原則が

定着しないため、行政が自力執行を強いられたり、民事の「占有訴訟」、つまり形容矛盾ですが、本案訴訟としての「占有訴訟」までやらかしたりしているということです。

　本来ならば、司法裁判所の特急手続により命令が下され、これに従いたくない場合、相手は占有訴訟被告としての防御を強いられます。行政の占有はつねに推定され、相手は、「そもそもそれは公共空間ではない」とか、「自分は侵害していない」とか反撃しなければなりません。もちろん撤去しておいてです。

　この事案の場合、水管橋出現の時点でヨットクラブが対行政固有の占有訴訟を起こさなければならないはずです。水管橋建設の決定がどういうものであったか、判決文からはわかりませんが、政治的決定に基づいているはずですから、水管橋建設の正しさは推定されます。ヨットクラブは根拠となる政治的決定自体の違法性を論証しなければなりません。対行政の場合に固有なこととして、「まず水管橋を撤去させておいて」とはなりません。

　しかしいずれにせよ、このような訴訟手続が存在しません。ヨットクラブは自力で問題を解決しようとし、行政まで打つ手がないと申し訳程度の委員会に諮ったうえで自力執行に出ました。もちろん、行政は初期に自力でブロックすることもできましたが、設置されてしまったところで、少なくとも占有訴訟は必要です。鉄杭がほんとうに機能しはじめたら本案訴訟が必要になります。

黒木：あーー、行政が占有訴訟を使った有名な越谷の事件❾が少しわかってきました。占有訴訟という発想自体は悪くなかった、しかしどこかボタンが掛けちがっているような不条理感が残るのは、裁判が迅速でもなく、行政側の占有が推定されるでもなく、占有訴訟だというのに権原を論じたり、権原に関する証拠を出したりさせているところですね。

沢井：そうですかあ？　越谷の事件のおかしさは、ほんとうに占有訴訟してしまったところにあると思います。本件も同じです。行政に占有があるかのごとくに考えるのは、まあいいでしょう。しかし本物の占有でない証拠は、成り行きのなかで相手に占有がいくことがあるかと言えば、ありえません。公共空間

---

❾　最判平 18-2-21 民集 60-2-508。山本『判例から』29 頁以下参照。

は誰のものでもなく、占有が許されないからです。ヨット係留施設の本当の占有を主張するなど考えられません。平穏公然とか、要件を掲げて、ですね。公共空間と政治的決定が関係するとき占有転換をモデルとして使うのであり、ほんとうに占有が問題になるわけではない❿。占拠者に占有はありえないというように占有概念を使う。行政は論証抜きで迅速に占有を回復することができる。相手はそれが不当と思えば前提の政治的決定を、政治的理由を掲げて争わなければならない。本案ですね。本件では、たまたま政治的決定の内容が実力に関するものであったため、本物の占有とのあいだに混線が生じたのです。

近藤：そうだったんですねえ。けど、おかげで第二次的公共空間の働きが、本物の占有に即してよくわかりました。表現の自由や精神の自由の場合にいわば占有が再転換され、政治システムの側は占有を相手に取られてしまい、しかもそれが終局的になる可能性に曝されました。抗弁が許されず、ひたすら「そもそも侵害していない」と否認するしかなかった。ところが第二次的作用の場合、素直に占有を行政が取り、逆転している。公共空間をほんとうに占有して守っているような外観ができあがる。

老教授：というわけで、行政法の柱の原則が説明されます。行政の側へと占有転換がなされるというのが、幹をなす概念となります。この転換をもたらすためには、原因に該当する政治的決定が不可欠です。のみならず個別の占有移転＝引渡に該当するformel〔フォルメル〕な、公式の行為が必要とされます。公共空間に開かれた儀礼的な行為でなければなりません。これ自身じつは小さな政治的決定に基づくことに注意してください。典型は幹の政治的決定たる法律を行政が適用してする個別の決定です。これと占有転換行為それ自体を理念的なレヴェルで二元的に捉えることができます。この二元構造から成る操作を行政行為と言います⓫。相手は占有をもたないので、根拠となった政治的決定の正当性を崩す

---

❿　この点、山本『判例から』37 頁は「窮余の策であったかもしれないが、実は本質を衝くものであったのではないか」とモデル妥当性を言い、しかし 39 頁で「さらに一段階要件を観念化することになる」と言う。土井翼「公共用物上の不法占拠者の排除──公物管理権の法的性質試論」『東京大学法科大学院ローレビュー』（第 9 巻、2014 年）88 頁以下も、排除資格要件を極力占有に倣って権原排除で理解するものの、なお民法の占有では解決できない問題を示唆して終わる。

論証をつねにしなければならない。いわば主張された権原を崩す本案訴訟ですね❷。

> ❶ 塩野『行政法総論』123頁以下。法律および法規命令によって行政私人間の権利義務を定めるのであるが、行政行為はそのうち権力性を有するものとする。一応伝統に従うが、たとえば「道具である以上、これを用いるのに適した分野と必ずしもそうでない分野がある」と言い（125頁）、権力性が要件だからといって規制行政だけに妥当するわけではない、とも言い、行政私人間の法律関係は行政行為以外の要素によって様々に変動していく、ともする。「占有転換」の占有が本当の占有とは限らず、政治的決定の遂行において異議申立により何段にも手続的分節が生ずること、占有モデルはこれに開くための擬制であること、したがってこの擬制が適当でない場合、つまり私人の側が無効＝不存在とみなして処することが正当化される場合があること等々が含意され、予告される。
>
> ❷ 本書は行政訴訟について別途扱うということをしませんが、実体法もつねに訴訟法を念頭に置いて理解していく必要があるため、本書が前提とする行政訴訟の理解を随時説明していきます。それは基本的に、現在妥当している制度（差し当たりは通説）を本書の立場から解釈したもの、言い換えたものです。抗告訴訟は、行政行為の性質からして原告が権原たる政治的決定の正統性を争う本案訴訟に必ずなります。典型は第一次的政治的決定たる法律に第二次的政治的決定たる行政行為が違背するという訴訟であり、そのまた典型は前者を解釈する行政の裁量が許される幅を越えているというものです。だから行政裁量論が大きな比重を占めます。第二次的政治的決定へと展開することを行政に強いる、つまり漠然と「政治的決定だ」と言わせるのでなく分節させるのは、デモクラシーの抗政治的決定性のゆえです。かつ、占有転換は擬制ですから、「返せ、なぜならば」とはならず、占有と同義である決定自体を取り消せとか無効だと言って争います。かつ占有転換が固まると争えなくなります（232頁）。抗告訴訟の中で取消訴訟が出訴期間制限を設ける所以です。ただし、重大な違法の場合この限りでありません（その線引きは非常に難しい問題です）。抗告訴訟の一種としての無効確認の訴えですね。取得時効を贓物の抗弁が破ることを思い出させますね。通常の民事訴訟でいきなり相手の論拠たる行政行為の違法無効を主張することは許されないはずで、まずは抗告訴訟をしなければならないはずですが、いきなりの主張を認める多くの判決の存在が疑問を投げかけます。無効確認をしうるほどであれば先決性否定が許されるのか、しかし無効確認も抗告訴訟のはずで、排他的管轄はどうなるのか。行政行為の効力が先決問題になっている民事訴訟を当事者訴訟（行政事件訴訟法4条）と定義（し先決性の有無を含めて判定する訴訟手続を分節）すればよさそうなものですが、配備された手続が動いていないなどと評されるほどまでにこのカテゴリーに意味が認められていません（塩野宏『行政法Ⅱ──行政救済法 第5版』（有斐閣、2010年）253頁以下）。一般に日本のl' organisation judiciaire が占有訴訟を原型とする先決性判断手続分節に弱いということの現れにすぎない混乱とも見えますが、これらの問題について詳しいことは私にはわかりませんから、行政法の先生にきいてみてください。

行政行為については第2事案に即してまた議論しますが、ここでの確認は、第一に公共空間を行政が擬制的に占有しているという関係がモデルになるということ、第二にしかしその占有は擬制的なものにすぎないということ、第三にたまたま現に公共空間の物的な占拠が問題になったとしてもあえて擬制的なものとして扱わなければならない、つまり司法手続を要し実力行使は正当化されないということ、以上です。

ここで敵に出遭うとは!

三宅：それで、本件の執行はどうなんですか？　判決では、漁港法が予定する規程が未制定であるため代執行手続に乗せられないという点が重視されています。だから、「それに相当する執行をしたのだ」という抗弁は法律の欠缺のため成立せず、自力執行に該当するから違法性は否定できない、といってます。法律による行政という大原理に、妨害排除が服するかという問題ですよね。

吉野：うへ、ここで法律とはね。親の敵に思わぬところで出遭ったような気分だ。ここで出遭ったが百年目、か。

中村：その法律とやらの正体やいかに。

遠山：私人の権利を奪うには法律が必要である、つまり議会の同意が必要である、と習いました。

大森：それは法律の留保の話だろう。侵害留保説って言葉が、妙に生々しく耳の奥底に残ってるよ。「侵害さえしなければ法律に基づかなくていいんだ」みたいに、いきなり反転する忍者屋敷の戸板のような議論だと思った。

近藤：ボクはそのへん、全然わからなかったんだよね。近代が無理矢理、政治システム固有の論理を法的パラダイクマに乗せるとき、行政に優越的地位すなわち占有が与えられる、しかしそのためには政治的決定が必要だ、というのが法律による行政の原理ではないのかな。法律がなければ占有転換が生じない。だけど本件では、公共空間をめぐる現実の占有争いに近いから、公共空間たること自体が政治システムの決定により基礎づけられているから勘弁しようよ、ということじゃない？　「これは第二次的公共空間としての川だ」という政治的決定を前提に、行政が占有を取ってくる。

風間：すると、公共空間を定める政治的決定、この場合河川法による指定があれば十分ですね。公共空間の範囲さえ厳密ならいい。いちいち追加の政治的決定がなくても掃き出しが可能です。行政ということの根底に存する作用ですね❸。

　もちろん、行政の自力執行を許すのではない。司法が関与します。しかし掃き出しが当然に認められますから、本案の論証をする必要はない。現に公共空間としての役割を果たしているという自明の事実だけを根拠に、即決で司法が命令を出します。これに従って除去しなかったらその人は永久追放ですから、本当の実力は結局使われない。この司法の場における占有転換こそが政治的決定の効果です。だから、司法は迅速な手続を用意して待っていなければなりません。ほとんど自力執行するのと同じ迅速性を保障しなければならない。占有概念を知らないと、実力行使と本案請求とのあいだで不毛に揺れますね。

　さらにもう一つ、区別しなければならない問題もあります。すなわち、現に公共空間として確立された機能を果たしている場合、たまたま法律が欠けたからといって、司法の迅速な手続にのらないということではない。つまり別途占

---

❸　ここで論ずるのは少し早いのですが、見取図を示す意味で触れておきますと、行政がこの掃き出し、鉄杭の除去を怠れば、公共空間をそのように放置しているという政治的決定と措置が擬制され、抗告訴訟の対象となります。占有保障装置がかえって漁民の占有を脅かしているのですから、迅速な救済が求められ、そのための手続が用意されなければなりません。本来これが不作為の違法確認ですが、現在は義務付け訴訟非申請型になるのでしょう。不作為の違法確認は申請型に限定されます（行政事件訴訟法 37 条）。しかし義務付け訴訟は、契約法の dare facere oportere の系譜を引いてしまい、漁民が給付を求める権原を有するかのごとくに考えます。このアプローチは一般に行政訴訟には適合しませんから、活発なやりとりを通じて利益調整なり紛争解決なりをするデモクラシーの諸局面に行政過程を分解しようとする一部の学説の努力が生まれますが、法学的構成がかえって不十分になるおそれがあり、法学的構成は結局占有概念を通じて特定私人のアプリオリの尊重を強いることでデモクラシーにふさわしい政治的決定（公共空間）の質を要請するのですから、若干の新しいアプローチはかえってデモクラシーを台無しにし、行政過程を réciprocité の坩堝に投げ込みかねません。外国人に本来発給すべき在留許可を出さないのは、その外国人個人の権利を侵害しているのではなく、公的な作用が致命的に害されているのであり、そういう政治システムであるとわれわれ一人ひとりの自由が脅かされるのです。だから行政には取引の余地はありません。面倒くさいからこいつにだけは許可してやるか、となってただちに困る人はいないかもしれませんが、そういう行政をもったら「この世の終わりだ」くらい考えたほうがいいですよ。

有原理が働いて、公共優位の推定をする❹。

　要するに、河川法の指定があれば十分で、漁港管理規程の未制定をいうのは的外れ、これを代執行法に連動させるのも意味不明です。そもそもここで言う執行は相手に占有が存在する場合のものです。本案訴訟を執行するための手続で、法律に基づき収用するというような場合です。せいぜい、公共空間妨害といえども長年にわたり安定した日常が築かれてしまった場合です。

老教授：法律による行政と法律の留保は、公共空間が領域に枝を大きく延ばすときに本格的に登場します。そのままでは公共優位の推定は働かない。だから厳密に法律が要求されます。ですが、この点は次回に譲ります。

田丸：法律というならば、公共用物の侵害に対する迅速な手続を定める立法がないことのほうが問題ではないですか？　占有訴訟手続を整備していないことですね。だからといって鉄杭が許されるものではないですけれども……。とくにそれが危険な自力救済になってる。この欠落をやむをえず補充したのだから、町の措置の違法性は阻却される、というのが結論のはずです。

横田：そうだよな。むしろ、費用をヨットクラブに請求しなかったことの違法ならば住民訴訟しうると思うけれども。

第2事案の概要

老教授：では第2事案に移りましょう。

黒木：スーパーや薬局を複数経営する会社が、また一つ繁華街に薬局を開業するために保健所を通じて県に許可申請をしました。ところが不許可となってしまったのです。そこで不許可処分を取り消すための行政訴訟を起こしました。

　例によって民集テクストは、一審に関する限り両当事者の主張を併記したうえで原告勝訴の結論のみを伝え理由を記載してませんが、原告の主張は処分が職業選択の自由を害するというものでした。しかし二審はこの判決を取り消し、請求を棄却しました。申請後処分前に薬事法の改正がおこなわれ、薬局が密集

---

❹　土井「公共用物」参照。

しないよう適正配置するという許可基準が付け加わりました。原告の申請はこの点に触れたのですが、基準は処分時とするというのが二審の判断です。かつこの適正配置基準に違法性はなく、そして本件申請どおり許可すれば適正配置が崩れると認定しました。

これに対して最高裁は、処分時基準を正当としつつ、しかし適正配置の部分につき違憲とし、原判決を破棄し、控訴棄却とし、一審判決を妥当だとしました。まず職業選択の自由を基礎に立論し、二重の基準論を採用して経済的自由は公共の福祉により制約されうると認めつつも、しかしその制約は必要かつ合理的でなければならないとし、適正配置条項は必要かつ合理的とは言えないと判断します。職業選択の自由を制約しうるには至らないというのです。薬局に関して許可制とすること自体は必要としても、積極的措置ではなく本件のように消極的措置の場合には、職業選択の自由を可能な限り制約しないよう考えなければならないが、それ以前に、適正配置をしなければ弊害が出るという説明自体が十分な論証を欠いて説得力をもたない、と断じました。

殺しのテクニック

吉野：ひどすぎる。
老教授：どこがですか？
吉野：だって、店を出してなにが悪いんですか？
老教授：どういうタイプの自由制約だから「ひどい」と感ずるのかと私はきいています。君が自由を愛することは、もはや皆知っています。
吉野：例によって占有間公共空間を自由に行き来する自由だ、とか言わせるんですか？
横田：交通整理くらいはいつだって必要だからね。
吉野：さっきの川の話では黙っていたのですが、交通整理だって必要とは限りませんよ。ほんとうに自由を愛するならば拒否すべきです。

　はじめてイタリアに行ったとき、ローマで知人に車で送ってもらったんですけどね、ローマに雷雨はつきものなんです。たまたま前がまったく見えないくらい、激しい雷雨で……。その交差点に信号があったかどうかは忘れました。

ただ、車がてんでに交差点に突っ込んで、もともと渋滞していたこともあって、すべての車が動けなくなってしまいました。

そのときです、運転していた知人がさっと降りて走っていったんです。おぼろげながら見えたのですが、どうやらどの車の運転手も飛び出して1か所に集まっており、わあわあ身振り手振りを交えて議論をするんですよ。2、3分だったかな。知人はすぐ運転席に戻ってきました。車は少しずつ剥がれるように動き始めました。

彼にきくと、どの方向から先に動かすかを決めたって言うんです。いつものことらしいんですよね。慣れているなとボクも思いました。で、「私的自治」という言葉も思い出しました。私的自治というのはどこかに引き籠って入らせないようにすることじゃなかったんですよね。自分たちの密度の濃いコミュニケーションで、なんでも問題を解決してしまうことでした。

イタリアだと大きな都市でも、必ず意味もなく人がぐるぐる回って散歩をしてます。友達にしょっちゅう会いますよ。イタリア語の会話学校で最初に覚えさせられたのがpasseggiata（散歩）でした。チェーホフの『かもめ』の第4幕で医師のドールンも言ってます。今までで一番良かったのはジェノヴァの街で人波に身を委ねたときだった、と。わかるなあ。

南部では夫婦喧嘩もバルコニーに出て、近所の全員が聴こえるような仕方でする伝統があるそうですよ。さすがに少なくなったでしょうけど。お向いやお隣りのバルコニーからも人が出てきて、どちらかの味方に立って演説します。ベルカントばりの大きな声、出して。ナポリでは、子供に「ご飯だよ、帰っておいで」と呼ぶとき、一帯に響く声を使います。そう、バスの中でも知らない人どうしすぐに議論をはじめますが、周囲の人間も無関心じゃありません。加わるか、自分たちどうしで議論を始めるんです。

混雑したバスや電車でどうやって降ります？　東京の地下鉄だとただ黙って押してくるんでなにかと思うと、降りたいということだった、などということが多いでしょ。どうして、「私は降りるのだがあなたも降りるか、そうでないならば少々入れ替わってくれないか」とユーモアでも交えて話さないのでしょうか。イタリアではみんなで降り方を話して決めています。それを楽しんでいます。パリでも同じでしょう。

一同：(拍手)

老教授：私もナポリで困りました。信号なんかないんですね。車はたがいに抜きつ抜かれつラリーを楽しむようにびゅんびゅん走っている。さてどう横断したものか。途方に暮れます。しかし彼らはすいすい渡っていく。バールのお兄さんが、エスプレッソを載せたお盆を高々と掲げてスラロームのように渡っていく。出前も粋です。

　ある時、しかし発見しました。運転手の目を見ているのです。目を見て、「いいかい、渡るけれども少しだけスピードを緩めてね」と言っている。「わかった、ほら、今だよ、タイミングは」と目で答える。リズムですね。だからバールのお兄さんはフワリフワリと踊るように楽しげに渡っていく。

　市民社会というのは社会科学用語辞典のなかにではなく、現実に感覚として存在しているのだと思いました。

遠山：みーんなで脱線して、どうなってるんですか、この授業（笑）。

風間：まったく。先生まで、きいたことを忘れるなんて。この事案は公共空間に入った者の自由、つまりその人たちのあいだの交通整理、に関するものではなく、入る前にその入り口で規制する事案なのだ、と答えさせたがっていたはずですよね？

老教授：これが図星でなくしていったい何が図星と言えようか。

風間：それが吉野君をして、とくに「ひどい」と感じさせたんですよ。そうですね？

老教授：まったくそのとおり。通せんぼとはひどいですね。通りゃんせじゃあるまいし。で、通せんぼをするとどうなります？

田丸：呑気にかまえている場合ではありません。細胞が壊死するように、占有が死んでしまいます。費用果実関係で占有は息をしているということでした。その通路を奪われます、占有間公共空間に通じてないとなれば。

三宅：それはひどい。占有保障はデモクラシーの基礎に関わるというのに。

風間：だから、占有保障欠落、占有訴訟制度未整備の立法不作為は憲法違反だと、私は言い続けています。

遠山：それは憲法29条違反ということでいいですか？

黒木：たしかに、広場に対して開かれていなければ、店を出しても潰れるね。

南田：んー、でも、チェーン店が店を出せるかどうかは、職業選択の自由とは全然関係ない感じがします。まして、さらにその根底に人格権があると言っている部分は当惑させられます。

風間：人格のところはまあ勘弁してあげましょう。占有と人格は親戚です。似ているので間違えたのでしょう。ともに自由の外皮、鎧兜です。中身がない場合はあるけれど、とりあえず保護することで間接的に自由を保護します。そして、間違いのことがあるから抗弁が許されます[15]。

天神様の細道じゃ

黒木：入り口で塞ぐというのは許可制のことだと思いますが、最高裁も許可制自体は正当なものだと認めています。薬は健康に直結するデリケートで不可欠な商品ですから、勝手に商売させるわけにはいかない、専門家が専門的な判断を介して適切に売る、過剰摂取や違法な使用、さらには質の悪い商品の流通、

---

[15] 横道にそれて考えることは重要であるから、そちらに誘うための問題提起をするとすれば、本書は経済的自由は（憲法上の権利ではあっても）人権ではないと考える。本件判決は行政法の素材である。かつ、経済社会の基礎が占有原理であるという見通しのもと、憲法29条は占有原理を宣言したものと解する。したがって諸々の権原の制限は違憲ではなく、むしろ占有訴訟制度の不機能が違憲なのであるが、占有は、いかに人権のプロトタイプであろうとも人権自体ではなく限界を有するから、憲法29条は人権を定めたものではない。この点、石川健治『憲法判例百選Ⅰ第6版』（有斐閣、2013年）205頁以下が百選の短い記述ながらきわめて重要である。「制度体保障」を言い、正しくもドイツ流人格権につなげる。しかしこれを梃子に人権一般に格上げする点に疑問をもつ。『自由と特権の距離』に接してかつて抱いた微かな危惧は、諸学説の基礎に想定された19世紀ドイツローマ法学とローマ法自体の理解に関するものであった。サヴィニーの場合に典型であるが、そして彼の占有論が雄弁であるが、制度を自由の外皮ないしヘルメットと考え、「それ自身内在的に守るべき価値を有するわけではないが、盲目的にそれを擁護しておくことで大事な価値を予防的に守る」という着想が存在する。反面、外皮が中の本体を抑圧する場合には擁護されない。暫定性と相対性をもつ。ローマまで遡れば親権が典型で、子供の抑圧のためには使えず、子供の権利が優越する。これが占有原理であり、財産権保障はすべてこうした性質をもつ。優越的人権には劣後するのである。だからこそ利益衡量や政策判断に曝される。石川が本件判決を二重の基準論で読むことを誤読として激しく攻撃し人格権モデルを一般人権概念に格上げすることには賛成できない。せっかくみごとに「制度体保障」を言い当てたのだから。

根拠のない宣伝などなど、心配なことは数限りなくある。『コジ・ファン・トゥッテ』のデスピーナをどうしても思い出してしまいますよ。ニセ医者ほど面白いものはないけれども、偽薬も面白い。経済学のほうでは真剣に偽薬の効用を論じているらしいですし。

老教授：許可制がなぜかは考えなくてはなりませんね。

田丸：占有間公共空間は、取引に関わります。ある占有からアウトプットされた物質が他の占有に入る。その通路になる。商業の場合にはその取次になる。入って出ていく。有毒なものを出されるとそれが他の占有に入るのではないですか。これが入り口で規制する理由でしょう。

中村：各人が気をつけて出口、つまり自分の占有の入り口で有毒物質が入らないようチェックをすればいいってだけの話に聞こえる。

黒木：入ってしまったらおしまい、取り返しがつかないというものは入り口で遮断しなきゃ。空港の保安検査場のようなものだよね。

三宅：だけど、あれは荷物を検査しているんだし、危険な物を持ち込むかもしれない人物を排除しているわけじゃない。危ない物質を入れないようにする検査体制と、公共空間に面した占有自体の許可制は異なるのではありませんか？

田丸：あ、その点ならば去年の授業の bona fides（ボナ・フィデース）が参考になります。第二次的な政治システムの間接的な働きが信用に基づく取引には不可欠の条件となるということでした。致命的な物質を混入させないという信用が大事で、ローマでは市場規制のための専門の政務官が存在し、独自の司法審級を有したと習いました。瑕疵担保責任の起源である、と。さっき出てきた actio aedilicia ですね。……実際、薬の危険性のような場合、素人にはわかりません。隠されています。専門家の言うことを聞くしかありません。

風間：なるほど。許可制は bona fides 関係における占有と、同じ配置になるということだね。つまり買主は引渡前から信用に基づいてすでに受け取ったのと同じになる。売主は買主の占有下に入る。買主の占有下の物を後生大事に預かっているとみなされる。すべては売主の責任、抗弁できない。同じように、公共空間内での規律においては公共空間にアクセスして入る者に対して公共空間側の正しさが推定され、公共空間内の自由はこの規律をクリアした者に対してのみ与えられる。ただし、規律は bona fides 準則と同様に、それ自身恣意性を

認められない。公共空間というものの一義的性質に従う、と。
大森：そっか、最高裁が「消極的措置」と呼んでる類型だな❶。規律は必要最小限でなければならないというのは、この意味かぁ。むしろ規律優位の裏返しだ。平等原則、比例原則も厳格に規律を制約する。これに対して「積極的措置」と呼ぶ類型は、たとえば一般道の他に高速道路を作るようなものだろうな。好きに料金を設定し、高額の通行料を支払わなければ通さない、としてかまわないんだ。いやなら一般道を通ればいいから。入り口のハードルを越えた後は、空港のファーストクラス専用ルームのように、個別の客の要求に柔軟にこたえうる。身なりのいい金持ちにべたべたのサーヴィスをしても厳格な平等原則を掲げて行政訴訟などということにはならない。

弘法にも筆の誤り

老教授：それはそうと、第1事案では鉄杭が主役でしたが、今回は法律が主役ですよね。原告は法律を攻撃しています。どうしてですか？
近藤：対比を通じて答えることができると思います。この第2事案の場合は、公共空間の規律優位のために占有転換された。原告は行政の占有に対して占有レヴェルの抗弁をするのではなく、権原たる政治的決定の不当を論証する気であるということです。前提の占有原理に反しているではないか、他を論ずるまでもなく違法だ、というのでなく、ひとまずの手続的正統性を認め、しかしじっくりその政治的決定を吟味すれば、違法である、と論証したい。
遠山：違法でなく、違憲なのではないですか？
風間：憲法22条や29条によって制度が存在し、考慮が義務づけられているということで、人権のようにアプリオリで他を論じさせない論拠であるというわけではないですよね❶。

---

❶　宍戸『解釈論』155頁参照。
❶　例の「三段階図式」の日本版 vulgata は、せいぜい、この場面に妥当するにすぎない。石川健治の一連の論考（概括的には『法学教室』340号（有斐閣、2009年）56頁以下参照）が結局経済的自由を例に解説することからもわかる。なおかつ、私はきわめて懐

田丸：人権でもないのに政治的決定を覆せるのはどうしてですか？

近藤：法律が違憲かどうかということが訴訟物じゃなくて……、あくまで許可申請却下の違法性を争ってる。その理由の一つが根拠法律の違憲性ですよね。しかし他にも行政法上の比例原則とかいろいろなジャンルの理由が存在するわけです。政治的決定は絶対で、これが占有原理に翻訳され、公共空間が占有を取ってくる。したがって覆すには本案、つまり権原攻撃によるしかなくなる……❶。

沢井：しかしそうまでして覆せるようにする、つまり第二段を設ける、その理由は、政治がデモクラシーといういっそう高度な質を獲得するためです。政治的決定は二段の Critique を経た、いっそう精密なものでなければならなくなり、その実現にも同じだけの精度がなければならなくなります。実現過程自体に、明確な分節と透明性が求められます。

また個々の事情、とりわけ人権をきめ細かく尊重しなければなりません。それでいて、政治的決定の一義性を損なってはなりません。ああだこうだと言って捻じ込んでくるのに左右されてはなりません。この二律背反をくぐらなければなりません。もともと、デモクラシーの基準に合致するかどうかはすでに政治的決定過程において吟味されていなければなりません。

疑的である。石川は「二重の基準」論が結局経済的自由サイドを政治的議論の内部へ置き去りにすると批判するが、それでよいし、かつ憲法に規定されれば考慮は強いられる。他方個々具体的な問題の把握に三段階審査はなんら精度をもたらさない。もちろん石川は批判的受容の姿勢に欠けるところはなく、漠然と占有のところに問題があることに気づくのか、ⅠとⅡを入れ替えて「権利侵害」を「保護範囲」判断の前に置く。しかしどちらがどう主張論証するのかという点さえはっきりしないから、効果がない。いきなり権原分配のアリーナに両当事者が参加し政治的議論を始めるという光景に変わりはない。ドイツ民法学・刑法学・行政法学への高い評価を前提に違憲審査基準を法学化したいというのだが、前者が（19世紀ローマ法学による占有次元破壊のため）抱える致命的な欠陥に批判が及ばない。そこまで深く掘り下げなければ人権論との接続は難しい。

❶ 念のため整理すれば、政治的決定＝公共空間は私人の占有に対してそれを剥奪し占有転換してくる。第1事案のヨットのように公共空間内の物的存在に占有、というより占有侵害が仮託される場合も同じである。しかしこれに対して、表現や精神の自由が懸かる場合には再占有転換が生じ、かつこの再転換には終局性がある。つまり行政側はいわば抗弁しえず、否認するしかない。

具体的には論拠に論拠が求められるなかで吟味されます。論拠は、たとえば公益ですね。たしかにその決定は公益に資する。その占有間公共空間は多くの占有に裨益(ひえき)する。自由に資する。

　その「公益に資する」部分を、データを使って時空の網の目をなめつくすように論証しなければなりません。それに欠けると論拠が失格し、結論の候補になりえません。論証すれば、そこを吟味され批判されます。絨毯を敷くような吟味を通じて、たとえば、しかしいくつかの占有を確実に犠牲にするではないか、ということが明るみに出ます。そういう前段階の調査判定部分を手続的に分節することもデモクラシーはしなければなりません。

風間：元に戻って、そういうデモクラシーのロジックを法の側に翻訳し返すと、まさに近藤君が言いかけた、政治的決定も占有を取るにすぎないのであり、終局的でないから争いうる、ただし相手の占有の根拠となった政治的決定自体の違法を論証しなければならない、という構成になります[19]。これが行政処分・行政行為のエッセンスたる公定力[20]、抗告訴訟、等々の由来です。

　他方、私人の側も占有と観念される。その占有が奪われた。占有対占有。占

---

[19] 相手に占有があるのだから、権原ないし原因、つまりは政治的決定（法律と適用時裁量）自体の違法を論証しなければならない。論証に成功すると古典的には占有が元に戻る、つまり原状回復が行われる。フランスにおける古典的画像、そして近年この占有次元が英米の影響を受けて多様な interdictum（アンジョンクション）に展開されることについては、興津征雄『違法是正と判決効』（弘文堂、2010 年）109 頁以下にいきいきとした紹介がある。もちろん、そうした基本についてはさらに小早川光郎『行政訴訟の構造分析』（東京大学出版会、1983 年）が参照されなければならない。なお、興津がフランスの動向から引き出す処方自体は少々混乱している。日本法が占有次元を回復し基本に戻るということと、その次元をさらに豊かにするということ、さらには民事訴訟に固有の二重と行政行為の二段、これらを混同するためと思われる。

[20] 塩野『行政法総論』161 頁以下に、公定力の意義に関し通常の民事訴訟との対比で説明する、きわめて優れた叙述が見られる。櫻井『行政法』85 頁は、なぜだかわからないが、行政訴訟でそうすることになっているから、そのことを指して公定力と言っているだけだ、と説明する。正直でありさえすればよいわけではなく、これでは学生はここで勉強をやめてしまう。日本の法律学全般に、「なんでだかわからなくなってしまったが、そうだから仕方がない」ということが多すぎる。それでいきなり廃止を提案したりする。現実に廃止する。かつてわけもわからず輸入し、その後も深くは勉強しなかったツケである。

有の一義性のゆえに、時空を1点で切って、1か0か一義的です。ただし、行政行為は一個一個政治的決定を原因ないし理由としますから、いわば2枚重ねです。

さらに、行政の占有取得は儀礼的行為により、宣言的になされます。かつ裁量の余地が働き、かつその裁量自身詰めた議論と吟味の結果として正当化されなければなりませんから、じつは密かに政治的決定の顔をもちます[21]。これが狭い意味の行政行為であり、行政行為があると、個人はいったん争えなくなります。

その意味は、「それは正しくない」と思ったとしても、自力抵抗してはならない。すれば、万が一後で正しくないことが証明されても違法になる、ということです。いったん従うしかない。正しくないと思ったならば、原告として本案訴訟をしなければならない。それが本件のような抗告訴訟です。原告となった個人のほうが、行政行為のしてみせた占有転換が占有尊重原則に違反したことを論証しなければなりません。一般民事でも占有者に対する自力執行は違法ですが、この場合には行政の側が占有を取ってくるのに抵抗できない、ということです。債権者が占有をえているようなものです。ではあっても、本案で押

---

[21] 塩野『行政法総論』136頁以下がただちに行政裁量を論じだすのは、占有レヴェルのformelな行為のための小さな決定にすぎないくせに政治的性質を有する（切片をあらためて吟味させる）点に行政法の議論の回転軸を見出すからであろう。占有転換によって争わせるばかりか、裁量の部分を手続的に分節しデモクラシーを浸透させることに力点が置かれる。裁判の場面では、かくして法律と行政行為に跨る政治的決定の側面が二段分節で争われ、そして稀ではあってもこれとさらに占有転換の儀礼的行為の分節が（公開性、説明責任等々）行政手続法の観点から争われる。

[22] 太田匡彦「行政行為——古くからある概念の、今認められるべき意味をめぐって」『公法研究』67号（2005年）237頁以下と塩野『行政法総論』170頁のやりとりが面白い。太田は、行政行為の効力を規律力と（取り消されるまでは違法でも有効という）公定力に分解する（ともにかつては公定力という概念下に置かれていたようである）。本書における政治的決定および占有転換のformelな行為に対応する。これに対して塩野は、公定力は政治的決定それ自体の一義性（排他的管轄等）を意味するのではないか、と返す。政治的決定を、行政を筆頭に何人たりとも迂回してはならないということを占有で表現したにすぎないのではないか、というのである。たしかにそのとおりだが、太田は、ただちには争えないから、一義的なその内容を一義的に転換しうる、という側面

し返せる。政治的決定であるのにこうやって押し返せる㉒、ということは、デモクラシーにとって一つのランドマークです。

でも、そもそも弘法大師でなかったら？

中村：それで、本件判決の実質的判断㉓はどうなんだい？　原告の経済的自由を制約する論拠が弱すぎるという点と、そもそも論証が不十分だという点と、両方があるみたいだけれど。

近藤：ろくな論証もしていない杜撰な政治的決定だったから前提的資格を欠く、ということが決定的だったと私は思うけど、おかしいのは、そうだったら「立法府の論拠づけが不十分だ」と懐疑を表明すればいいだけなのに、裁判所自身が自分のほうであれこれ反対の論証をしているところだなぁ。少なくとも、相手の因果連鎖追跡が不十分だという言明と、ちがう因果連鎖を主張する言明が混ざり合っている。文章が非常に不鮮明だ。

大森：実際の争点は、適正配置が流通の質を保つために資するかということと、多少資するとしても必要不可欠か、他のやり方もあるだろうか、ということの2点ですよね㉔。

を別途切り出したかったと思われる。

㉓　憲法学上の議論はここに集中するが、本書は立ち入らない。行政訴訟の基本形を例解するためにこの判例が選ばれた。とはいえ、1点示唆すると、経済的自由に関する限り実質的な判例準則は見出しえないように思われる。私からは、森林法違憲判決も、合有それ自体ではなく、合有を強制し占有原則を顧慮しなかったことが違憲とされたにとどまる。日本の判例はただでさえ合有を偏愛し、占有原則には冷淡であるから、合有を愛する人々は断固支持するが、どうしても嫌だという者にまで強いるほど野暮でないと、少し衒ったにすぎない。石川健治「法制度の本質と比例原則の適用」『プロセス演習憲法（第4版）』（信山社、2011年）302頁以下は傑出した論考であり、（ローマ的占有原則に依拠する）共有という制度を擁護する積極的意味を見出す。そのとおり、制度で思考していると私も解するが、それは顧慮しさえすればよい、ということを意味する。判例にとって経済的自由はやはり制度のレヴェルにあり、だから判例は占有という制度を足場にしながらも制度を越えるアプリオリ（占有エクステンション）たる人権に物を言わせることはなく、あくまで実体規準は供給せず、政治的議論の坩堝の中で1票与えられていればそれで満足するのである。

沢井：データの量や解析が足りないとか、因果連鎖のシミュレーションにおかしな点があるとか、こういう攻撃法はデモクラシー段階の決定の質を求めるもので、原告はそのように訴訟を運ぶべきだったし、かつ一定程度そのようにして成功したと思います。これに対して行政の側はそれに反論しなければならない。裁判所はその反論が不十分だと言えばよかった。

吉野：およそ適正配置が職業選択の自由、または営業の自由に反するかどうか、ということは判定してないんですか？

近藤：適正配置というけど、本件に関する限り、既存店、既存業界の利益を保存するだけというか、公共空間の交通整理は多元的利益のあいだを取り持つこととちがうどころか正反対のことでしょう、特定の利益団体との結託があるとまでは言いませんが、といった判断が、立法府批判の背後に透けて見える気がします。利益調整モデル自体、政治システムを大きく損ないますしね。少なくとも公共空間を基礎づけません。個人の占有に対抗できません。

遠山：結託に似たようなこと……、つまり、平等原則違反ということですか？

風間：平等原則、比例原則というのは行政裁量の話。ここは立法府の判断自体が問題とされていますよね。

❷ 石川「法制度の本質」後半の比例原則論に相当する解釈である。しかし本件ばかりか森林法違憲判決においても、こうした書きぶりは行政訴訟における再抗弁としての比例原則等々とは相当に異なり、決定過程におけるデモクラシー相応の質を要請する中で飛び出した考慮不足非難であるように思われる。

8 公共空間の領域展開——市民社会の運命はあなたに懸かっているのですよ

第1事案　最判平14-1-22民集56-1-46　ババを抜かせりゃ街が壊れる事件（総合設計許可処分訴訟）

第2事案　最判平17-12-7民集59-10-2645（最判平18-11-2民集60-9-3249）いっそ小田急で逃げましょか事件（小田急高架化訴訟）

第1事案の概要

老教授：では今日も最初の事案をお願いします。

南田：「総合設計許可」というものが立法されました。これは、特定の開発計画について、アドホックに都市計画基準と建築基準を緩和する行政行為です。東京は広尾の旧生命保険会社敷地に、総合設計許可に基づいた高層マンション群と付属商業施設からなる大規模開発計画が許可されました。この行政行為をAと呼んでおきます。これに基づき都市計画許可Bがなされ、さらに計画許可Bを基礎に建築許可Cがなされました。これに対して近隣の住民が異議を申し立て、訴訟を起こしました。ABCそれぞれにつき取消訴訟を提起しています。

　第一審はAにつき却下、BCについては一部住民につき条文に掲げられた目的の範囲で個別利益が保護されるとして原告適格を認めましたが、請求は棄却しました。控訴審は、ほぼ同様ですが、原告適格を認めるにあたって「倒壊・炎上のおそれ」というものを挙げました。そのおそれが及ぶ範囲の住民に原告適格があるというのですね。しかし請求は棄却しました。

　最高裁は、Aについても原告適格を認めました。ですが、AとBにつき棄却、

Cについては、すでに建ってしまったから訴えの利益がないとして却下しました。ただし、不利益変更になるというのでAについての却下は維持されています。原告適格を最高裁が認めた理由は控訴審の論拠を採用したためで、裏から言えば、倒壊炎上の危険さえなければ裁量の範囲内であるとしました。BCにとってAが sine qua non の関係にあるとして基準緩和措置自体にも原告適格が及ぶとした点が最高裁の判断の特徴です。

● 田舎のネズミにゃわかるまい

老教授：今日というこの日を一日千秋の思いで私は待ち続けていました。ついに、都市とは何か、と君たちにきくことができるのです。母は来ました、今日も来た、ですね。

黒木：え？　もう聞き飽きてますけどね。都市と領域の区別がなければ政治システムが立ち上がらず自由が保障されない、とか。「馬鹿の一つ覚えで、この授業大丈夫か」と毎日ささやき合ってます。ま、授業では先生に花をもたせるよう、それなりに答えてはいますが。勉強会もしていますし。

老教授：それでも、都市そのものが授業で扱う判例に登場するのですから、気分は格別。私がなぜ行政法を愛するか、わかりますか？　行政法の判例集を見てみてください。要所要所に都市計画が現れます。建築基準もです。

田丸：この後、温泉も出ますよね。私はそっちがいいなあ。たまにはのんびりしたい！

老教授：いやあ、田舎のネズミには都市のネズミの感覚はわかるまい！

南田：まあ、ホラティウスまでは少なくとも遡りますから。きっとそれ以前まででしょうけれども。都市のストレスときた日には並大抵ではありません。

中村：根本的な疑問。そうやってギリシャ・ローマのモデルを振り回していますけれど、たとえばそれを今日の判決文上の「都市計画」なるものに当てはめても、「都市」という語に引っかかっただけの無意味な関連づけじゃないですか？　東京がギリシャ・ローマの都市であるとはとうてい思えません。

遠山：単純な話、都市と領域の区別とか言っても、なんのことかわかりません。東京が都市であることは疑いないと思いますが、いったい、どこからが領域な

んですか？

沢井：ずっとノッペラ棒に建物が広がっていて、区切も形もランドマークもなく、とても不安になります。ヨーロッパでは今でも都市と領域の境目はあります。大都市でもです。かつてとはちがって城壁で厳格に区切られるということはありませんが。広場があり、それぞれの区域はそれぞれ明確な位置づけをもっています。産業化や郊外住宅の発達で曖昧になる傾向はありますが、つねに新しい意味を付与すべく都市領域間区割りの創造や領域整備なども「都市」「領域」という言葉をはっきり使っておこなわれています。だから都市の生活にも方向感覚というものができます。

　東京はまったく異常です。これが面白いというのでお化け屋敷のホラー体験のように観光客に人気ですが、そこで一生を構築するそういう空間としては最悪です。とりあえず区分を求めて瀬戸内海のクルーズに飛び出したことがあるくらいです。海と島と空がくっきり塗り分けられていました。

黒木：そういえば、地方都市出身のボクの友人が「山が見えない」のを苦にしていたなあ。富士山も毎日見えるわけではないからね。

老教授：たしかに、近代の都市はギリシャ・ローマの都市とは根本的に異なります。中世ヨーロッパでも、ギリシャ・ローマ型のイタリアの都市と北の都市では、性格が全然ちがうことはよくご存じのとおりです。イギリスは「カントリー」という独特の価値を擁して強力なヴァリアントを形成しています。そしてなによりも、産業化以降、都市の古典的概念がずたずたになっていったこと、近年ではポスト・モダンの都市概念がもてはやされること、これも常識です。しかし、ギリシャ・ローマの古典的な都市概念がまずは基軸を成していることも常識です。古典的概念については、たとえばロラン・マルタンの古典的な本❶を参照してください。

---

❶ R. Martin, *L'urbanisme dans la Grèce antique*, Paris, 1956. 必須の基本書とされます。つまりギリシャについてのみならずおよそ urbanisme について学ぶための基本書なのです。ちなみに、ギリシャ・ローマにアプローチするためにはしっかりしたシェルパが不可欠であり、シェルパの評価選別は現在でもヨーロッパではしっかりしており、中等教育レヴェルで確立されています。翻訳頼りに勝手にテクストに赴いてもとんでもないことになるということが周知されているので。

吉野：骨の折れる授業だなあ。

老教授：「都市とは何か」について、一義的な答えはなくとも、深く考えていない限り都市計画を素材とする公法上の訴訟を審理することはできません。それに、「川とは何か」についてあれだけふざけた考察をしながら都市についてはそれをしないということは衡平を失します。

中村：と、また、先生の冗談は過ぎてますけどね。

● 大阪は食い倒れ、京都は着倒れ、東京は計画倒れ

老教授：ならばききますが、都市はどうして計画するんですか？　無秩序になるから、とか言わないでください。

大森：サラ金は、「ご利用は計画的に」と広告してます。

老教授：「吸いすぎに気をつけましょう」というタバコの広告と同じくらい偽善的ですね。すると、計画は偽善のためにすると？

三宅：計画という以上は、そのとおりにするんじゃないですか？

吉野：いや、計画という以上は、それは計画にすぎず、実際とはちがうという意味でしょう。昔の憲法上の議論でもプログラム規定論というのがありました。話はそれますが、この見出しは一体なんですか、編集者さん。"Milano lavora, Roma mangia, e Napoli canta"（「ミラノが働くと、ローマが食べちまい、ナポリは歌うだけ」）のもじりですか。北の偏見じゃないですか。

横田：黙れ、「リバタリアンの丸焼き、イタリア風」めが！　政治の本質は理念であり、計画なのです。プラトンの『ノモイ』でみんな知っているとおり。

三宅：でもさぁ、都市は領域のロジックを排除した空間のことだったよね。そこには自由がある。そしてそれは社会全体を自由にする、という話だったはずで、狭くはそこで政治がなされるということだったんじゃなかったか？

横田：領域、つまりテリトリーの上に積み重なっている échange(エシャンジュ) を叩き切るわけだから、計画。で、計画というのは消しゴムでゴシゴシするようにいったん白紙にして、白いキャンバスに自由にデッサンするように描き直す、こういうことだよな。

田丸：それと独裁と、どうちがうんですか？　独裁者がいると、仰々しい都市

ができあがります。

吉野：ローマで言えば、ムッソリーニの痕跡は顕著だね。ああ、あのおぞましいヴェネツィア広場。大学都市にテルミニ駅。

老教授：ギリシャ都市が直接のモデルとしたと思われる中東の神殿都市だって領域のロジックを排除したように見えますね。同じく、墓の造営が似たような聖域を創出します。これらとギリシャ都市はどこがちがいますか？

南田：都市と領域が分節されているのですが、都市はさらに自由な空間を分節的、多元的にもってませんか？　たとえば神殿が多元的に建っている。相互の分節を創り出すためにどちらでもない空間が張り巡らされ、さらにこれと政治的空間が区別される。神殿都市は一個の聖域に他の空間が従属する形です。独裁者の都市は多元的な機能を一点で効率的に束ねるために空間が配置されています。

沢井：そこでも一見テリトリーの上の échange が排除されているように見えますが、統制されているだけで、そのうえ、必ず腐敗し、ただの échange が地下で繁茂します。形ばかりの巨大な都市のうつろさはここに起因すると思います。郊外の計画的な住居地区がスラムと化し犯罪組織の温床となるのも同じです。

　見かけの合理性と真の合理性は区別されなければなりません。後者は政治に固有の自由な議論によってのみ得られます。反対は、誰か一人の頭の中だけの理念です。妄想によっては天上界は現出しません。議論を通じてのみです。それを欠いたまま、勝手な計算で効率的な logement social（団地）を大規模に建てて労働者を住まわせても、住宅問題の解決にはなりません。議論が伴わずに設計された空間では、議論はおこなわれていきません。市民社会のあの議論はそこでは再生されません。

近藤：そうすると、そういう合理性が都市の生命だというわけだね。計画はたしかに白紙にする作用から出発するけれども、ポイントはその先議論するところに存在する、ということか。

三宅：だったら、政治というよりデモクラシーに遡るのも当然か。都市計画といえば、イオニア、つまりミレトスのヒッポダモスに遡ると言われる。

● ● ● 都市の基本概念

老教授：実際には、政治が生まれると同時に都市計画は不可欠でした。「白紙に描く」という意味もありましたが、政治的空間を創り出すために、議論の前のいわば原議論、意識のなかでの鋭い相互批判ですね、これをしなければ都市の概念には至らなかった。原議論はホメーロスとヘシオドスに痕跡をとどめているということは申し上げたとおりです。

　「白紙にしていく」ということ自体、徹底的な対抗を議論によって可視化することによってしか達成されません。表面白紙にしても、水面下で怪しい取引は必ず執拗に発達し表面を腐食させます。さらに、鋭い対抗ないし引っ張り合いがあってはじめて、空間の明晰な分節を実現します。自由な空間という観念自体単純ではなく、échange の分解力と聖域化の力が極限まで引っ張り合って成り立ちます。だから、掛け値なしの実現には徹底した原議論と議論を経ている必要があります。玉虫色の計画では、各利益集団が自分のいいように解釈してなし崩しにしてしまいます。計画倒れですね。以上はすべて政治に備わっています。しかしデモクラシーになると、都市内の公共空間の分節が二重になります。

　ここで「分節」という語について註釈しなければなりません。この授業では articulation の訳語です。通常は segmentation の訳語としても用いられますが、その場合は、一つの組織がさらに枝分かれしており、枝分かれした各部分 segment がさらに枝分かれしている、といったことを指します。区別するために私はこれに「枝分節」という苦し紛れの訳語を用いることにしています。articulation のほうは、各部分の自由が保たれたまま水平に結合し上下関係がない、というところに特徴があります。こちらは社会学ではなく元来言語学、それも音韻論の言葉です。節足動物を一方に、他方に「截然」という日本語を、思い浮かべて対比してください。

　さて、少し難しいのですが、二重分節という概念を立てることが可能です。つまりそれぞれ自由に分節している単位がさらに自由に分節している、というものです。これも言語学の概念です。文は語によって分節されており、語は音

節によって分節されています。ともにクリアで重なっている部分がない。しかしばらばらではない。かつ、言語によっては繋がりに多少の法則が存在しますが、基本的に第一音節は第二音節を従属させるなどということがなく、そこにどのような音節がくるかは自由です。それでいて繋がりは維持される。

　ここで、都市の空間は元来分節的ですが、デモクラシーの段階になると二重に分節していきます。公共空間自体他から分節していますが、その内部をさらに分節させていきます。アゴラというのはこの時点ではじめて登場する構造です。都市内に市民社会の展開が見られるようになることのコロラリーです。公共空間が一度切れたはずの領域と深く関係していく過程とパラレルです。この段階ではじめて計画が、ことさらに強く意識されます。単に議論の結果であればよいというのでない。論拠の質を問う、とくに時空に延長をもつデータを伴わなければならない、いくら立派なアイディアでも具体的な条件のなかで実現可能性のないものは失格である、そういうデモクラシーの段階に固有の要請をクリアする都市構築の青写真がさかんに模索されます。

　都市空間自体が二重に分節しているのですから、論拠も分節的な延長をもつのですね。そうした考えのチャンピオンが、ミレトスのヒッポダモスであったわけです。格好ばかりつけて都市空間を派手に拡張しようとしても通らない。都市内の空間分節、そして領域との関係を予測しなければならず、領域側のデータもしっかり分析しなければならない。人や物が都市内と都市領域間において分節的に動く。さらには対外的関係、そして大きな状況、社会構造、等々がしっかり分析できていなければ計画の名に値しない。そういうことになりました。

「総合」にご用心

中村：と、例によってギリシャに関する無駄話。
老教授：かどうか、はじめから決めてかからないでください。ならば、ききますが、「総合設計許可」と称していますが、どうして「総合」なんですか？
一同：うーん。
吉野：弁護士事務所の名前にも「総合」とつくのがあるし、授業でも「会社法総合」とか……。なんでもござれで、一段下という感じ？

黒木：おそらく、容積率や建蔽率の話だろ。個別には地区の基準に違背したとしても、ひっくるめれば基準内とか。どんぶり勘定で基準を緩和するための言葉で、しかも何かよさそうな気がする。判決では、基準を緩和した代償として公園を広く取るとか、そういう「総合的な配慮」という言葉を使っています。

老教授：ほんとうにそうかわかりませんが、基準の緩和と関係していることだけは確かですね。それで、なぜ基準を緩和するんですか？　基準の意味がないではないですか？

大森：最高裁も触れていますが、一審判決で東京都の許可要綱に言及されて、それによると、共同化や大規模化や「有効かつ合理的な利用」、そして「公共的な空地空間の確保による市街地環境の整備」、「良好な住宅ストックの形成」、防災強化、街づくりなどなどが目的として挙げられています。

風間：原告適格の判定に法律の目的が決定的に重要であるというのが法律からも判例理論からも言えるのに、最高裁は建築基準法内に挿入された総合設計許可の目的を長くは論じていない。不満な点です。

田丸：「都市計画は公益のためのものだから私人には関係ない」という論理と一審は格闘しているのに、公益とは何かが全然探求されていませんね。要綱の並べ方もただの羅列で、もうやけっぱちに近い。これじゃあ、私たちの答案のようです。都市計画は第一義的には公共空間の設計であるはずです。公益という限りはここでしょう。ところが、公共空間というのはただの空き地のことだと思っている。火事の延焼を防げばそれでよいのか。愚かすぎます。それでいて公益を振り回す。

近藤：本件計画の脈絡を考えよう。生命保険会社の破綻がきっかけだった。土地の売却は債務整理のためで、高く売れなければ債権者たちが困り、債権者が困ると信用システムに影響が出る。一般的にどんどん開発してたくさん転がさなければならなかった時期でもある。高く売るためには高層にして、付加価値をつけて、同時に商品数を増やすしかない。つまり投資を呼び込む。そうなるとババを抜くというより砂糖に群がるという趣になるね。

南田：なあんだ、それじゃ私益じゃないですか。あ、私益でさえない、不透明な集団がテリトリーの上で蠢いてるだけじゃないですか。どこが都市計画なんですか。

横田：公共空間の破壊は重大な犯罪だよ。
三宅：第一、審査会にはかけているが、コンペ一つされてない。大規模開発だったら、当然コンペの最終審査は住民投票によるコンクールじゃないと。それがデモクラシーの議論です。これを欠けば計画とは言えませんよ。

全知全能のショッピング・モール

中村：しかし、そうなると謎だな。害されたのは公益。ところが私人が訴えている。検察官が訴えるならわかるんだけれども……。民衆訴訟、住民訴訟もあるにはあるけど。
老教授：ならばききますが、ショッピング・モールはいかが？ イカッスカア？
大森：ボクは、別に、好きだけれどなあ。『下妻物語』という映画があってさ。畑のど真ん中に、唯一輝いているのはショッピング・モールなんだ。中に入ればなんでも揃っている。一日中だっていられる。下手するとシネコンとセットでね。
沢井：私は嫌いです。全然落ち着きません。
老教授：ほう、どうしてでしょうねえ。
沢井：そもそも、中で迷子になってしまいます。窓がなくて方向感覚がありません。
老教授：閉じた空間ということですか？
沢井：空間的に閉じているだけではなく、今、大森君が言いましたよね、一日中だっていられるって。何から何まで揃っている。生活自体が閉じているんです。中は広大ですが、人のコミュニケーションはありません。いえ、広場の模型のようなものは設置されています。団地の公園みたいなものですね。本件でも公園が出てきます。けれども、なぜかそういう公園は親しまれません。路地のほうがいいんです。人工漁礁より自然の藻場のほうを魚は好むのです。
老教授：形態的な分析をするとどうなるでしょうかねえ。
沢井：ピノッキオが大マグロの胃の中でジェッペート爺さんと遭ったときのようです。なんとしてでも脱出したくなります。内部が分かれているのです。迷宮のようです。客は少なくとも二度入ります。モールへ入っても、さらに中の

ブティックに入る。浅草の仲見世あたりなら横一列で、ほとんど入る余地がないほど奥行きがない。外に曝されています。

老教授：オランダやイタリアの町はそういう性質が濃い。

吉野：ナポリの下町は、ほとんどもう路上ですね。路上に出ている人が多い。ただ出ている。商店主なんかも。おしゃべりだって始まる。バールだって、オープンで。パリのカフェもそう。中に入り込んで片隅で話し込んだり、カップルが黙ってそれぞれ自分の携帯電話を見入っているなんて光景はありません。カウンターでさっとカフェを呑み、さらりと話をする。誰とでも。「お席のほうはもうお決まりでしょうか」とか、馬鹿なことはきかれない。あれは田舎者の作ったマニュアルですよ。こないだ、「立ったまま一瞬で飲んで立ち去ります」と答えたら、困って、挙句の果てに無視してきた。市民生活を知らない奴だ。

老教授：おっと、吉野君を刺激するつもりはなかったのですが、ついつい。それで本件計画はどうでしょう？

遠山：どんなに綺麗に作っても、独立しちゃってる複合体のようになりますよね。中に公園や公共スペースがあるのが、もっといけません。店や病院があると目も当てられません。それに、広尾といえば伝統的な御屋敷町じゃないですか。とっても閑静な住宅街ですよね。私、あのあたりは大好きなんです。生命保険会社がなんのためにその土地をもっていたのかわかりません。投機目的だったかもしれません。そのころそこが良い状態であったかはわかりません。事実認定すべきだったでしょうに。にしても、せっかく再開発するというのならば、広尾という街区にふさわしくしてほしかったと思います。異質な塊が入り込むのではなく。開かれていれば溶け込んだでしょうに。

プーブリコラの範

老教授：すると、街区には固有のロジックが存在するということですね。

南田：そこから思いつくのは、ローマ共和政樹立のランドマークをなす多くの伝承の一つです。共和革命の立役者にして初年度の最高政務官であったウァレリウス・プーブリコラはたまたま坂の上に住居を持っていたんですが、あえて

建物を壊して平らにし、これを神域化、他方自分の新たな家は坂の下に構えました。他の住居、というか他の街区単位を威圧してはならない、ということです。それは王政樹立の野心につながる、つまり権力を発生させると解されたのです。

老教授：その脅威は具体的には何を害するものですか？

横田：狭い意味の政治的空間へと自由にアクセスできないという怖れです。物理的にできたとしても心理的に負担感を抱いたままになります。プーブリコラには頭が上がらないみたいな。

老教授：すると、広尾の住民がどこか公共空間を引照点として意識している可能性がありますね。もちろん新しい「ガーデン何とか」か「何とかシティ」を迂回すればよいし、別の引照点を求めてもよいのですが、迂回自身、意識したことになります。都市をきめ細かい織物にたとえれば、その繊維を害されたと感じる。

遠山：広尾であれば、引照点は恵比寿か渋谷？　直接永田町ではないですね。

黒木：そうとも特定できないくらいの山の手の感覚でしょう。痩せても枯れてもブルジョアジーの意識、市民社会の成れの果てです。一個の繊維組織自体が引照点です。

老教授：そうだとしましょう。すると？

沢井：公共空間に私的利益の楔（くさび）が入ったが、その場合公共空間は具体的には住宅から引照点への通路、あるいは住宅が引照点との関係によって維持している意味づけ、意味のヴィークルですね。それが切られた。

風間：それは占有保障システムの切断と非常に似ていますが、しかし私にわからないのは、領域の占有ではなく都市中心の住居が有する意義です。

南田：それは簡単ですよ。さっきの伝承からもすぐわかるとおり、政治的階層、政治的頂点は都市空間内に拠点を有します。領域からいちいち集まってくるのではない。政治は村の寄合の正反対です。政治的階層、最初は貴族ですが、その階層を切り出して、領域の利害を直接政治的議論に反映させなくするということもあるし、政治的頂点の部分の分節、自由独立をいっそう強く保障する、という意味もあります。いくら政治的空間といえども集まってしまえば距離を取るのは簡単ではありません。随時拠点に戻りたい。

三宅：なるほど。デモクラシーになると市民社会のレヴェルでそれが繰り返されるということですね。政治的中心の外側に市民的街区が都市内で分節する。その街区に市民的住居が発達する。ブルジョアジーですね。

吉野：イタリアの歴史学では、政治的階層が都市内政治的中心に陣取るのが大ブルジョアジーで、市民的街区の都市住民が小ブルジョアジーというように区別する。あ、「ブルジョアジー」は本来「都市民」という意味で、転じて社会階層を指示する学術用語になったということはオーケーですよね。

三宅：なら、その小ブルジョアジー、経済的階層が独自に市民的な社交や文化の交流点としての広場をもつのか。「総合設計」はこの関係を切断したんだ。

トウキョウトッキョキョカキョクキョカキョクチョウ

田丸：いったい何が切断したのでしょう？　破壊の実質的主体は私的集団ですよね。しかし行政主体のようにも見える。

横田：都市計画自体、一義的でなければならないし、デモクラシーになれば多くのデータを精密に分析して議論を詰めなければならない。だから当然政治的決定の専管事項だ。今回の「総合設計許可」もたしかに法律に基づいている。法律による行政に反してない。

田丸：けれども、政治的決定を装いながら、じつは利益集団が公共空間を破壊しているように見えます。この両者の癒着が問題ではないかとさえ思えてきます。そもそも、都市計画なのになぜ「許可」なのかわかりません。申請に基づいて許可がなされている。厳密なプランではなく街区における基準を定めるにとどまるのが日本の都市計画の弱いところだと思いますが、しかし計画である以上は全体的なものです。ところが、それを一部だけ穴をあけるように改める。しかも私的集団からの申請による。だから許可などという、本来、計画にはあるまじき形態になるのではないですか？

風間：その点をきちんと分析するとこうなるかな。まず建築基準法がある。これは許可にふさわしいですよね。個々の建物は必ず公共空間に面している。占有を基礎とするからです。危ない建物は事実、公共空間の脅威になる。建物の前の通りを散歩する人のことを考えてください。まわりには、倒れそうな建物、

燃えそうな建物ばかりか、閉ざされて中が不気味な建物や迷路になっている建物、犯罪組織のアジトの匂いがする建物、つまり透明性を欠く建物、廃屋などなど。そういう建物は、行政がみずからの判断で取り壊せます。

ヨーロッパではファッサードの構造や色まで、いちいち許可がいるんです。つまりこれは公共空間への入り口規制で、ストレートに占有を転換します。危険な建物は行政が押さえる。不服があるならば抗告訴訟を起こさなければならない。その許可の基準が法律により定められています。

さて、その建築基準はもちろん都市計画に依存します。ところがこちらは個々の占有にはただちには関わらない。政治的決定のままです。だからヴァーチャルなところが取り柄。夢と希望に満ちた青写真。占有なんか動かしやしません。だから誰かに何かを許可するという話とは、まるっきりちがいます。分節的な手続を重ね明晰な議論を通じて策定するものです。

すると、今回私人の申請に基づく許可という形になったのは、一部分だけ特定の私人のために改定するということになったからです。つまりその私人のための特定の建築許可が、そこに遡及してしまった。海の塩水が逆流し、上流の真水に混濁を生ぜしめた。だからこの「総合設計許可」は、本当は許可ではない。

それが許可になったには深いわけがあり、私益のために都市計画を曲げたというのがそのわけです。そもそもそこだけツギを当てるように異質な布を貼りつけては、計画が計画でなくなります。計画には全体性が不可欠です。さもなければ穴だらけになっていきます。その意味で、この許可とそれを定めた立法自体違法であり、政治システムを中から破壊したという意味で犯罪です。

横田：たしかに、許可は政治的決定を個々に実現する占有転換行為だ。これも政治的決定に基づかなければならないが、他方都市計画は厳格な政治的決定そのものであり、おそらくデモクラシーに対応した市民社会レヴェルへのエクステンションだ。だから市民社会の個々の構成員の利害に直接触れるが、しかし個別的な占有転換に至らない。これを前提した争い方には適しない。

遠山：じゃあ一審の判断が正しいことになりますね。許可ではあっても、実質、政治的決定本体なのだから、まだ私人には訴えることができない。「都市計画は公益に資するためのものであるから私人には訴える資格が無い」と一審は言

っています。

近藤：それ、原告適格の問題と処分性の問題❷を混同していますね。政治的決定とそれに基づく占有転換があって、はじめて行政処分が完結します。処分性ですね。行政処分にはしたがって必ず特定私人の相手方があります。それは、占有には必ず特定の主体が存在し、その占有を転換するのが行政行為だからです。そして占有ですから訴訟要件を決定します。

しかし、政治的決定はあったが、まだ占有転換の formel（フォルメル）な行為が終わっていないというのと、それを終えたが撃ったのはお前ではない、というのは二つ別のことです。

都市計画、この場合その修正があなたの占有に関わらないとしても、たかだか「まだ誰の占有にも関わらない」からです。「彼、つまり公益さんの占有に関わるのであり、あなた、私益さんの占有には関わらない」という論理は使えません。そして、公益にか関わるということは必ずあなたにも関わるということです。

黒木：処分性の欠如は、逆に、「占有を動かすけれども、政治的決定の要素が欠けている」という場合❸にも言うようだけれど？ 勧告とか指導とか目配せとか。だけど権力性も規律性❹もない、やたら具体性だけはあるが、とか。

近藤：その場合は、占有には関係していても占有転換を根拠づける政治的決定

---

❷ 政治的決定がまだ占有転換に至らないというタイプの処分性問題については、山本『判例から』388頁以下参照。

❸ 山本『判例から』326頁参照。行政契約類似のケースに関する下りであるが、処分性がこの側面から欠落しても占有転換がないだけで通常の請求訴訟は可能だとする。前提として、処分性欠如には政治的決定がない場合と占有転換がまだない場合の二つがあるということが見事に区別されている。前者が権力性の（欠如という）問題である。政治的決定が公定力等々をもたらす。

❹ 規律性については、まず塩野『行政法総論』155頁以下が重要である。権力性と法的効果達成という両極の間に、一方的占有転換作用を、事実の平面で物事が動くのとは別個の意義づけのレベルで概念する。これを承けて、山本『判例から』327頁以下は、塩野のように理解することにより、本書が占有転換に見立てる効果が（アナロジーのレヴェルに）拡張されることに着目し、政治的決定はないが、あったのと同じように転換作用が発揮された場合にも処分性を認める。塩野が拓いた（処分性の両極の間に横たわる）規律性の次元を展開したものと評価できる。

がない。だから行政指導に対して抵抗しても違法にはならない。訴えても権原を攻撃する必要がない。行政は、「うるさい、口出しするな（＝占有、侵害するな）」に対して、「すみません、希望を述べただけです（＝占有、侵害する権原がある、ではなく、侵害してません）」と返さなければならない。

　他方、都市計画法に基づいて都市計画が決定されれば、建築許可などなくとも占有保障系に落とし込まれて都市計画が個々の占有を脅かしています。端的な占有が問題なのではなく、デモクラシーの問題を占有に置き換えているのだということをつねに自覚していなければなりません。具体的な線引きののちは処分性はあるのです。

大森：いずれにせよ本件の場合、都市計画には処分性がなく取り消せない、と逃げられ、これに基づく建築許可も取り消せなくなった。建築許可が違法な理由として都市計画の違法を主張すると、今度は公定力で遮られた。

遠山：たしかに出訴期間制限の問題があります。違法性の承継❺とかも習いました。

風間：その種の問題は事案ごとによく検討しなければならないけれど、さしあたり本件の場合は本件行政行為が異常だから生じた問題です。計画なのに許可とし、私益を図る。第三者が許可を争おうとすると、計画だと逃げる。「計画」のふりをした許可だから端的な処分性がある。原告適格はこのあと議論しましょう。そもそも、被告には手続法上の悪意があり、当事者適格を争う資格がなく、一見明白に本案で敗訴です。

田丸：抗告訴訟のなかでも取消訴訟が出訴期間制限を課されるのはなんのためかから考えなければならないんじゃない？

風間：ああそれは占有のロジックです。占有は現在の勝負です。違法な占有転

---

❺　山本『判例から』179頁以下参照。争うことの手続保障という単位で分節し、分節単位内で承継を認める。公定力を「制限」（山本自身のタームとして正しくは「分節」）する試みである。しかし付け加えるならば、課税関係においてしばしば見られるように占有サイドの構造（財産法上の関係）が複雑なために占有転換行為自体が多重化する場合と、政治的決定サイドが多重化する場合を区別すべきで、いずれにせよ、手続の分節を構築するための論理が不可欠である。たまたま前段に手続が十分構築されていないから後段で争わせる、というのでは説得力がない。そのような手続構築自体が違法である。

換といえども固まってしまえば本物の占有転換になり、占有尊重の観点からは、金銭賠償のみが認められる場合があります。本件でも最高裁が「建ててしまえば取消訴訟は却下である」と言っています。しかしそうでなく時間が経っても除去や原状回復等が認められる重大な場合もあるでしょう。方法等占有レヴェルの瑕疵は治癒されてしまうこともありますが、重大ならば期間経過によって違法が適法になるのではない。取得時効を贓物の抗弁が切るようなものですね。本件のような犯罪的な都市計画変更の違法はいつまでも争えます。無効等確認の訴えですね❻。前提資格を欠くから公定力なんぞ無視してやれ、その状態を維持する占有訴訟をしてやれ、さえ許されるかもしれない。

　逆に言えば、事実そうなっているように、取消訴訟は本来ならば占有訴訟類似の迅速性が求められます。ただちにすれば、珍しく止められるのでなければならない。本来ならば差止め訴訟❼、それも保全訴訟としてのそれと連動していなければならない。行政行為の単位をきっちり占有転換の１点で切るということも忘れてはなりません❽。

誰にも迷惑をかけておりません？

中村：本件の場合、むしろ民衆訴訟、つまり客観訴訟に向いているということにはならないんですか？　「公益に関わるということはあなたにも関わるということだ」というのはわかるけれども、公益を享受するのは政治システム構成員の全員だという結論になりはしないか。そこを限定して原告適格を論ずるためのモデルはあるのか。

---

❻　行政事件訴訟法３条４項。
❼　行政事件訴訟法37条の４。これは本案訴訟である。
❽　政治的決定サイドの多重性には注意が必要である。多重性自体のなかに違法ないし不透明が隠れている場合がある。それが本件であるが、それからもう一つ、占有転換行為を政治的決定と混同してはならない。本件の場合都市計画自体を争うこともできたと考えるが、建築許可を争う場合も都市計画と建築許可という二つの行政行為があるのではない。一続きの小さな政治的決定と一個の儀礼的占有転換が存在するのであり、この二重を都市計画と建築許可の二重と混同してはならない。

老教授：ふむ、それでは個々の住民はこの問題にどう関わりますか？
黒木：民事訴訟の可能性を論ずるのですから、占有パラデイクマに落とし込まなければなりませんねえ。行政ですから政治的決定によって占有転換が発生する。相手方は占有を主張できずに転換根拠たる決定自体を争わなければならない、ということでした。
南田：え？　この場合はその相手方たる特定利益集団と行政主体が結託しているんですよ！　争うわけないでしょ！　争うとすれば結託の被害者でしょ？
吉野：それで不法行為か。火災や倒壊の危険とか最高裁は言っている。
老教授：これはなんですか？
横田：民法717条、「土地の工作物等の占有者及び所有者の責任」のつもりなんだろうねえ。
老教授：原告適格の問題に入ったわけですが、基本を確認しましょう。原告適格とは？
田丸：占有の侵害を主張しうる立場にあるということでした。
中村：心の優しい最高裁は、この高層建築複合体が倒れてくる脅威に曝される範囲を確定し、処分が公益のためであるのに、そのわりには特定の誰かに許可なんかしてしまっているけれども、その特定の誰かでない特定の第三者に原告適格を、特定の範囲に住んでいる限り認めている。
南田：空々しいですね。住民はそういうことを問題にしているのではないのに。……ということは、さきほどたっぷり議論しました。弁護士さんは無理矢理「あそこを通ると倒れるかもしれないという恐怖に曝される」と言ったかもしれませんが、それは不法行為しか知らない、不法行為もよく知らないからで、最高裁も同じでしょう。しかし住民の気持ちはそこにはありません。
遠山：じゃあ、どこにあるんですか？
近藤：それをきちんと理論化する努力が欠けているんだろう。もともと処分の相手方以外に拡張するとき苦戦するし、そこを苦し紛れに「法律上の利益」で区切ろうとするけど、これがなんのことかさっぱりわからない。ここでまず、つまずく。正しくは「占有を侵害された者」という要件が意識されなければならないわけ。占有転換は相手方だけに働くから、そうした擬制の部分と、事実として第三者の占有を侵害してしまったという場合は区別しなければならない

けどね。そしてそれでもなお、具体的な占有侵害の及ばないその先の者にさえ原告適格がありそうな感じで、かといって客観訴訟ではなく、その範囲をいったいどうやって区切るんだろう。これが問題なんだよね。

風間：ははは、細工は流々、財布はスカスカ、でも答えは簡単、あちらがダメならこちらを探そう。原告適格だからって原告ばかり見ているんじゃダメだよ。彼女を落としたいなら愛犬と仲良くならなければね。

原告の占有を侵害するのはどの占有か？　侵害側の占有を見ようではないか、諸君。はたしてあの陳腐な高層マンションが、わが住民を脅かしているだろうか？　わが住民はそんなにやわではなーい！　街の繊維組織、連続性をズタズタにされた。ブラックホールによって塞がれた。しかるに諸君、占有は何によって保障されるか？　公共空間が適切にこちらに向かって伸びてきているということによってではなかったか？　それがズタズタにされた❾。ゆえに、わが占有の品位が著しく低下せざるをえなかった。吾輩の高邁なる精神を以てしてもである。

つまり、個別の占有が占有を侵害したのではなく、他ならぬ占有保障系が、占有保障障害を起こしたのです❿。ま、都市内の空間分節に関わるのであって⓫

---

❾　自分の占有に直接関わらないが、それを保障するシステムが破壊された、つまり雷が自分の家に落ちたわけではないが、自分の家に達する送電システムに落ちたという場合、民法を権原体系に置き換えたパンデクテン法学モデルが窮屈になる。オーリュー（M. Hauriou）とロマーノ（G. Romano）にこの問題意識を読み取った仲野武志『公権力の行使概念の研究』（有斐閣、2007 年）は、「凝縮利益」なる概念を提案し（284 頁以下）、まさに建築許可を例にとるが、ポルチーニを嗅ぎつけた優れた犬が自分でドッグフードに混ぜたようなものである。利益調整の坩堝にぶち込んだからである。仲野が学習したソースはいずれも極めて乾いた法学的論理構成、占有原理そのものを目指したはずであり、これを指摘した仲野の功績は大きいだけに惜しまれる。

❿　巽智彦「形成概念と第三者規律」『国家学会雑誌』（5・6 号、2015 年。以下連載）が参考になる。つまり、取消判決が原告以外に効力を及ぼす事象を形成判決アナロジーによって理解する伝統説を山本隆司らの法関係論を手掛かりに複合モデルを作って理解し直そうとするものである。本書は、たとえば本件で許可が取り消され開発業者が除去等を命じられる事態になった場合、住民との間の私人間紛争を概念するのでなく、公共空間の一義性によって客観効が生まれると解す。行政に民事訴訟の処分権はなく、除去をしないと刑事責任さえ問われる。開発業者はしたがって除去という公共空間のロジックおよび（司法によって指示された）政治的決定（規律力）に服する。建築許可を受けた

本当の占有、つまり領域の占有に関係するわけではありませんが、占有保障のモデルが流用されるのです。政治的決定に対する争いですから。

遠山：だからこそ公法上の訴訟である、やはり抗告訴訟である、ということなるんですね！　ただ、原告適格が無限に広がりはしませんか？

三宅：特定の占有保障系を観念することはできそうですよ。大きな川の流域のようなものでエリアを画することもできそうですね。最高裁も、倒壊のおそれなど漫画的な論法になってしまったけれども、ほんとうに言いたかったことはそれではないですか？

大森：建築許可をした、許可された者が建てた、隣の日照を害した、隣が許可を違法だとして抗告訴訟を提起した、法律上の利益を侵害した、と。これも占有保障系の機能不全？

風間：その場合は、隣が行政行為名宛人に対して普通の民事訴訟を起こします。占有を侵害したぞ、とね。

横田：えー？　でも、「許可を得ているんだ、しかもその許可には公定力があるんだ」と名宛人は抗弁するでしょ。農地法の処分に瑕疵がある場合にさえ、失ったほうの所有権に基づく返還請求は処分を取り消してからでないとダメ、と習ったよ[12]。

住宅が隣の日照を害した場合がただの私人間占有問題（民事訴訟）になるのと対照的である。建築許可は占有侵害を正当化しないし、他方これを攻撃しなければ不法行為を論証できないわけではない。公共空間ないし都市計画のような媒介が存する場合になお民事訴訟を擬制するのは、個別占有への影響をモニターにして政治的決定自体の質をチェックするというデモクラシーの要請が存在するからである。

[11]　本章第2事案は都市内公共空間延長部ではなく領域への延長部に関わるが、後述のように最高裁は行訴法改正を受けた原告適格拡大を行った。これに対して最判平21-10-15民集63-8-1711は再び退行するかのようであるという（山本『判例から』460頁以下）。場外車券発売施設が街区の環境を破壊するという事案であるが、本件（第1事案）と基本的に同型である。都市計画法上の許可ではなく経済産業大臣の許可であった点が致命的と見られる。大規模施設のもたらす物理的な被害のほかは眼中に置かれなかったのである。「関連法令」が都市計画等によって得られる全体的脈絡を考慮するための道具であるということが裏からわかるが、それでなお物理的被害しか理解できないから、所詮きわめて脆弱であり、都市計画も公共空間もその意義というものがそもそも全く理解されていないというところに問題が帰着する。

[12]　塩野『行政法総論』160頁。

中村：いきなり請求を認める判例もあるなあ。

田丸：農地法事案の場合に先決性が言われたのは、権原を争っているからでしょうねえ。農地法上の処分は当該権原を規律します。しかし権原と占有は別次元ですから、公共空間との関係でいくら隣が許可を有しようと、私との占有の関係は別だと言えます。PがAに許可し、AがBを占有侵害した。PABの関係は占有レヴェルでは完全に民事的相対性の世界です。あいだの占有が切断します。PA関係とAB関係はまったく別です。

近藤：それに対して、本件は、Aに許可するそういう公共空間Pの設計がBの何かを害するという訴えだ。占有保障系Pが物的に、つまりみんなに一様に作用している。かつ、その範囲を一応理念的には限定しうる。

中村：しかし、どんなに限定されたとしても多くの人に関わる事柄を一人の訴訟遂行に任せていいんですか？　手続的正義に反します。

南田：「炭鉱のカナリア」のようなものだと思います。一人かもしれない、しかし誰かの大事な部分を致命的に傷つけるような政治的決定には致命的な問題があるという問題意識を感じます。つまりデモクラシーの問題意識です。なにかおかしなことがおこなわれた可能性、どこか不透明である可能性、それがあるかもしれないぞ、という考えです。本案に入って吟味するだけは吟味したほうがいい。

近藤：なるほどなあ、モニターなんだね。

● 第2事案の概要

老教授：そろそろ第2事案に移りましょうか。

中村：東京から遠く郊外へずっと延びる鉄道の問題です。この小田急は中心から放射状に延びる路線なのですが、当然、環状道路を次々に横切ります。その部分は早くから立体交差でしたが、いっそ、連続的に高架化すると、複々線にもできるし、一番外側の大回りの環状鉄道、幻の「9号線」と立体接続することも可能である、ということになりました。元来の放射状の鉄道自体が都市計画の産物でしたから、それを修正することになります。さらに、比較的近年、ある良質な住宅地区に関してのみこれを害さないために地下方式とすることに

変更がなされました。

　これに対して、その手前の住民たちが訴訟を起こし、変更からさかのぼって高架式計画自体の取消を請求しました。正直、ここまででもうワクワクしますね。しかしさらに事案は複雑です。高架式にするために直接必要な線路脇の土地の所有者は簡単に買収に応じましたが、高架鉄道が日照に影響を及ぼすことを防ぐために作られる付属街路上の権利者若干名と、さらにその外に居住する住民が訴訟を起こしたのです。

　一審は、付属街路上の権利者に限り原告適格を認め、その請求を認容しました。二審は、それらの者の原告適格を付属街路に関する都市計画決定に対してのみ認め、かつ請求を棄却しました。これに対して、最高裁は、まず大法廷で原告適格のみについて判決し、付属街路敷地に権利を有する者の他にも鉄道の騒音日照被害が及ぶ恐れのある者につき、原告適格を認めました。これを受けて、カッコ内の平成18年小法廷判決が出され、原告適格認容者につき請求棄却の本案判決がなされました。行政事件訴訟法9条に2項を加える改正がなされ、これを反映する判例変更を明示する必要があったためこのように少しわかりにくい経過になったと解されています。

都市を離れて

老教授：「都市計画決定」とか言っていますが、これはほんとうに都市計画ですか？

田丸：これまでの私たちの議論からすれば、これは都市ではありません。領域です。どんなに家が切れ目なく連なっていようとも。

吉野：そもそも、公共空間の問題ではないよな。私人が鉄道を引こうというんだから。それで儲けようとしているだけ。どうしようと自由じゃないか。線路を引くと言ったって、土地を強制的に取り上げるわけじゃない。いちいち売買している。

大森：裏から言えば、法律がなくともできるだろう、と言いたいんだな。

遠山：侵害留保説の裏ですね。

黒木：あれは、私人ではなく行政が勝手にできる範囲の問題だろ？

風間：私人の権利さえ侵害しなければ公共団体は何をしても自由だ、というのは完全に間違っている。法律があればよいというのさえ間違っています。そもそも政治システムの本旨に反することはできない。法人理論からすると pia causa に厳格に拘束されます。

吉野：混乱しないでくれ。ここは、私人がなんで認可を必要とし、認可がなぜ法律に基づかなければならないか、という話だろ？

沢井：やはりそれは鉄道が公共空間だからでしょうねえ。都市そのものではなくとも、そこから領域に向かって大きく延びます。先のほうでも、個々の占有がこの1本の鉄道に左右されます。

南田：近代においても巨大な影響力を誇ったローマの lex agraria が参考になると思います。まず、lex とは政治的決定のことで、なにも規範の形態でなくともかまいません。agraria を農地法と訳すと間違いの元です。いくら戦後の農地法の先祖ではあっても、ager つまり領域に関する政治的決定です。毎年選挙の結果政務官に権限、とくに imperium❸を授与するのは、そのたびごとに一個の lex でした。その lex の一ジャンルとして、領域の関係が錯綜した場合、とくに内部に危険な流動的人員を抱える大規模占有が繁茂した場合、いったんすべてを没収して再分配する、そしてその時に測量しなおして明確な区画を作り公道や広場を再形成する、そういう政治的決定が存在しました。

　占有原則のためですが、形式的には占有を政治が剥奪するのですから、「そういう政治的決定をするのも自由だ」というのでなく、政治的決定をするのでなければ、決してしてはならないことでした。政治システムの本旨からはただちには導けないという含意が存在します。領域の健全性のためにあえてしているというわけですね。

　lex agraria は、古代ローマ時代に改革に乗り出したグラックス兄弟の名とともに社会立法の代名詞ですが、ギリシャ起源です。他方、17世紀のイングランド革命からフランス革命、プロイセン農業改革から20世紀アメリカのニューディール、さらには戦後の日本の農地改革に至るまで巨大な射程を誇りま

---

❸　予備的討論参照。

す**⑭**。

　要するに、政治的決定がさまざまな利益や経緯をいったん完璧に一掃する力をもっていることを領域の整備に利用しているのだと思います。逆に、政治的決定固有の明確さと透明性がなければ、到底このようなことは認められません。

三宅：すると、基幹の政治的空間は政治システム樹立自体の日常的掃き出し作用によって維持されるとしても、領域側に公共空間を張り出させる場合には、とくに必ず立法を要するということですね。設立チャーターだな。占有保障の骨組みを創設するわけだから、とりわけ一義的でなければならないということで、下手すると領域に特徴的な枝分かれの不透明さに巻き込まれる。

横田：たしかに、租税と財政支出のところにも再分配の危険はある。それぞれ法律の明示的関与が要求されてる。三途の川の渡し守だよね。そうか、三途の川の渡し守は、政治システムでなければならないのか。

遠山：第1事案も、領域ではなかったけれども、都市の基幹計画のエクステンションだから法律を要した、ましてその修正だからもっと法律を要した、ところが許可で済ませた、という問題でしたね。

ドーナツは食べるものか？

老教授：政治的決定としての法律があり、それに基づいて一個の占有転換行為がありました。行政行為ですね。その結果占有転換を享受したのは一私人Aであるように見えましたが、例の、ヴァーチャルな次元で占有を取ったのはやはり行政Pですから、取られた側私人Bは行政行為の根拠を攻撃するしかない。

　問題自体とても空間的で、ともすると本当の占有だけが懸かっているような

---

⑭　この点についての基本文献は、A. Heuss, *Barthold Georg Niebuhrs wissenschaftliche Anfänge. Untersuchungen und Mitteilungen über die Kopenhagener Manuscripte und zur europäischen Tradition der lex agraria (loi agraire)*, Göttingen, 1981 である。ニーブーアに焦点を当てたモノグラフで、大きな文脈の部分は概説的であるが、他方、19世紀ドイツ自由主義の性質には鋭い光を当てるものであり、法律の留保の議論との接続は十分に見て取れる。

錯覚に陥りますが、ちがいますね。もっとも、領域側に公共空間が張り出し侵害されたような気がしていますね、住民は。さて、紛争のポイントを押さえるためには、どうしたらよいでしょうか？ これまで川とは何か、都市とは何か、と考えてきました。それと同様にしようと思いますが……。

黒木：では、鉄道とは何か？

老教授：ブブー、残念でした、「ドーナツとは何か」。これがこの事件の謎を解き明かします。

一同：は？

遠山：住民の方がドーナツ屋さんだったとか？ あ、わかった、その営業が害されたんだ！

田丸：ドーナツ、大好き。とくにシナモン！

沢井：みなさん、騙されてはいけない、これは引っ掛け問題です。このドーナツを食べてはいけない。食べられないにちがいない。

老教授：そう、ドーナツは食べ切れません。食べても食べてもあなたの脳裏に焼きついたあのリング状の形は消えません。あなたの目にこびりついています。悪夢を忘れようとしても、そうしようとすればするほど消えないのと同じように。そういうイメージ、そのイメージを形成するわれわれの力がすべての根源です。

　次にそのイメージを明確に捉える作用がきます。カメラの焦点を合わせて捉えるように、イメージを捉えます。このとき必ずイメージの範型を使っています。これをパラデイクマと呼ぶのでしたね。そのヴァージョンを特定するとき、言語を使うのでした。イメージはお話になります。これがロゴスです。「初めにロゴス有りき」は、ユダヤ教の元来の意味はいざ知らず、ギリシャ語たる限り、イメージとその範型を言語によってヴァージョン特定する作用が先立つ、以下のテクスト自体がそれに依拠する、という意味です。

吉野：おーい、ドーナッツー、どこ行ったー。

老教授：ごめんごめん、それで、ドーナツのイメージは本件理解のためになぜ決定的なのですか？

横田：大都市の「ドーナツ化現象」となんか関係がありそうだ。

大森：なあんだ、陳腐だなあ。郊外の住宅地の話か。

南田：もっと遠くの郊外の利便のために、なぜ自分たちが犠牲にならなければならないのか。……というのが原告の気持ちかもしれません。
田丸：だったら、このドーナツは多重リングですね。成城学園ばかりなぜ尊重するのか、オレたちなら犠牲になってもいいのか、とか、ドーナツの縁、鉄道敷地内の権利者には補償するのに、自分たちにはおかまいなしにか、とか、付属街路の分はどうしてくれる、とか、付属街路自体外側の日照を確保するためというが、自分たちはその犠牲かよう、とか……。ここらへん、だいぶ入れ子になっていますねえ。
中村：なるほど、それでドーナツとは！　明証性高いなあ。けれど、法学的問題とは全然関係ないな。そもそもこの判決は、アカデミックなことに、原告適格について判断しただけですよ。

● 新幹線は止まらない

老教授：ほんとうに関係ないかどうか。ではききますが、新幹線はなぜとまらないのでしょうか？
三宅：ほら来た、また引っ掛けだ。ようやく鉄道にはなったけど。
大森：それはもちろん、遠くへ、速く行くためです。手前でとまってはいられません。次の駅で特急がとまっていてはなりません。本件の小田急線でいえば、代々木八幡や梅ヶ丘なんかに急行がとまっていては、百合ヶ丘や町田の人が怒ります。
中村：しかしとまらなければとまらないで、今度は梅ヶ丘や千歳船橋が怒るよな。
大森：大丈夫だろ、十分に各駅停車が通る。地下鉄千代田線とも相互乗り入れしてるし。
黒木：むむ、しかしドーナツ問題だな。
吉野：それよりなにより、昔「いっそ、小田急で逃げましょか」という歌があったらしいよ。いきなり箱根の温泉に駆け落ちするんだろうねえ。梅ヶ丘なんか端から眼中にない。成城学園だって無視されているくらいだから。ロマンスカーなんて、箱根までどこにもとまりゃしない。あれは昔、オルゴールみたい

な音楽を流しながら走ってたとさ。ちょうど、この訴訟の住民のような人たちがうるさいと文句をつけて廃止された。昔は田園だったんだろうね。

老教授：しかるに、その小田急線は法学的に見るとなんですか？

遠山：株式会社です。

老教授：それは小田急電鉄のことですね。あの線路自体はなんですか？ 私有地とか言わないでくださいよ。たとえ株式会社小田急電鉄の所有権が登記してあったとしてもですね。

横田：さきほど誰かがもう言いました。占有保障機能をもつ、領域に延びた公共空間だと。

老教授：だとすると、領域に延びる公共空間が新幹線問題、いやロマンスカー問題ですか、これを発生させた、その理由はドーナツだ、とこうなりますね。

　第1事案では、公共空間は都市の形態と密接に関わりました。都市内部の問題だった。今回、公共空間は領域のほうへと延びている。東京においては都市と領域の区別はないとさえ言えます。

　梅ヶ丘や豪徳寺や千歳船橋の人びとは都市に住んでいると言うでしょう。しかし少なくとも小田急線はさらに遠くへ行くために設計されました。箱根まで行きます。梅ヶ丘や豪徳寺は、行きがけの駄賃というか、ついでに止まる所です。その先の百合ヶ丘だって。私が子供の頃でさえ、多摩川を渡れば、しばらく緑の山の中でした。少なくとも町田までは。梅ヶ丘は、やはり都市の側ではなく、城壁を出たアッピア街道がまっすぐ延びる、そのはじめのほうに位置するわけですね。

● 田舎には田舎の仁義がある！

老教授：それで、なぜ領域も領域、その先へと公共空間が延びるのですか？

大森：「領域も領域、その先」が便利になります。都心へ簡単にアクセスできるようになる。

老教授：そうなると何がよいのですか？

田丸：お買い物だってしやすくなるし―、とは言いませんので、ご安心を。占有が保障されるようになる。占有訴訟をするにも都市中心の裁判所まで行かな

ければなりません。法学的には。実際には東京では占有訴訟をしていませんが。
老教授：広尾の場合と同じですか？
黒木：たしかに、あの場合は公共空間の設計は非常にデリケートだった。いわば絨毯的に、面的に、テリトリーのロジックを払拭しなければならなかった。しかし領域だというのならば、占有さえ保障されればオーケーです。線的にテリトリー払拭を実現し、それにつながる占有の内部にはテリトリーのロジックは残ります。費用果実関係がそこにはあります。生産がなされる。そういう経済活動が物的に害されなければ問題ない。都市とちがって他をも自由にする生命線とかではない。
老教授：そうですね。この点は原告適格を判定するに際して響きませんか？　公共空間がさらに延びる。領域のほうへと押し出してくる。これに圧迫された人びとが行政訴訟をする。その場合の原告適格ですね。
遠山：占有モデルに置換するとして、しかし端的に占有侵害を争うということになりそうです。土地そのものを争うのでないとしても、騒音とか日照とか、だいぶ物理的です。判決のロジックが正当化されそうです。
沢井：待ってください。行政行為の相手方は認可を受けた小田急電鉄ですよ。ここにまず占有モデルが働く。住民ははじめから第三者です。
田丸：なぜ、許可でなく認可なのですか？
一同：（しーん）
風間：難しい問題だけど、許可というのは公共空間へのアクセスの問題だった。公共空間と私人が直接顔を合わせている、向かい合っている。

　これに対して本件では、認可の相手はそのようなアクセスを受けるところの、その公共空間を設営する❶。建築許可の隣への影響とは根本的にちがう。はじめから第三者が予定されている。たしかにそれは基幹の公共空間への接続許可だ。しかし自分で第三者に接続許可をする余地がある。少なくとも第三者の占

---

❶　法令上、そして学説上の「認可」が一貫した意味を有するかどうかは別問題である。塩野『行政法総論』130頁は私人間法律行為の裁可に関わるとする。ここでの把握と近い。私人間になぜ介入するかと言えば、一方私人に担わせる事柄が占有保障だからである。主として条件変更や譲渡について認可がなされる。

有を保障するよ。

横田：論理的に、行政処分の相手方以外にも原告適格を有する者が必ずあるということだね。しかるに、それは端的な占有問題を必ず越える。端的に倒壊や火災や騒音の被害が認められうる範囲に限られるわけがない。なぜならば、公共空間とこれにアクセスする占有の関係は単なる占有間関係ではない。迷惑さえかけなければよいのではない。隣の占有の存立のために公共空間が存在しているという脈絡が存在する。広尾の場合とはまた異なるけれども。

かつ、長く延びた線の上で、ある部分では冷たい占有関係、向こうへ行けば大サーヴィスというのでは困る。目の前を風のように通り過ぎ、「迷惑はかけてません」と言う。向こうでは「お迎えに上がりました」と言う。これではこちら側が黙っていません。領域といえども、領域を領域として成り立たしめる公共空間の動脈の計画的設営は、デモクラシーにふさわしく合理的な議論を詰めたものでなければなりません。それがこういうチグハグなのは違法ではないか、というのが原告の意識下の疑問だったんでしょうねえ。

● 灯台下暗し

遠山：古い判例法理があり、次いで行政事件訴訟法の改正がなされ、9条2項が加わった、それを受けてこの最高裁判決が判例変更をおこなった、とまあこういう経過ですよね。おかげで原告適格が拡張され、付属街路の関係で土地を譲渡しなければならなかった人ばかりか、少々周辺の住民への騒音日照等環境面の影響も顧慮された[16]、ということですよね。「新幹線はとまらない」とか下らないことを言っているうちに判例法理を通過してしまいました。

近藤：原告適格を行政処分の相手方以外に拡張するとき、元来、法律上の利益が侵害されているという大前提の他に、当該法律の掲げる公益つまり目的の中にその利益が含まれているか判断し、なおかつそれが一般公益の中に吸収できない個別的なものであることを要件としてきました[17]。これが狭すぎると感じ

---

[16] 山本『判例から』424頁以下の精読が求められる。

られ、行訴法の改正がなされ、当該法律が他の法律と密接に関連する場合後者の目的をも勘案できるようになりました❶⓼。たとえば公害防止関係の法令や協定が念頭に置かれるとされます。

中村：さっぱりわからないなあ。公益のためのものだから当事者以外の私人には訴える権利がないという原則を崩したくはないが、少し緩めたいというので、「黒の中に白が溶け込んでなければならないが、それでいてなお浮き出ていなければならない」とか、非論理の極だなあ。

吉野：それに、公益とは畢竟個々の自由を守ることじゃないか、と反論したくもなる。

田丸：まずなんらかの影響があることを求め、次に当該占有保障系に属していることを求め、つまり目的＝保護範囲内要件ですね、かつ属している人が共通に被ったというのでない、個別的な不利益があったということを求めた、というのではないですか？

沢井：まして当該占有保障系に属する人たちのあいだでプラスとマイナスを生ぜしめた場合は問題である、というのが個別性要件ですね❶⓽。それだとわかりやすい。さきほど横田君が言ったチグハグですね。

三宅：なあんだ、第三者が当然に直接関係する場合、つまり占有保障系の認可のような場合は、間接効果を推し量るのとはわけがちがう、建築基準モデルが妥当しないんだ、ということを判例なりの仕方で言ってるんだ。それならそうと、早く言えばよかったのに。拡張とか言わずに。

近藤：問題は改正と判例変更の部分だね。都市計画法の規定のなかでも環境に言及されていると指摘し、これを通じて公害防止協定や条例に渡っていく、それを重視して原告適格を判断せよと言う、この部分が不可解。第三要件、つまり「公益に吸収されない個別利益」を生む動因と解されるようだけれど、特定

---

❶⓻　山本『判例から』432頁によると、それぞれ、不利益要件、保護範囲要件、個別保護要件、と呼ばれる。

❶⓼　山本『判例から』434頁末尾以下が重要である。

❶⓽　いわゆる個別保護要件がわかりにくいのは、占有保障系の公共的側面、つまり個別化してはならない側面をかえって見逃すからである。

集団を別の脈絡に立たせて引きちぎって個別化する、ということにならないか[20]。全体計画の整合性、一貫性、合理性ということからはずれてくる。どうしてこうなるかなあ？

黒木：別の脈絡、つまり鉄道の利用とかとは別のことだよな、ということは「なにか生活に密着したことだろう」という考えと、「別の関係法令」を言う部分が、全然合ってないなあ。端的な占有なら端的な占有、法令なら法令、と整理してほしいね。「法令が見つからなければ、いっさい拡張しません」とも取れる[21]。全体性、総合性を言えばよいものを。

老教授：行政事件訴訟法の条文に沿って、基礎から考え直しましょう。処分の相手方には限られない。しかし第三者の原告適格の大前提条件として、「法律上の利益」からスタートしなければなりませんねえ。これは何ですか？

田丸：不法行為の民法709条の改正や「法律上の争訟」のことを考えれば占有に関係するということですね。でなければ法に関係しない。単なる事実上の影響と権原の得喪とのあいだに、権利ではなく単なる事実とされる占有がきます。

老教授：認可されずに小田急線の急行が朝の通勤時間帯のろのろ運転だと小田急電鉄株式会社としては公益のための役割を果たせない、と訴えることができますね。その他に、行政処分の相手方ではないけれども百合ヶ丘に住むサラリーマンが毎日遅刻して困ってしまいますね。占有に響いています。しかも認可の目的の範囲内にある利益です。百合ヶ丘のサラリーマンが遅刻しないために小田急線の急行はあるのです。

さて、高架化の認可がなされた。これに対して沿線住民が訴える。これはどうでしょう。今度は行政行為の相手方と利害が対立しますね。

田丸：もう個別化が始まった。……待って、そこで日照騒音に行っちゃったということは、占有保障系の体系的合理性に踏み出したはずなのにまたぞろ不法行為的占有問題に出戻ったということじゃないですか。

風間：そう、占有系認可なのだということを忘れている！　デモクラシーを法

[20] 山本『判例から』437頁。
[21] 山本『判例から』同頁。

的な枠組に落とし込むために占有モデルを使うのは擬制的作用で端的な占有を問題とするのでない。ところが大規模施設を作ったのと同じに考えている！というか、原告適格を認めるためには、ここへ持ってくるしかないと思い詰めた。占有保障系だから端的な占有でいこうと。しかも公法的なアプローチを捨ててはならないという意識は残っているから、端的な占有にずれたぶんの屋根を強引に求めた、関係法令という形でね。

ソフトクリームじゃすぐ溶けちゃいます

吉野：「関連法律環境君」なんてソフトじゃ、計画変更やその手続そのものを問題とすることは到底できないということだな。「9号線」なんか作られもしなかったし、高架か地下か、朝令暮改、追い込みで環境評価をやったって元が古い決定だから、そういう杜撰さが説得力を減殺したにちがいない。

むしろ、領域ではあるが、都市中心の計画の全体性アプローチが使えそうだということか。流域とかうまいことも誰かが言った。占有保障系自体の及ぶ範囲全体を見てこれが最適だったかどうか。

南田：全体的合理性判断の内部には、いくら遠くの占有保障に資する政治的決定であっても、手前の小さな占有を踏みつけにしていいのか、というデモクラシーの中心的な問題が含まれると思います。

平成18年判決のほうは、「政治的決定である以上その判断は尊重されなければならないが、限度を越えれば裁判によって取り消しうるのだ」とは言いますが、その限度とは、具体的には、自由のための政治的決定であっても個別の自由を犠牲に供してはならない、というものでしょう。少なくとも避けうる手段をぎりぎり探らなければならない❷。この点のリーズニングの精密さを要請するのがデモクラシーであるということでした。

さらに、遠くの占有保障のために少し我慢してくれないか、と言えば梅ヶ丘

---

❷ 新しい要件論の中の再個別化の部分が利益集団でなく個人を見る方向に解されていくことが望ましい。あくまで全体の合理性基準において。どうやらそのようなことは判例によって自覚されていないようである。

のおばあさんは承知したかもしれません。しかしその場合には、ネオプトレモスがフィロクテーテースに弓を返したように、相手の占有を尊重し、リスペクトの姿勢を示すのでなければなりません。

　行政主体の手続も判断内容も裁判所の判断も、この点残念です。平成18年判決は、むしろ結論先取りで「環境君」を使いながら、不鮮明な他の理由を並べ、騒音等の侵害は限度を越えるものではなかったとして請求を棄却します。混乱しているうえに雑な感じがします。

蛇足もたまには悪くないか

風間：混乱といえば、蛇足になるけど、一つ付け加えたいことがあるんですが。この判決の形式ですけれどもね……。
中村：いや、それがどうも気になってたんだ。
風間：これは明らかに中間判決ですよね。しかも訴訟要件に関するものです。入り口の判断です。それがなぜ上告審で実現するのか。範を示された下級審は以後原告適格について、必ず速やかに中間判決を下すようになったのか。それには迅速な上訴手続が用意されているのか。そもそも、なぜ訴訟要件一般ではなく原告適格だけ判断したのか。自動的に本案手続に入っていいのか。訴訟要件と本案という区分と著しく異なる。
　そもそも日本の民事訴訟では本案の審理も尽くしたうえで平気で訴訟判決をすることも可能になっていて、争点整理手続もとうてい争点決定の趣とかけはなれていますが、この中間判決はその限界を意識したものではなく、あくまで判例変更にあたって偶発的に出されたものなのか。
　……謎は深まるばかりです。

9 領域上の擬制的公共空間 ——横一列！

```
第1事案  最判昭 46-1-22 民集 25-1-45  わーたしら、ええほうでさあ
                                   事件（持ち回り決議瑕疵訴訟）
第2事案  最判平 18-7-14 民集 60-6-2369  淡きこと水の如し事件
                                   （水道料金改定条例訴訟）
```

第1事案の概要

老教授：では最初の事案をお願いします。

遠山：温泉法に基づく温泉掘削利用許可をめぐる事件です。これも、行政処分の相手方ではなく、影響を被ると主張する第三の掘削利用者が訴えたケースです。

　第一審は許可処分を無効としましたが、第二審は、当時の訴願前置主義にそって取消訴訟を却下、無効確認につき一審を破棄し請求棄却としました。まず、当事者適格について、公益のための行政行為ではあるが、個別利益の直接侵害があれば第三者にも原告適格が認められるとします。次に審議会の決定に手続上の瑕疵があることを認めますが、この瑕疵は知事の決定をただちに無効とするものではないとし、実体判断に入り、たしかに多少の影響は認められるが、補うことは可能なのであり、処分を無効とするには足りない、とします。

　最高裁は、元来公益のための規律なのであるから、少々の不利益は受忍すべきであり、取消事由としてならばともかく、無効とするには到底及ばない、として原審を維持します。

● ● ● わーたしら、ええほうでさあ

田丸：わーい、温泉だあ！
遠山：宇奈月温泉以来です。今度は山陰の名湯、温泉津(ゆのつ)温泉です。
田丸：先生、今日も「温泉とは何か」からスタートするんですか？
老教授：いや、さらにその前からいきます。事件の背景を知らずに問題の本質は摑めません。原告は「お湯が減る」と言っているんですが、どうして？
大森：上流でお湯を汲み出すと、下流が減るということですか？
近藤：たぶん上流下流という単純な問題ではなさそうですよ。相手のほうも汲み出していたのだけど、高性能のポンプで増量した。他方、原告の側において湯量減少の影響は認められているけれども、因果関係は推定されているだけで、二つの湯が地下でどうつながっているか、はっきりしていない。

　もともと温泉津温泉は古い古い温泉だった。原告のほうは「元湯」と言って大元の源泉を継いでいる。相手方は「新湯」と言い、「震湯」とも書くくらいで、明治時代の地震の後に突如湧き出した。そしてこの元湯と新湯は長いあいだ併存してきた。なのに新湯が新しいポンプを導入して、トラブルになっちゃいました。狭い温泉街のなかで大変な騒ぎだったろうねえ。

横田：元湯も強力ポンプを投入して対抗すればよかったんじゃない？　またバランスがとれただろうに。
黒木：映画『東京物語』を知らないかなあ。尾道から老夫婦が子供たちを訪ねて出てくるんだけど、ちょっと面倒になった長女の計らいで二人は熱海にやられる。体よく厄介払いした格好でさ。

　わくわくして向かった熱海は折からの温泉ブーム。戦後数年でこうだったんだねえ。会社の慰安旅行の団体が夜遅くまで騒いで、全然寝つかれない。明け方の誰もいない海岸に出てきた老夫婦は悄然としているが、老母がそこで自分たちを慰めるように言う科白が忘れられませんよ。「わーたしら、ええほうでさあ」。

　息子の一人は戦争によって奪われた。でも、死んだり子供をすべて失った人もいる。それに引き替え自分たちには子供たちが戦後の世界にいて、幸せを摑

んでいるじゃないか、あまつさえおかげでこうやって温泉にまで泊まれた。戦後は幸せだ、いや、そのはずだ、というのが第一の意味。

だけど真正の文学と同じように、見事に二重に意味が重ねられる。180度方向転換したはずなのに、子供たちはじつは戦後の社会のうねりに巻き込まれる……、いや、あっけらかんとしてまた走る。熱海の温泉旅館のなかの俗悪はまたぞろのうねりに重ねられる。"c'est tant mieux" つまり、「えーほう」という独白は裏の裏のアイロニーにもなります。多少は良くともやはり悪い、いや、多少良く見えるぶん苦い。ま、三重の意味ですね。

中村：あまりにも有名な場面ですけど、どこがどう関係しているのかさっぱりわかりませんね。

黒木：いや、その場面の重みに比べれば下らないって言いたいだけさ。今や温泉街と言えば俗悪の象徴、それがさびれてもっと惨めだが、惨めさをつのらせるのは趣味の悪い粗製乱造の巨大な旅館の建物だよ。雰囲気を永遠に破壊したね。大量の団体客をこなすための施設ばかり。膨大な湯量を必要とするだろうねえ。客は一泊どまり。湯治場という性格は絶えて久しい。本件の争いの背景にはきっとこうした事情がある。だからこそ、原告はあえて自分のほうも強力ポンプで対抗するという道を拒否したのだと思う。

● 流れは権力を作る

老教授：ありがとうございました。これでやっと「温泉とは何か」を考えることができます。温泉は、地面を掘ると出てくるようですね。これは何をしているんですか？　ココ掘れワンワンですか？

一同：？？？

老教授：ではききますが、温泉を掘るのは自由ですか？

遠山：温泉法があって、知事の許可を要するようです。少なくともこの事件の年代には。

老教授：温泉法がなければ？

吉野：それなら自由ですよね。

老教授：では君が強羅かなんかに行って、そのへんを勝手に掘って「いい湯だ

な」とやっていいんですか？

吉野：あ、そうか、勝手に掘られないように温泉法があるのか。

田丸：全然ちがいます。吉野君が勝手に掘ってはいけないのはその地表面を占有していないからです。地下水の場合、市民的占有が成り立っていれば市民的占有の保持を要するでしょうね。施設を設営して、そこからさらに各室に配ったりできますからね。

老教授：そう、大まかに言って地下水は占有に従いますが、どうしてですか？

横田：つまり、地下水は公水だからでしょ。占有は公のものにアクセスできなければ壊死するということでした。そこにアクセスするのを誰も妨げることができない。民法の相隣関係の規定、法定地役権の一群の条文はそうしたアクセスの保障に関わるということだった❶。

中村：そのアクセスをなぜ許可制にする？

風間：前にもあった気がする……。薬局の場合と同じか？

沢井：しかし、あの場合は公共空間を通じておかしな物を他の占有内へ流し込まれては困るというので、入り口を制限するのでした。この他に、ファッサードの色やデザインは公共空間の一部だということでした。今回はなにか少しちがう感じがします。

風間：そこは表面的な違いにすぎないと思うなあ。地下水も温泉も野放図に取ることを許せば、水脈自体が枯れて他の占有のライフラインを害する。これがいわゆる公益ではないですか？

三宅：するとむしろ、薬局のときにぼくたちが嫌ったこと、裁判所が違憲としたこと、のほうに似てくるな。「こっちはいいけど、お前は駄目」という再配分の恣意的な権力ができあがる。

大森：相手の大量汲み出しによって源泉自体がダメージを被るって原告は訴えてないですよね。いや、そうだったら公益ということで説得しやすかったでしょう。そうでない証拠に、原告が大容量のモーターを設置すれば対抗できたはずだということがある。地下の水脈がどうなっているのか不明とされてますけ

---

❶ 『民法の基礎』145頁以下。

ど、水脈自体はこの場合、危殆に瀕していない。だから公益とは関係ない。
南田：やはり、薬局の場合と大きくちがうと思います。原告が何に困ったのか、もう少し精査する必要があります。たしかに、若干の湯量の減少が認められています。しかしこれは結局決め手にはならないし、こういう論法でなければ権利侵害を言えないので言ったものの、原告の本当の主張には対応していないように思えます。

　さっきの黒木君の推測が正しければ、ほんとうに問題としたかったことは別にありますよね。元湯と新湯が慎ましやかに併存してきた。それを分け合って鄙びた温泉があった。ところが新湯のほうが大容量になると均衡が崩れる。その背後には多数の温泉宿があって、かつそれらは大規模化してきています。不動産投資がおこなわれ、利益に人が群がります。団体客目当ての俗悪な店も出て来ます。これが我慢ならない。だから訴訟まで起こしました。大きな将来が懸かっています。

老教授：ということは、温泉はただの公水ではない。ただの公共空間ではない。むしろ問題はそれよりも、何かを発生させることだ。何を発生させますか？

中村：例によって無理めの質問だなあ。温泉が発生させるのは、硫黄の匂い、湯の花、温泉旅館、温泉芸者っと。

近藤：薬局の場合、許可を受けた人がその許可自体を商売にすることはない。何回目だったか誰かが例にあげた上野の花見のブルーシート用スペース、たくさん押さえて時間制限で花見の権利を売ったら違法です。

　新湯でそういうことが起きるというわけじゃないけれど、ここに人が群がり、怪しい利益のやりとりが可能となる。集団と権力がどうしてもできやすい。何かがその上を走る公共空間というより、そこから占有内に費用として投下する流動物を引き込むため、こういう性質が出ると思います。それが無限の場合には各人が自分で引き込めばよいのですが、温泉の場合、どこでも出るというわけではない。

沢井：源泉は「源(みなもと)」ですね。そこから流れ出る。枝分かれする。テクストの場合も写本の系統樹を作るとどんどん枝分かれしていきます。本当の系統樹、ジェネアロジーと同じですね。ジェネアロジーはセグメンテーションとréciprocité(レシプロシテ)のための絶好のパラデイクマを提供します。

風間：そもそも、元湯と新湯が地下でどうつながっているかわからないけれども、多少のトレードオフ関係があるとすると、端的に上流下流でないとしても、枝分かれの関係にはあると思うな。そうでなくとも、元湯と新湯がポトラッチ的な応酬をするか、それとも綺麗に棲み分けるか、の瀬戸際だ……。
横田：でもそうすると、論理的に、新湯のところに再配分権力が発生する以前に、元湯と新湯を分ける再配分権力が存在したということになるけど？

● POL は横一列のサイン

老教授：困りましたねえ。政治とデモクラシーと法が一番嫌いなパターンじゃないですか。しかも公共空間が巻き込まれている。公共空間が原理的に占有保障と関係し、占有保障は内部の費用果実関係の保障でもあるから、そこへ費用を流し込むための公共空間も副次的とはいえ不可欠です。

ただし通常、この通路の問題は陰に隠れて表に出ません。流量の非希少性と経路の連続性がある、つまりどこでもアクセスできて好きなだけ摂れるからです。しかし場合によりそれが空間的に希少になる。摂れるところと摂れないところ、上流で摂りすぎると下流で減るといったことが生じ、依存従属関係と争いの元となる。

三宅：わかった！　それで行政の出番となるのですね。枝状に繁るものを横一列に切り揃えるのは政治の力です。源泉たちに政治システムをつくらせればよい。

横田：ふむ、ふむ、だけど政治は高度に理念的な営為だ。源泉なんぞに政治システムがつくれるものかね。

三宅：それはもちろん、本物の政治システムである必要はありません。そもそも政治システムの横一列の性質を借りて、もつれにもつれがちな領域のある種の関係を規律するだけです。強いて言えば領域の側に横断的な結合を形成させるデモクラシーに似ている。なおかつ本物のデモクラシーでは全然ない。擬制するだけです。

非常に人工的な公共空間の前で横一列の勢揃いというわけですから、政治システムがぐっと領域のほうに出張るということです。だから、政治システムの

一分肢形態たる行政の役割です。許可制❷は横一列を創り出すための方便であり、入り口規制と少々意味合いが異なります。

田丸：なんだかさっぱりします。行政が見違えるようです。

老教授：このタイプの行政はもちろん基本的なものの一つです。典型は知的財産制度としての特許です。特許は厳密な言語でパラデイクマを押さえます。つまりクレームですね、あれはヴィデオ・クリップを持ち込んで「こういうやり方だ、文句あるか」とやっても通用しません。言語によってパラデイクマのヴァージョンを特定しなければならない。新規性ですね。より一般的なヴァージョンは陳腐化します。実際にはそのやり方で生産される商品の束を資産として把握するのが特許権です。これは占有を害します。自分の材料でなにしようと勝手なはずです。ところがそれが差し止めさえされる。つまり多数の子ヴァージョン孫ヴァージョンを従えたボスが発生します。その特許のあなた流の使い方、私流の使い方、全部禁止です。高度な政策判断、つまりどうしても荒くなる生産を高度な信用に基づく資産に化けさせるために特許制度が設けられますが、しかしこれは強大な権力を発生させて危ない。

　かくして占有原理により抑制しなければならない。どういうことかというと、子ヴァージョン孫ヴァージョンと下流にいくほど勝つ、という原則です。新しいヴァージョンをはっきり切り出して独立した限りにおいてです。時間軸上の1点、t=x の水準の下流で切ります。そこで横一列、意味ある最新ヴァージョンのみに特許が与えられます。一番大元には自然法則が存在します。そして、このような判定と規律は政治システムにのみできます。かくして民事法上の制度なのにどうしても行政が不可欠です。

大森：横一列というのは、元湯と新湯に同じ条件で許可しなければならない、ということかな？　しかし元湯は拡張したくない、新湯は拡張したい、というのだよね。どちらに合わせる？

沢井：今の質問は横一列という比喩の曖昧さから出たものです。一つは相互の

---

❷　実質これは（本書で暫定的に許可と区別するところの）認可である。源泉を認可されたものは温水を再配分する。

独立が脅かされないということだと思います。もう一つは、それを実現する規律が政治的決定に基づかなければならないということ。元湯と新湯を分ける作用自体配分作用ですが、配分には権力がつきものですから、定義上唯一の、「権力でない性質の、一義的な決定と規律」である政治の出番となるわけです。

レプリカにも魂を

南田：原告の立場にもう一度戻りましょう。その要求はじつは相当に複雑でしたね。単純な対等というよりも、小さな独立の温泉宿が共存して環境を形成しているというものでした。単純に利益複合体を解体するという以上に、こうしたことは高度の認識と判断を要求されるのではないですか？　政治システムの出番というのはこの点にも関係しませんか？

　つまり、新湯の側がきちんとしたお湯の配分計画と温泉街の青写真を添えていれば、そしてそれが古い温泉の良さを発展させたものであったならば全然ちがったと思います。たとえ相当の湯量を確保するものであったとしても、です。そういうことを厳密に考え抜くのが政治システムではなかったですか？　厳密な議論で一義的に決定がなされなければ、かえって行政が権力発生の張本人になってしまうということもあるでしょう。それだけに、こういう高度な判断を確保するという面が決定的なのではないですか？

近藤：なるほどねえ。原告の主張の実体面と手続面が密接に関係しているということですね。上告審まで上がった主要なポイントは、審議会の問題です。最高裁みずから、「本件許可処分にあたり、温泉審議会は開かれず、知事による温泉審議会の意見聴取は持廻り決議の方法によりされたものであるというのであり、(中略)右審議会の意見は適法有効なものということはできず」(民集47頁)と言っている。温泉法20条が知事の処分に際して審議会の意見聴取を必須としているのですね。審議会は開かれなかったのですから、政治システムが出張っていったと言えるかどうか。まして高度な議論がなされたということは絶対にない。

　であるのに最高裁は言います。「知事の処分の内容を適正ならしめるためであり、利害関係人の利益の保護を直接の目的としたものではなく、また、知事

は右の意見に拘束されるものではないと解せられる」と。「取消の原因としてはともかく、本件許可処分を無効ならしめるものということはできない」と言って傷を深くします。政治的決定である以上、議論はなければならない。一刀両断の作用はここから出ます❸。

　他方本件の場合、議論は高度に専門的になる。つまり議論と一刀両断はわずかに距離をもつ。ここを捉えて最高裁は、専門的な議論の不在は一刀両断の作用をただちには左右しない、と言います。しかし一刀両断の側に政治システムが存在していないばかりか、加えて、専門的な判断に基づかないというばかりか、これがそもそも存在していない。これではお話にならない。取消事由としてはともかく、無効事由たるは明々白々です。前提の資格を欠いているのですから。

田丸：内容以前にこの決定は失格だというのですね。普通でもそうですけど、この場合はとくに高度な判断を要するのだから、と。実際、許可申請者とその応援団は、行政サイドとなにやらはじめから結託している感じがしますね。審議会もね。だから実質がなくなる。政治システムには実質がなければならない、……ということを実感させてくれます。

横田：政治システムは領域の利益を超越しなければならない。

三宅：しかしこの審議会は政治システム本体からも独立しなければならない。なぜなら、政治システムは、たとえばこの場合だと県全体の経済発展ということでまとまってしまいかねません。そういう判断を遮断し温泉のロジックを孤独に貫く、これが温泉審議会という議論空間の使命です。デモクラシーに固有の、論拠自体に質が求められる政治システムです。一言で言えば専門的となりますが、データをたくさん取り、これを精査できる知見を備えた人たちが議論

---

❸　行政手続法の発達は公法の水面下に位置する政治システムを再発掘した成果であると捉えることができます。塩野『行政法総論』292頁以下参照。総論の中核的位置を占めることに注意してください。決定に向けた過程を問題とすることも明確に意識されています。具体的には、行政行為の二重構造に対応して、（法律による行政をデモクラシーの次元で補う）決定の前提となる議論・吟味の側面と、占有移転つまり公開性・一義性の側面の二つがあり、前者の中には鑑定に似た専門的判断の審級と、都市計画におけるコンペと住民投票のような政治的審級への差戻が含まれます。

をオープンに戦わせるのでなければなりません。大概の審議会は失格ですね。
南田：個別データに頑固につく、ということが政治システム本体の全体判断にブレーキをかけるのですね❹。この入江の景観はなにがなんでも侵害してはならない、これを保存することを前提に、残りを自由に決めてくれ、というロジックですから、人権と非常に似ていますね。人権のように議論自体を遮断することはありません。しかし判断の構造が似ています。デモクラシーのおかげですね。
風間：なるほど、これが行政手続法の観点ですね。近年この観点が導入されたことの意義は計り知れません。
沢井：そこに本格的な議論空間の介在を求めるということが、なお重要です。それも、行政委員会のような独立の政治システム本体を構築することと、専門的な意見をさらに独立にもたらす委員会や審議会を組み込むということ、二つは別のことですが、ともに不可欠と思います。
黒木：審議会の不可欠な場合の一つが、行政が技術的な公共空間を定めて規律する場合かな。

第2事案の概要

老教授：第2事案に移りましょう。
近藤：市が別荘保有者の水道料金を住民よりも高く設定する条例を制定したために、別荘保有者たちが無効確認の抗告訴訟と既払い料金についての不当利得返還請求通常民事訴訟等を起こしました。
　一審は、条例の別表が給水契約の約款をなしており、個々の水道料金の債務

---

❹ 塩野『行政法総論』310頁が、「（法律としての行政）手続法の目的がこのように国民の個人的権利利益の保護に収斂している」とするのはこの趣旨であると解されます。つまり「民主的参加の要因を持つ手続制度が対象範囲外とされた」としても、オープンな政治的議論以前の部分の保障が第一義的であり、これと分節的に他の利害関係人等々が関わる手続を構築するというのです。だから「およそ民主主義の要素が行政手続法になじまないというものではない」。もっとも、内側の審議会は登場せず、かえって外側（「民主主義」の側）の公聴会が手当てされるようです（320頁）。

不存在確認訴訟は迂遠であるから、民事訴訟としてこの別表の無効確認を請求することは適法であるとしました。そのうえで、差は合理的な範囲の内であるとし、いずれの請求も棄却しました。

控訴審は、本件別表に処分性を認め、かつ、さまざまな要素によるさまざまな区分につき縷々述べたうえ、水道管が同一口径の住民との比較に絞って差別の程度を問い、それが合理的な範囲を逸脱するものと結論し、無効確認請求を認容しました。そこから、既払い分の不当利得返還、未払い分の債務不存在確認、給水停止の解除が導かれました。

上告審は、条例は抗告訴訟の対象とならないとして原審を破棄し、訴えを却下しました。かつ公法上の当事者訴訟としての可否は、そもそもそういう訴訟を起こしていないのだから判断しないとします。そのうえで、不当利得返還請求等の通常民事訴訟の実体審理に入り、憲法14条1項と地方自治法244条3項を引き、差別的取扱いの違法を一般論として述べます。とはいえ別荘保有者に対する高額設定そのものは事業者の裁量の範囲内である、と切り返し、ただし個別原価により差を設けなければならないところ、本件の場合格差は正当化される範囲を逸脱している、と再度切り返します。かくして本件条例は無効であり、原審の判決は是認される、と言います。この「無効」は民事訴訟上の「請求の原因」に属し、訴訟物ではない、ということなのでしょう。

三角関係は御免だ！

中村：今度は水道の形而上学から始まるのかな？
吉野：いやあ、別荘の記号論的考察だろう。
老教授：月はなぜ一つしかないんですか？
一同：？？？
沢井：他の惑星にいけば一つとは限りません。
老教授：そのとおり、一つしかないのは偶然ですね。では太陽は？
横田：これは定義上一つしかない。なぜならば、円の中心は一つだからだ。惑星の定義はそれぞれの恒星を回る星というものです。
老教授：では政治システムはどうですか？

吉野：政治システムもいろいろあって選べれば、それが絶対いい！
遠山：現に世界には多数あるじゃないですか。法人などは租税回避地を求めて自由に選んでいます。有名俳優がフランスからベルギーに移ってしまったという話も話題になりました。
老教授：同一地表面には一つしかありません。どの一つを選ぶのか、選びうるのか、が問題になっているにすぎません。
中村：二重国籍にすればいい。その人にとって太陽は二つだ。
老教授：それぞれ特定の問題に関しては一つに定まらなければなりません。これはなぜ政治システムは単一でなければならないかの理由に関わります。どうしてですか？
田丸：テリトリーの上の人的集団が複雑に干渉し合うのを切断するのが政治システムだからでしょう。切断ナイフが二つ絡まると、それ自体切断対象になっちゃいます。「サッカーにボールが二つ入ったようだ」という比喩がこれまで使われませんでした？

　そもそも人が完全に自由独立に結合しているというのですから、張られた単一の軸に全員直結しているはずです。二つあれば、どうしてもそれが上下の関係になり、最高位の軸に対して間接的にしか関われない人が現れます。だからどうしても横一列によってテリトリー上のもつれた関係を切りさばくのでなければなりません。

老教授：そう、だからテリトリーに対して政治システムは単一性を有すると言います。正確には、個々人がその都度テリトリーと関わるその関係につき単一・一義的である、ということになります。
大森：でも、リソースとの関係を問う民事訴訟には準拠法選択の問題があり、私法は多元的に捉えられているのではないですか？　契約における管轄の合意をめぐって法廷間国際競争、民事法間国際競争があると聞きました。仲裁機関や取引所についても同様のようです。
老教授：テリトリーに該当するリソースが複雑高度になると、これをどの単一性・一義性に同定すればよいのかという問題が生ずるというにとどまります。一義的でなければ選択の意味がありません。つまり捨てたほうを遮断できなければならない。準拠法というパラデイクマはかえって政治システムの単一性を

強く要請します。

三宅：地方自治のことはどうなりますか？　単一の関係が明らかに地方公共団体と国家とで二重に生じています。前者はそれ自身二重になっている場合がありますよね。

老教授：ほんとうに難しいのは地方自治の場合です。第11回のテーマなのでここでは立ち入りませんが、デモクラシーが二重の政治システムを要請するために地方自治が構築されます。

　しかし単一性を生命とする政治システムが二重だなどとは、頭がほんとうに痛くなります。ギリシャ・ローマでならば、わざと矛盾させます。ローマの平民の組織はデモクラシー代替的役割を担いますが、vetoを有し平行主権を保持します。だから「国家の中の国家」と近代のローマ公法研究によって分析されます。論理矛盾ですが、鋭い対抗こそが生命というわけですね。矛盾に耐え切れず論理的整合性に依存する弱い近代の理性はどうするでしょうか。法規の位階制で以て臨みうるのでしょうか。

黒木：それにしても、話がだいぶ飛躍したように思いますが。水道や別荘となんの関係があるのですか？

老教授：政治システムの単一性は、公法の大原則を導きます。主権概念もその一つのコロラリーですが、もう一つ、非常に具体的にあることを単一にしますが、それはなんですか？

田丸：公共空間でしょう。円の中心のような1点ですべてが通じてなければオープンと言えません。A系の公共空間とB系の公共空間がなんともじれったい彼と彼女のように、二重螺旋階段のように、そこに見えているのにすれちがい、ついに向こう側には渡れない、というのでは、政治的空間は成り立ちません。

老教授：そうですね。中心の政治的空間だけで通じているのでよいですか？

三宅：ああ、それはデモクラシーのほうへと考えを移動させよという誘導ですね。たしかに、政治的空間に通じる1本の太い道につながっているだけだと、万が一そこを押さえられれば、押さえた者に従ってでなければ政治的空間にアクセスできません。団体をなして政治的空間に赴くことになります。小田急線沿線住民グループと京王線沿線住民グループという二つの固い集団が駆け引きするようなものに政治がなってしまいます。

だから、中心を経由せずに、いわば横にも行けなければならない。小田急線が不通であるなら、京王線に出て京王線で政治にアクセスするということができなければならないし、そもそも京王線沿線住民と個別に自由に友情を育めるのでなければなりません。これが市民社会とデモクラシーの条件でしょう。

第二次政治システムには独自に中心がありますが、それでも公共空間は相互に通じていなければならないでしょうね。デモクラシーにおける移動の自由の特定的な内容であると思います。

切れ切れでも中は単一

老教授：確認すれば、公共空間がそのように二重分節したとしても、依然単一のままですね。あなたは自分の家を出発しさまざまな経路で公共空間のみを通って私の家の前に立つことができます。あちらやこちらで折れ曲がったりしても、ですね。さて水道はどうですか？

中村：「水道とは何か」が明らかになっていません。それが公共空間であるということを先取りしています。

老教授：おっと、そうでした。

横田：水がないと生きていけないわけだから、公益の塊みたいなもの、端的な公共空間ですよね。

大森：そうかなあ。通常は井戸を掘ればよい。この授業の言い方だと、領域には自然の公水が張り巡らされています。

南田：水道はたしかに都市のものです。都市の住居には特別の意味があるということでしたが、領域のように井戸を掘る余地は大きくありません。しかし水は不可欠です。そこで政治システム自体の事業として水を領域から引いてきました。あ、またギリシャ・ローマの話ですが。アッピア街道と並んでアッピア水道は有名です。

遠山：それで水道に公共的な意義があるのですね。だから公共空間に準じて扱われる……。

中村：単一性はどうなる？　私が私の家から出発して君の家の水道の蛇口から現れたら気持ちが悪いよね。パリの下水道ならばありうる話だけど。ウィーン

を舞台に『第三の男』という映画も昔あったらしいしね。
風間：ローマの都市の水道はアクセス自由ですから、理念的に単一の公共空間につながっています。しかし有料の水道は契約者たちが排他的なクラブを作っているということに他ならない。そうすると、クラブ会員外の私は排除される。東京で給水契約を締結しているからといって、大阪に借りたアパートで自由に給水を受けられるわけではありません。基底的な公共性でなく、プラス・アルファの要素をもちます。
近藤：まず、水道は領域に発し、領域を潤すということを押さえなければならないでしょうねえ。だから取水は事業つまり費用果実関係であり、また本格的な占有の費用果実関係のなかに水が入っていく。生産、つまり事業所内に入るということですが。
沢井：温泉のところで論じたように、そういうシステムは政治から見て危ないですねえ。だから横一列に切り揃えるためにあえて特別に政治システムが出動しました。少なくとも今回も出動しなければなりません。
老教授：しかし今回は様相が異なりますね？
黒木：温泉は本来自由にアクセスする関係であるものを整序すればよいだけだった。元来オープンであるため単一性がその限りで保証されている公水が基盤にあって、これに依拠することができました。ところが今回は、たしかにその公水から取水するのですが、その取水は単一の占有内のただの事業ではない。否、そうであるくせに、さらにみんなに分ける。みんながもらう。
横田：なのに個々の占有にとっては死活問題だ。あ、そうか！　それでかえって強烈な単一性を内部に要求するんだ！　二重分節さえ許さない。大口需要者が割引で買って個人に卸すなんてことは認められない！❺
三宅：どんなにデモクラシーが発達しても、個々の局面をとれば厳格な横一線なんですね。

---

❺　認可は水道事業者のところに存します。1本1本の単一性を保障するために横一列に並べるのが温泉法であるとすると、ここではテリトリー上の単一性を人為的に設定してしまい、単一ソースから単線に横一列を実現します。すでに述べたように特許は水道型でなく温泉型です。特許権者はソースとなり再分配します。

横田：それがこの場合強く現れるのだと思う。

南田：ローマ共和政初期のように、ですか？

近藤：水道法の規定はなかなかに意義深いよ。2条1項で国及び地方公共団体の施策である旨定められている。政治システム直轄ということかもしれない。とはいえ、6条1項で「水道事業者」が定義され、これは厚生労働大臣が認可した相手でなければならない。

ところが続く2項はもう一度切り返し、水道事業者は原則市町村たるべし、と言い、それ以外の場合には市町村の同意を不可欠の要件としている。直轄だが、別系統、独立システムであり、かつおそらくこの「認可」は単一性のためだ。縦軸を横一列で直角に切るとき、縦軸を1点で切らなければならない。

風間：もちろん横軸たるにふさわしい事業者でなければならず、それは原則公共団体、つまりそれ自身政治システムだ、と言っているんだな。温泉法の場合の「許可」とこの「認可」は一対をなすかのごとし。用語をたまたまの手掛かりにしただけだが❻。

● タダより高いものはない

吉野：水道の場合厳格な政治システムが要請されるというのはまだ理解できるけれど、同じような事業で認可の対象になってる電力とか通信とかはどうかっていうと、こちらでは強い営利性が認められる。しかも自由化されて競合的に認可がなされ、事業者は営利性を前面に出して営業している。

---

❻ 「明治以来」（塩野）の伝統的な区分は、合成行為を命令的と形成的に分け、前者の中に許可を、後者の中に認可を、位置づける（田中二郎『新版行政法 上巻 全訂第2版』（弘文堂、1974年）121頁以下）。「認可」はしかも私人の法律行為を補完し有効ならしめる形成的行為とされる。しかし、必ず実定諸法律の用語はこの限りでないとされるばかりか、塩野『行政法総論』130頁は、伝統的区分を紹介しつつも「相対化されている」と述べ、規制の具体相に即して議論し直す方向を示唆する。実際、保育園、水道事業者、特許庁、私鉄は同じ「認可」的性質をもち、多くの第三者と契約等を通じて公共的な関係に立つが、どこまでが本来の公共空間の作用なのか、どこからが人為的擬制的なそれなのか、周到な考察を要し、偶発的な用語法はもとより形態さえ真のメルクマールにはならない。

そもそも、政治システムというにはほど遠いですよ。事業者は専門委員の合議体かなんか作って供給相手を審査し許可することはしていない。本件でも許可ではなく契約ではないですか。これは経済的な取引に他なりません。本件は単純な民事法の事件でしょ。最高裁の結論もそう読めませんか？
中村：そこがさっぱりわからない。条例の別表が無効だとは言っているから公法上の判断をしていることになる。近藤君はさっき「請求の原因」という言葉を使ってうまく説明したけれども、あれは近藤君の解釈だよね。最高裁がどういうつもりか、テキストからは読み取れない。
老教授：ではまず、「なぜ契約という構成が採られるのか」からいきましょうか？
遠山：有料だからだと思いますが、すると「なぜ有料か」から問題としなければなりませんね。
南田：都市の水道は対価がないはずです。
風間：契約だとして、何契約かを決めなければなりませんね。さもないと対価の問題を扱えません。領域において、事業者が取水し費用として投下するという基礎があり、次いで契約者がその費用投下過程をインターセプトするのだから、またまたlocatio conductio（ロカティオ・コンドゥクティオ）だと思う❼。対価を払い費用投下をし、果実を上げる。その果実から対価を払うという循環を、事業者の同様の循環の内部に巣食うようにおこなう。
田丸：だったら契約として最も危ないタイプじゃないですか。しかも諾成契約にならないタイプです。つまりconductor（コンドゥクトル）の占有を端的に左右してしまう。バーゲニング・パワーをconductorはもちません。
風間：このタイプのlocatio conductioで、もし対価が存在しなかったらどうなるのかな？
南田：あてがい扶持の奴隷労働者になります。つまり山椒大夫の事業所へと連れ去られたも同然です。
沢井：事業者の権力を解体するために契約構成が採られ、厳密な対価が支払わ

---

❼ 『民法の基礎』150頁以下。

れる、ということでしょうか。たしかに、そうでないと水道使用者はいつでも見張られることになり、蛇口を閉め忘れると鞭で打たれます。誰も見ていなければ思い切り使いすぎをします。

南田：事業者と直接一つひとつの占有ごとに契約させることには、横一列実現の意味もありそうですね。

三宅：「契約の自由だから、お前の人相が気に食わない以上、契約してやらない」というのは違法ですね。

風間：そんなのは純粋契約法からして違法だ。契約は bona fides（ボナ・フィデース）に依拠している制度だ。そしてこの場合はライフラインが懸かっているから、bona fides は、契約内容を政治的決定、それも本体によって規律するということに変身している。裁判所は約款というけれども、ラテン語だと政治的決定も約款も lex だ。

老教授：領域の費用果実関係を直接左右するので、いちいちの政治的決定より契約のほうがはるかに適するということもあります。

収束すれども到達せず

横田：すると、最高裁が単なる民事訴訟とした部分こそおかしいということになりそうですか？

老教授：まず条例の処分性❽ですが、これは？

遠山：処分性の問題は二つだということでした。政治的決定という要素があるか、占有を動かしたか。占有を動かしても政治的決定がなければ処分性はないし、政治的決定があってもなんら占有を動かさなければ、これまた処分性は出てこない。一般に条例に処分性がないと言われるのは、条例は政治的決定本体であり、さらなる手続を経なければ個別具体の占有を動かさないからでしょうね。そのためには行政主体の決定、処分、を要する。

近藤：最高裁は、舌足らずですけれども、本件条例が一般準則を定めたもので個別性がないと言っています。次の手続を欠く政治的決定そのものであるとい

❽ 本件判決に即し、山本『判例から』106 頁以下、さらに 414 頁以下。

うのでしょうね。
大森：実際、占有は動かしていないよね。契約だし。
黒木：そこには大きな混乱が潜んでると思うなあ。最高裁の判断のどこかに、「契約だから直接権力によって占有を動かすのではない」という発想が潜んでいないかなあ。でも行政法の場合、占有原則をあくまで類推によって利用しているのだということを忘れてはなりません。とくに論証責任の転換において利用している。

　本件でも、事柄が単一性に関わるため、別荘所有者が水道を住民並みの条件でいきなり勝手に使うと違法になるということがあります。なぜかと言えば条例があるから。それをするためには、まず条例の違法を裁判で確定しなければなりません。その限りで、抗告訴訟の対象とならなければならない。そうでないとほんとうに民事上の権原と同じになりますが、「それでいいんですか」と私は最高裁に問いたいです。いきなり請求の原因のところで無効を主張し、裁判所がそれを審理し、無効を原因とする給付を発生させる、というのでは、公法上の関係が台無しになります。

　現に最高裁は無効を論証するのに公法上のロジックを使っているじゃないですか。事柄が単一性と横一列に関わるわけですから当然です。もしほんとうに抗告訴訟を却下してなお原告を勝たせたければ、判例準則に従って信義則でも持ち出して違法な約款は無効であるとし、住民と同じ契約が存立しているとみなしうる、というような法律構成が必要です。ところがこうした民事法上のテクニックを全然使っていない。

住んでください、お願いだから

老教授：随分と手厳しいですね。抗告訴訟なのか、それとも本案民事訴訟における請求原因審理なのか、は置いておいて、別荘保有者につき別立ての高い料金体系にするということ自体はどうでしょうか？　もちろん公法上の観点からです。つまり処分性を認め、政治的決定により特定の契約関係を創り出すその内容の審査を司法がしうるとして、どうか、ということですが。
中村：いよいよ別荘に関する形而上学的考察を必要とする時がきた。

近藤：条例の別表は別荘かどうかで区別しているわけではありません。住所の有無です。ありていに言えば、住民票を移しているかどうか。町民が別荘を保有していたり、東京から別荘に住所を移した場合、料金は安くなります。
沢井：あ、そこにズレがあるんですねえ。気になります。
大森：「別荘」は「住所不存在」に尽きるか、だね。
中村：住所の形而上学までさせられるのか。
老教授：それはどのみち第11回でしてもらいます。
黒木：さしあたり、住所は第二次的政治システムたる地方公共団体に属するということを意味する。住民税を納めるということ。被告は、別荘住民は住民税を納めておらず、水道事業に多額の税金を投入しているのに水道を一般住民と同じ対価で利用すれば、「ただ乗りになる」と言っている。
遠山：裁判所も、その点を補わせるべく高い料金設定にすること自体は認めているのではないですか。
中村：しかし、高額設定のためのロジックとしてそれが成り立っているのかどうか、大問題だと思うな。
田丸：水道は、公共空間ではあっても、単一である基幹の公共空間から分節し独立しているのでした。
三宅：それは地方公共団体とて同じこと。
横田：だからというので、水道法は市町村に水道を委ねていた。
田丸：あっ、混線を一つ見つけましたね。そうは言っても水道と市町村は同じではない。水道のほうは事業者として別途認可されてます。
老教授：この分節的公共空間は何にとっての公共空間ですか？
吉野：ライフラインだけれど、ひとまず占有の死活に関わるということでした。たしかに、別荘や事業所の場合、生きていけないという話ではない。
老教授：占有本体は何が保障していますか？
吉野：なるほど、それは基幹の政治システムです。水道ではないばかりか、地方公共団体でもない。占有者としては、国税を払い、独立採算制の水道事業に払えば済む話で、なにも地方公共団体にお世話になる必要はない。住所をもって住民になるのは別の話です。高額料金設定自体やはり違法じゃないですか？
中村：市町村が事業に対して支出している点はどうなるの？

吉野：占有者からすれば、国税として支払ったものの一部が回っているだけの話だよ。公共空間の基幹部分への支出を代行している。機関委任事務とか、それに見合う地方交付税といった制度がある。
遠山：水道法は市町村に施策を委ねています。
田丸：でもそれは独立の横一列というシステムを作る責任、とくにその規律を第二次政治システムに委ねているということでした。基幹の公共空間に属するがゆえに本来基幹の政治システムがするべき支出を、しかしあえて金銭と引き換えに代行する、ということではありませんでした。独自の財政負担があってしかるべきです。
大森：たしかに、町、そのあと市が支出した理由はわからないけれど、しかし別荘誘致のための先行投資とその追加みたいな……。これは回収すべきだろう。その回収方法をめぐるトラブルが本件であるという見方も成り立つ。つまり立て替えただけで、市町村が費用負担するということでは必ずしもない。市町村の関与はあくまで本件条例のように規律が主眼なのかもしれない。
老教授：完全独立採算で税の問題は本件の圏外であるとしましょう。水道を利用する各占有が一律の料金体系に属するというのが一個の理想の姿でしょう。やはりこれがいいですか？
大森：控訴審の言葉を使えば、営業費用の負担と資本費用の負担は分ける必要があります。さらに、前者のうち、減価償却費などの固定費用と薬品費動力費など流動費用を分け、基本料金と使用料金に反映させるといいと思います。
　問題はその先、個別原価主義か負担力主義、さらにはもっと大きな政策的差別化、たとえば水道使用量抑制のため大口利用者の負担を重くするかといったことがどこまで認められるかです。
　しかし私はその前に、資本費用を別荘保有者に負担させるほうがよいと思います。事業者の保有資産価値として残存するのでこの部分は元来利用者が負担する必要がないのですが、しかし別荘の資産価値に確実につながります。両方の資産価値につながる投資を分有するということです。そのうえで、別荘の場合は、事業者と異なり別途政策的な差別化を負担力主義等々の観点から施すことには無理があると思います。
南田：本来ならば、都市と領域の区別があり、前者の場合は水道は無料だとい

うことがある。同じ水道を領域に伸ばすときに、都市の住民が領域に合わせて有料となることに対して反発する、これが対立点になるはずです。しかし都市と領域のカテゴリカルな区別を知らない世界の話ですから、大変混乱するのも無理ないことです。
中村：そういう夢のような話をされてもねえ。

● 遥かなる別荘

風間：いや待てよ。都市と領域の区別ね。占有で一律にということだったけれども、だとしても、まさに都市と領域で成り立つ占有の質に違いがあるように、占有といってもさまざまだ。別荘だ、ホテルだ、ペンションだというので区別しても、法的にはなんのことだかわからない。裁判所も合理的な範囲ならば差別化が許されるというが、それがなぜだかは説明しない。その範囲を画する基準も明示しない。常識に頼って、さすがにこれは行き過ぎだ、というにすぎない。ところが、占有の区別ならば十分に法学的だ。法学の世界で別荘といえば？
遠山：民法の授業です。契約締結上の過失のところで、先生が、別荘が火事になる事例を挙げてました。もう火事で焼失しているのを知らずに売買契約を締結してしまう……。
風間：なぜあれが本宅でなく別荘なのか、わかりますよね？
遠山：はい、遠くにあるから火事に気づかないんです。情報の希少性ですね。
風間：そのとおり。その距離に対応して過失、この場合不知という要件を別荘という具体例により説明します。自宅で契約を締結しているのであるならば、今燃えているのを知って売るのですから、これは故意です。これはローマ以来使われてきた仮想事例です。法学の世界にはこのように決まった仮想事例がたくさんありますよね。古くは損害の概念を例解するための二人組のコメディアンの一人が殺されたという事例、新しくは民事訴訟における訴訟物の数を例解するための厩の相互侵奪ですね。ローゼンベルクが使った。20世紀になってからのことですから、20世紀のドイツの主要な係争対象は厩だった、などと解するととんでもないことになります。しかし新訴訟物理論の解説には必ず厩

が出てくる。

　別荘に戻ると、これもローマ以来の都市と領域の距離感を反映しているのでしょうね、考えてみれば。領域のヴィッラですね。遠くにあって、自分はときどきしか行かない。管理人が管理している。しばしばそれは立派な農場です。部分的に小作させる。放牧地も含む。それでも包括的に自分が占有している。投資用資産でもある。そのまま高値で売買される。この売買は完全に観念的におこないうる。自分で摑んでいる物を疑心暗鬼の相手に現金と引き換えに渡すというのではない。自分と対象物件の距離が遠く、そして対象物は多くの人や多くの要素のコラボを前提としており、それが高い価値を生み出しています。

　こういう対象に対する占有を市民的占有というのでしたね。少なくとも2世紀前まで2000年近く呼んできたのでした。所有権と呼ばれるものの実体でした❾。契約締結上の過失、いや過失自体、この所有権というスキームのなかで生じる問題です。そういうわけで、別荘に関しては、単純な占有ではなく市民的占有が成立しているので、別途の取り扱いが要請されるということになります。もともとの住民が住んでいる町のなかの一つひとつの占有と法学的に区別しうる。もっとも、町の住民のなかにも事業者もあれば、別荘所有者もいるかもしれない。しかし重い負担を課せばよい。

中村：そんなこと言ったって、清里の別荘じゃ、軽井沢とはちがうから。今でもローマ郊外に点々とあるヴィッラとは比較しようもない。

風間：それでも管理人くらいは置かなければならないでしょう。どんなに小さくとも、構造的に二段になり、関与が間接的になっているのです。

吉野：料金設定の計算には全然結びつかない話だなあ。

風間：市民的占有は、しばしば実際に、少なくとも仮想的に、下位の単純な占有を従えている。だからこそ階層構造をもつことになります。もし君が分譲マンションを3戸続きで買ったとしましょう。水道の基本料金は一括1軒分にしてくれと言えますか？　別荘は、だから、事業所と同じく、しかしそれより少ない程度において、いくつかの単純な占有を包含しているとみなされる。少な

❾ 『民法の基礎』125頁以下。

くとも仮想的に、内部でさらに枝分かれする配管を伴う。冬期の使用料に反映できない分をどうするかが問題になっているとすると、下部の単位に人がいないから生じる空白も、上部には観念的にオーナーが常時いて、水は使わなくともそのような体制の保持にかかる費用は資産税的に支払わせてよい。かくして若干高額の基本料金を徴収することは正当化されます。

遠山：計算は依然として難しいですね。

大森：個別原価主義が基本線だとして、その理由は、事業者に対する契約者の独立を担保するためでした。タダではなくとも、恩恵を受けていてはおかしなことになります。しかし原価の計算自体難しい。相当に政策的です。少なくとも判断が分かれる点が多い。これはだから行政の裁量に任せるしかない。水道法の規定により市町村の判断ということになる。そもそも対価の設定自体、本当の経済的合理性のゆえでなく、横一列の単一性という政治的考慮に基づくのでした。

沢井：本来ならば、領域にもしっかりした計画があるべきです。別荘地区というものが設けられるはずです。これに対して一律若干高めの料金設定をするということで問題が解決されるのではないですか？ 住民票の保有者だろうとなかろうと。

近藤：少なくとも、住所の有無により機械的に判断する点が見当はずれで違法だという結論が得られそうだね❿。もっと基準に工夫をせよ、と。それであれば、少々へたくそでもまあまあ裁量の範囲だ、仕方がない、となる。「占有の構造の区別なんぞいったい誰ができると言うのだ、ローマ法なんか知らないぞ」と居直っても許される。

---

❿ 山本『判例から』116頁以下も、別荘所持者を「住民に準ずる地位」に引き上げて一律平等を要請する判例ロジックに疑問を呈する。水道事業固有の平等を探求する方向を示唆する。

直接的領域規律——環境は公共前公共

> 第1事案　最判平 13-3-13 民集 55-2-283　森をはがせばソボ降る雨はど
> 　　　　こへ行く事件（ゴルフ場開発許可訴訟）
> 第2事案　最判平 4-9-22 民集 46-6-571（同 1090）　天馬は三千里を翔
> 　　　　ける事件（もんじゅ訴訟）

事案の概要

老教授：今日は2件続けて最初に事案を紹介してもらいます。

吉野：森林法に基づき知事がゴルフ場建設に開発許可というものを与えたところ、近隣の住民が取消を求めて訴えたという事案です。一審は、当該法律が「一般的公益の中に吸収解消」されることのない「個別的利益」をも保護する趣旨かどうか、という例のフォーミュラを持ち出し、森林法の開発許可はもっぱら公益を図るものであるから、個別的利益を顧慮する余地はなく、原告の原告適格はカテゴリカルに否定されるとしました。同じ森林法の保安林解除という制度が関係者のヒアリングを予定していることからの反対解釈も付加しています。

　控訴審はこの訴訟判決を取り消し、差し戻しました。同じように法律の趣旨から説き起こすのですが、「開発行為がもたらす災害等の被害を受けることが想定される範囲における関係者個々人の生命、身体、財産及び環境に関する個別的利益をも保護しようとする趣旨を含むもの」（民集325頁）と解しました。原告AとBが入会権を主張したことにつけこみ、被告は総有ゆえに固有必要的

共同訴訟を要すると訴訟法上の抗弁をしていたのですが、この点についても原告の個別の使用収益権を認めています。

　最高裁は、まさにこのAとBについてのみ、原審の判断を認容し、他の者たちについては取り消し、これらの者たちに関する限り訴えの却下を確定させました。個々人の個別的利益をも含むという原審の基準判断は維持したのですが、その個別的利益は、土砂災害および水害による生命身体への危害のおそれにとどまり、財産的価値を含まないと判断しました。他の者たちは主として農業や生活における水の確保や水質の悪化を主張したためです。AとBはゴルフ場の直下か、これに囲繞される位置に住居を有しました。

老教授：もう1件のほうもどうぞ。

大森：原子炉等規制法の原子炉設置許可が高速増殖炉に対して与えられました。これに対して近隣の住民が、出訴期限を過ぎていたので行訴法36条で無効確認の訴えを提起しました。

　一審は、個別具体的利益の保護を当該法律の射程に収まりうるものとはしましたが、取消訴訟と無効確認の訴えの差に着目し、「現在の法律関係に関する訴えによって目的を達することができない」ために過去の行政行為の無効確認を求める必要があるという要件を、民事訴訟一般における確認訴訟の補充性理論と接続し、同時に提起され併合さえ求められている民事の差止訴訟がより直截であるとし、訴えを却下しました。

　これに対して二審は、20キロメートルまでの原告につき原告適格を認めて一審に本案審理を求めました。その外側の原告に対しては控訴棄却ということです。この線引きについて理由は示されていません。生命身体等に影響が及びうるから原告適格があるのだという判断からいきなり線引きが導かれますから、影響の範囲がこれなのだと解する以外にありません。他方、個別的利益包含の点については、取消の場合と無効確認の場合で差はないとし、行政訴訟の場合は処分の瑕疵1点の論証で済むのに、民事訴訟であれば具体的に影響の可能性を包括的に論証しなければならないから負担が大きい、等々の理由を述べて一審の判断を争っていますが、このあたりは必ずしも噛み合っておらず大変にわかりづらいです。訴えの利益に論点が移行していることも特徴です。

　最高裁は同日に二つの判決を出しました。20キロ以内の住民に関する被告

の上告に対して上告を棄却し、20キロ外については、29キロから58キロについて原告適格を認め、原審を破棄し、一審の本案審理に差し戻しました。例の公式から個別的利益保護が認められるとするばかりで、原審線引きの不当がとくに詳細に論じられるわけではありません。取消の場合と無効確認の場合で差はないという原審判断を肯定し、本件民事訴訟が後続訴訟に当たらないとして補充性論を斥けています。差止訴訟がより直截とも言えないともします。被告上告に対しては、若干ニュアンスを異にし、無効確認が不可欠とは言えなくともより直截なだけで行訴法36条要件クリアとみなすと述べます。このあたりは、面白いと言ってよいのか、マニアックで不毛だと言うべきか。

ゴルフに燃える

老教授：便宜1件目からいきましょうか？
中村：うへ、だったら今日も「そもそもゴルフとは何か」から始まるのか。超くだらない！　帰らせてもらいます。
田丸：誰ですか、こんな悪趣味な見出しをつけたのは。編集者の方？　え？ 先生が自分でつけたですって？　私も帰らせてもらいます。
横田：ゴルフほど悪趣味なものはないさ。それにふさわしい見出しだ。成金風で大変によろしい。
黒木：山の緑をはがして自然を台無しにするゴルフ場は唾棄すべきものの一つです。時代遅れの斜陽スポーツで、会員権訴訟しか思い浮かびません。
吉野：好きだ嫌いだは個人の勝手じゃないか。ゴルフが好きだ、生きがいだ、という人がいてなにが悪い。やりたい人がやればよいだけです。
大森：そうそう、バード・ウォッチングがしたい人とゴルフをしたい人とのあいだに優劣をつける基準は存在しません。なんとなく後者のほうが高級な感じはしますが、そういうことに惑わされてはなりません。それぞれの人にはそれぞれ絶対なのだと想定して調整するしかないでしょ。
三宅：繰り返しますが、アテーナイでは好きなことを追求する限り、たとえ迷惑をかけようとも許された。下宿の2階で夜中にロックバンドが練習をしても、「ああほんとうに好きなことを追求しているんだなあ」と思えばなんでもない

とされました。自由絶対ですね。

吉野：だからそもそもなぜこれが許可を要するのか、さっぱりわからない。土地を買って自分の物にした。そこで私は一生ゴルフをして暮らします。それは私の勝手です。問題があるとしてもお隣さんと民事訴訟をすればよい。

　そもそもなぜ第2事案に至って民事訴訟が出てくるのか。一審裁判官の言っていることは悪くないと思ったけれどなあ。もっともこっちは原子炉だから、2階のロックバンドとはわけがちがう。「あなたがほんとうに好きなことを追求している以上はどんなに放射能を浴びても本望です、それほどまでにこの社会は自由なのだと誇りをもって言います」とは言えませんよね。息も絶え絶えにそうやって誇ってみせたって馬鹿馬鹿しいばかりで全然格好よくない。

大森：そもそもこの2件を一緒くたにした先生に問題があるんですよ。趣味が懸かっている場合と、エネルギー供給という公益が懸かっている場合と。

近藤：なにも区別しないのはむしろ判例フォーミュラのほうだよねえ。法律の趣旨、最近では関連法律の趣旨というばっかりで、それ自身苦しい法理が独り歩きしている。「吸収解消させるにとどめず」というところが一番無様で、公益も詰めないし、公益と個別利益の関係がどうなっているのかも詰めない。だからどんな結論も出せる。下級審の裁判官が、「どうせこれを書いておけばいいんだろう」とばかりあとは好きな結論を出している。

● お気楽法学ツアーのガイドさん

老教授：ようこそミナサマッ、本日皆様をテーマ・パーク公法ランドもどん詰まりの奈落の底へ、違法すれすれツアーへとご案内いたしますのは、ブラック・トラヴェル主席ガイドの老教授Kと申します。本日のはぐれ・さまよい・行き倒れコースは、なにを隠そう、周りを見渡せばいつか来た道、行った道、田舎の香水匂う道。皆様、ですからもはや何かが見当たりませんよね。いったい何が見当たりませんか？

大森：コンビニ。

遠山：学習塾。

吉野：ゴルフ場や核施設の周辺にだってそのくらいはある。

横田：公共空間。
三宅：道路くらいは通っているだろう。
横田：いや、許可自体には公共空間は全然関係ない。私有地内の事柄について行政があれこれ口出ししてるんだ。
吉野：そうそう、だから言っただろ。自分の土地を焼いて食おうと煮て食おうと勝手じゃないかと。
黒木：核施設は立派な公共施設ではないのかな？　ゴルフ場だってみんなが利用する施設という側面もある。
風間：いや、そういうメルクマールじゃないだろう。どんなに公共的だろうとなかろうと、費用を投下し果実を得る関係だから占有だ。およそ占有を成り立たせてならない公共空間とは対照的だよ。2件の許可はいずれも公共空間に関与しないで、占有内の規制を目的としている。公共空間への入り口規制だった、ここまで見てきた許可と大いに異なる。
老教授：ということは、あっと、しまった、ツアーガイドでしたね、私は。ミナサマッ、右に見えますのは、いや左に見えますのは、いやあたり一面に見えますのは？
田丸：長閑な領域のいつもながらの風景でございます。ということは、都市でもなく、都市から領域に延びる公共空間でもなく、領域内部の領域固有の関係に政治システムが直接介入しているのですね。いったいなぜなのか、吉野君でなくとも大問題ですね。
老教授：ミナサマッ、よくおわかりになられましたこと、右や左の旦那様、ではなくて、右や左に広がっておりますこの風景は、なにを隠そう、天橋立や松島と並ぶ日本三景の一つとなっております。
中村：気持ち悪いなあ。
吉野：けれどもいったい行政がなんでそんなことをするんだろう？
遠山：それが公益のためなのか、それとも公益に吸収されない個別利益をも含むのかで、もめているんでしょうに。
吉野：その場合の公益って？
遠山：それぞれの法律に書いてありますよ。国土の健全な発展とか科学技術の安全確保とか。

吉野：いまいちピンとこないな。ぼくら一人ひとりの自由の存立とどう関わるのか。政治システムの樹立はその自由を保障するためだった。国土の発展とかいわれても全然法学的でないから、なんでもすることができるような気がする。
大森：2件とも環境に関わるような気がするな。一方に自由がある、他方に環境がある、そのあいだに立って調整するのが国家の役割では？
中村：「環境とは何か」❶という大問題を出したりして。オレ、知らないよ。エコの連中のいうことはどうも観念的で正確でないんだ。思い込みが激しい。気持ちはわかるけれどもねえ。

● 鳥のクーデタ

南田：昔あるところに神々と人々が住んでいました。もちろん神々は天空に、人々は地上に住んでいました。両者は親密にやっていましたが、ついつい天空と地上のあいだにいる者たちのことを無視してしまったのですね。そう、例の着飾った鳥たちのことです。自分たちのわきをお供え物が素通りしていくのを面白く思っていませんでした。敬意を払えということですね。ま、露骨な癒着ぶりを見せつけられてムカついたというところでしょう。

　なんだか意味深ですね。鳥たちは団結し、天空と地上のあいだを封鎖してし

---

❶ 環境の法学的概念構成は概して慎重に避けられる（大塚直『環境法第3版』（有斐閣、2010年）27頁参照）。しかし一方でおよそ人間が働きかける自然的所与一般と同視され（北村喜宣『環境法　第3版』（弘文堂、2015年）3頁）、他方同時に「共同利益」ないし「公益」と同視されるのを見ると、概念構成なしにはやはり混乱を免れないと思われる。領域のことなのか公共空間のことなのか不明のまま、領域から公共空間へとそのまてんでに利用するかのようなイメージが抱かれやすい。もっとも、環境権とは何かというトポスにおいて辛うじて環境の法学的構成は議論されてきたと見ることもできる（亘理格「環境法における権利と利益——環境権論を中心に」高橋信隆他編『環境保全の法と理論』（北海道大学出版会、2014年）2頁以下が優れた概括を提供する）。とはいえ、権利と構成すると狭隘にすぎるので実質占有の平面を見出すのであるが、ところが今度は公共空間との区別がつかない、というディレンマを学説は逃れることができていないように思われる。じつは、環境は公共空間と区別されて、公共空間を越える空間のことであり、かつ環境問題は、公共空間自体のいわばオゾンホールのため占有がその脅威に直接曝されるに至った、その外部空間侵害のことである。

まいました。神々はお供え物が滞って干上がってしまいました。なにしろ、人々が肉を焼くことが神々にとって生きていくためには不可欠なのでした。煙と一緒に匂いが上がっていくんです。神々は匂いを糧とし、人々は肉のほうを取ります、それはもうもちろん。しかし人々のほうも困りました。匂いを供えるのと引き換えにいろいろなサーヴィスを受けていたのでした。神々と人々はすっかり参ってしまい、共同の使節を送り、鳥たちの要求を無条件で受け容れることにしました。今後は地上と天上のあいだにある空間を尊重し、鳥たちの嫌いな焼き鳥の匂いが立ち込めるようなことには絶対にしないと約束しました。それからのことでした、その地方では大気汚染というものはなくなりました。

遠山：なんですかこれ、それがどうしたって話じゃないですか。

黒木：いや、ゴルフ場はやめてバード・ウォッチングしようという話だってことくらいはわかるよ。

吉野：ヒッチコックの『鳥』のパロディー？

横田：アリストファネスの『鳥』だよ。それくらいはわかるさ。けどあれは、政治とデモクラシー、都市と領域のあいだの分節的関係がうまくいっていないことを風刺するものだったはず。

近藤：いや、解釈はオープンだ。たしかに、都市領域間分節の不全、つまり、政治的階層と領域の利益団体が癒着してしまった問題が扱われているとも読める。鳥たちが現れて切断し気づかせる。鳥が自由に飛び回れるということは私的空間と公共空間のあいだが自由になったということさ。

でもその先の問題もあります。公共空間は私的空間に対して開かれていなければならないと言います。しかしそれで十分でしょうか。たしかに自由に入っていけました。ところがそれはネズミとりの罠でしたというのはいかが？　ぼったくりの店の「飲み放題！　飲み放題！」という呼び込みだったというのはいかが？

南田：そのとおりです。公共空間はそれ自身閉じていてはいけないんです。真の公共空間には天井があってはなりません。透き通る青い空に吸い込まれるように抜けていなければなりません。たしかに閉じていても大きければその空間は一見自由に見えます。入り口は万人に対して開かれている。誰のものでもありませんという顔ができる。でもその先がどこまでも広がっていなければ管理

者が必ず特定されます。

　ギリシャでは、民会もする劇場は野外で、しかもしばしば絶景を背景に借りていました。劇場を司るディオニュソスはどこへでも入り込んで屋根を壊し、空間を解放してしまう神でした❷。政治的空間は神々、つまり天空、つまり自然に対して遮られてはなりませんでした。それが真に「誰のものでもない」ことでした。とりわけ、公共空間を利益団体主義が割拠すること❸に対する警鐘がアリストファネスの作品から聞こえてきます。領域と公共空間の結託により、日の光が公共空間を透過して領域と公共空間のあいだのスペースにふりそそぐということが阻害された、鳥たちはこのことに抗議したとも解せます。

横田：異議あり。ノモスとフューシスの関係が逆転してる。それぞれ政治ないし人為と領域ないし自然を表しているんじゃないですか？　イオニアの自然学はどうしたってデモクラシーの側ですよ。

おお、この地下牢に太陽の光がそそぐ！

沢井：『フィデリオ』の囚人たちの歌を思います。
一同：？？？
沢井：勇敢な妻が男装して牢獄に乗り込み、政治的陰謀により密かに投獄され殺される寸前の夫を救う話です。他の多くの囚人たちが束の間の日の光を浴びて歌う合唱です。そうです、政治が解放されれば、多くの人々が自由になるのです。

　まず、政治的空間が開かれているということは、政治システムを直接構成する自由独立の主体一人ひとりに遮るもののない太陽の光が降り注いでいるということです。しかし、公共空間がほんとうに開かれているならば、その光は必ず公共空間を透過して領域にも直接降り注ぐはずです。政治が透明ならばですね。つまり、政治を直接構成するのでない一人ひとりにも太陽の光が直接降り

❷ M. Detienne, *Dionysos à ciel ouvert*, Paris, 1986.
❸ 拙著「法学再入門　秘密の扉　番外篇」『法学教室』No.419（有斐閣、2015 年）65頁以下。

注ぐということは、政治システムの新たな資格要件となります。デモクラシーの時代に。自然学が優位を誇ります。なかでも、原子論は固く不可分の原子が一つひとつ独立に太陽の光を浴びている図を描きます。真空と原子しかなく、遮るものはそもそも存在しません。

　エピクーロス派によって媒介されて近世の物理学、さらにはホッブズの政治理論にまで影響を延ばします。その間ヘレニズム期からすでにその自然を社会学的メカニズムで汚染することが始まりますが。倫理が自然状態に内在しているなどという混乱した概念ですね。近代ではプーフェンドルフが代表選手です。

中村：あれ、あれ、それた議論がまたそれてどこへ行ってしまったのか、さっぱりわからなくなった。

沢井：あ、すみません。とりあえず、フューシスはデモクラシーを通じて政治や公共空間と深く結びついていたということが言いたかったのです。デモクラシーに対して懐疑的な側が後になってノモスを対置しました。この語は、差配や再配分と深く関係します。そしてアリストテレスの折衷を経てヘレニズム期以降の自然法論のなかで融合が生じてしまったのです。

風間：法学的な観点からいっても、大事なステップを踏んだのだと思います。第一に、自然空間が公共空間のその先のほうでさらに大きく広がっていなければならず、公共空間はこれにも開かれていなければならない、そしてこの二つは区別されるけれども、しかし連続的でもある、ということがわかりました。公共空間が自然に対して開かれていることは、ですから、公共空間ないし政治システムにとって基底的な関心です。遮る動きに対しては真っ先に対処しなければなりません。

田丸：たとえオゾン層の破壊であっても、地球温暖化やサンゴ礁の死滅であっても、種の多様性の縮減であっても、公共空間がそこへつながっているはずの果てしない空や海が暴力的なプロセスにより介入を受け、大きな傷ができ、深刻な影を公共空間に投げ返しているということですね。

風間：第二に、政治的空間を透過して光が直接領域に届くことを政治システムは保障しなければならないということです。これはさらに二つに分かれます。政治システムがせっかく透過させたその光を、影を落として届かないようにする領域における私的な存在を解体するということ、公権力が遮るものなく領域

の底にまで及ぶという公法の大原則の一環です。現在では公共空間自体が光を受けられなくなるような国際的宇宙的存在に、領域の私的な権力が成長しています。そして次に、政治システム自身が影を落とす存在にならないようにするということ。とくに公共空間自体が脅威を与えないようにしなければならない。あわせて、一番いけないのは、公共空間自体が、影を落とす私的権力と癒着し合体して影を落とすことです。

吉野：要するに、領域の占有内を行政が直接規律することはありえないけれど、自然環境にダメージを与えるおそれがある場合は例外だ、そういうこと？

風間：そのとおり。いくら占有内の事情が近隣の占有を脅かしたとしても、これは民事法に任せるべきです。占有訴訟の発展類型のなかには危険責任を踏まえて予防的に差し止めることができるタイプがあります。この場合、保全作用のため裁判所が即時の命令を下すことがあり、これは限りなく行政の作用に近いのですが、行政ではなく司法作用です。ともかく、これも含めて本来は占有間問題、つまり領域の問題を担当するのは民事訴訟でなければなりません❹。領域が公共空間から独立の自律性をもたなければならないからです。

沢井：ヨーロッパの農村、トスカーナやブルゴーニュの農村の絵に描いたような美しさの背景にはなにか計画があるのではないですか？

風間：現在ではたしかに aménagement territorial といったジャンルの行政があり、規律しています。都市計画の延長部分ですね。工業化、あるいは、とくに郊外団地のような展開を睨んで警戒線を張っているのです。しかし何世紀にもわたってのことを考えると、あれは占有原理がこつこつと生み出してきたものです。政治的介入は開発のほうに傾きがちです。つまり、公共空間のその先の自然環境にダメージが加わり、個々の占有に光が届かなくなる場合にはじめ

---

❹ 占有問題、つまり不法行為（環境問題は、大塚直「生活妨害の差止に関する基礎的考察」『法学協会雑誌』103 巻 4 号（1986 年、以下連載）が示すように、不法行為法において占有の次元を再発見させる可能性を秘めている）というジャンルから出発することは無意味ではありません。続いて占有侵害が公共空間を介する経路をたどる場合どうか、さらには公共空間不全が惹起する環境経由の侵害が発生したらどうか、というようにたどることができます。因果関係論が生命線となります（大塚『環境法』669 頁以下に優れた概括がある）。

て政治システムみずからが乗り出す❺ということです。

お山のカラスも泣いている

老教授：自然環境というものが政治システムにとって何を意味するか、法学的にどう概念構成されるか、という問題に多少光が見えた気がしますが、なお今日の2件を具体的に解明するには相当の距離を埋めなければならないように思えます。とりわけ、1件目と2件目では少々ちがう面がありますね。

遠山：1件目は、ゴルフ場がふつうに川、つまり公水を侵害したとも見ることができるのではないでしょうか。つまりヨットの事件と同じでは？

大森：いや、少なくとも裁判所はゴルフ場の占有から他の占有への直接的な侵害を問題にしている。直接的な関係に立つはずのない原告の当事者適格を否定したのはそのためだと思うな。

沢井：そのどちらでもないから問題が発生しているのだと思います。ゴルフ場建設は公水そのものの外の出来事です。公水を侵害しません。川とその水源は連接的ですが区別されます。そしてゴルフ場は水源のほうを害します。川に対しては一応「ボク何もしてません」という抗弁が成り立ち、行政に対してこの抗弁が功を奏したために許可が下りた模様です。しかし地下を通ってじわじわ川に影響を与える可能性があり、その川の変化により自分の占有が害されると少し外側の原告たちが言っているのです。公共空間経由型であって環境直接型でない点が第2事案とちがいますね。

三宅：たしかに、第2事案は風に乗って直接害悪が遠くへ及ぶタイプだね。飛

---

❺ 山本『判例から』438頁はまさしく総合設計許可事件（本書第8回第1事案）と小田急高架化事件（第8回第2事案）ともんじゅ事件（第10回第2事案）を並べ、原告適格拡張具合を比較するが、そして裁判所が同一の物理的影響軸を使う以上そうした解釈はひとまず有意義だが、本件は認可された都市計画ないし公共空間設営と関係がない点で根本的に異なる。もちろん公共空間でも都市内と領域では相対的に異なる。判例が（特に第8回第1事案において）ピンボケである（原告の請求理由選択の問題もあるが、それとて先行判例により強いられたものである）のは、無理矢理建物倒壊の恐れなど領域不法行為責任（工作物責任）モデルを使ったことに求められる。

び道具で公共空間の頭越しに領域占有を害する。最高裁が原告適格に関してきわめて重い判断を下したのは当然だろうねえ。ほんとうは、川、つまり管理された公共空間が経路となった場合に行政の責任はより重いと言えるけれども。しかしゴルフ場許可の射程ではなくなる。

横田：あれ？　おかしくありません？　鳥たちが訴えたのは地上でなく空中が害されたということですよね。それがいつの間にかゴルフ場や核施設など地上の占有が他の占有を害する、という話になっている。どこかですれちがったよね。ボクはまだ環境が領域でなく、政治のそのまた頭の上だなんて信じられない。言葉からして、エコロジーという語には領域という語、オイケオー、オイコスという字が入っているんだよ。環境によって領域の占有が害された、その環境に行政が責任を負っている、という単純な構成ではいけないのかなあ？

近藤：なるほど、いい質問だねえ。環境問題は領域の占有にとって空から降ってくる。ここは間違いない。しかし他方、空が降らせる物は必ず地上の占有から発生する。肉を焼く煙だ。占有の費用果実関係は領域の側に固有のメカニズム。この果実の副産物として煙が出る。煙が目に染みて鳥たちが泣くとき、やがて人間も泣く羽目に陥る。その物資は風に乗って飛んでいき、思わぬところに降下するだろう。公共空間への侵害と同様、環境への侵害は定義上物的な過程で、だから必ず領域から発生する。領域の占有の内部が実力化し、占有が肥大し、公共空間を食い破り、それで飽き足らず自然環境をも破壊するわけだよね。公共空間自体が破壊の元凶となるのも、必ずその公共空間が公共空間にあるまじきことに費用果実関係を発生させる場合だから。とりわけ、公共空間が産業に従属する機能を帯びるときがひどい。産業と一体化して自然環境を害するんだ。こうしたメカニズムを解明し特定することを要請する法律構成でなければならない。領域の占有が、そして多くの場合公共空間との癒着が、環境を破壊したがまだ被害はどこにも出ていない、という場合の刑事法的行政的な責任追及と回復をも追求できるし。

秋の日はツルベ落とし

老教授：これで、領域の占有内部の事柄であるのになぜ許可制が採られるのか、

わかりましたね？

田丸：自然環境への入り口規制なのですね。取り返しがつかないことになるから、事前規制とせざるをえません。

風間：不服があれば行政処分の相手方がすべて論証しなければならない。典型的な行政訴訟になります。政治的決定が発動されるのですから。ただしその議論は精密でなければならない。領域に関わりますから。

中村：例によって問題は第三者がどう関わるのかだよね。

遠山：吸収されない個別利益をも保護する趣旨か。

近藤：さっきも言ったとおり、不毛な区別だよ、いや、区別の態もなしていない。第2事案の最高裁は直感的に、これは領域の問題に直接関わるというので個別利益を認定して事なきをえたけれども。第1事案では、個別利益と言った瞬間自分の頭の中で勝手にすり替えて普通の占有間関係にもっていってしまった。そのロジックで原告適格を制限してるし。なんのために「個別の法律の趣旨」を勘案するのかって思う。

黒木：しかし第2事案で最高裁が民事訴訟を斥けた部分には見るべきものがあると思うな。

田丸：原告適格を認める論理としては区別できてません。第1事案におけるほど露骨ではありませんが、通常の占有問題処理、危険責任のロジック、工作物責任のロジックの名残があります。「領域直接」に幻惑された点に変わりがないのではないでしょうか。

そもそも、環境がポイントであるのかどうかを区別すべきです。その場合には、取り返しがきかない度合が大きいので政治的決定優先を停止し、逆に誰でもいったん差し止められるようにしなければなりません。そのうえで、許可した政治システムは論証を法廷でやり直す。つまり人権の場合と同じ規律になります。だたし、環境に対する侵害が公共空間を経由して害をもたらすような場合、これは例の流域の考え方を適用できます。第1事案ですね。それでも民事の占有問題におけるよりずっと原告適格は広がります。

風間：なるほど。それであれば、第2事案一審に対する反論もできますね。実際、占有転換のない通常民事差止訴訟をしたほうが原告にとって有利ではないか、という一審裁判官の言い分は正しいように思えたからです。

ただ、予防的かつ迅速な占有訴訟手続が発達していない。かえって民事の本案訴訟は大変だ、という留保をしなければなりませんでした。他方、行政訴訟の側で事案識別が進み占有再転換と緊急の差止が認められるのであれば、文句なく行政訴訟の先決性を言うことができます❻。

黒木：そうきたら、第２事案につき、無効確認の補充性の問題にも見通しがつくな。因果連鎖とともに後行処分や後行民事占有侵害が進んで大いに後行請求訴訟ができたとしても、根元の環境のところをただちに止めるのでなければどうしようもない。私の生活はしばし放っておいても森の鳥たちを守らなければ全体が危ない、という訴訟ですね。

個別の危害であれば抗弁も各種成り立ちますし、個別の和解も可能です。しかし公法上の訴訟は簡単には和解を許しません。和解金で森の鳥たちを売ってどうするんですか？　無効確認にふさわしい事案だったと思います。最高裁もだから一審のロジックをぴしゃりと斥けています。その割には、それに見合った特別の訴訟手続を用意していないのですけれどね。

---

❻ 繰り返しになりますが、ここで簡単な整理をしておきます。取消訴訟で処分の相手方たる原告が勝訴した場合、自動的に占有転換が解除されて原告の占有が回復します。行政の手による除去や原状回復が進んでいた場合、再原状回復の義務を行政が負いますが、注意しなければならないのは、債務を負うのでなく、したがって原告が債権を獲得するのではありません。原告は占有自体を回復するのですから、即決の司法手段により救済され、行政は怠れば潜在的に犯罪になります（公共空間の違法拡張自体許されませんから、原告が許しても違法は治癒されません）。第三者たる原告が取消に成功した場合、許可された相手方が工事を進めていたとすると、行政に除去と原状回復の義務が生じます。原告はこれについての債権を取得するのでなく（だから処分権主義が働かず、放棄できず）、行政が債務を負うのでもありません。行政も処分相手方に対して債権を取得するのでなく、放棄や和解は排除され、行政が怠れば潜在的に犯罪となり、ただ、犯罪とするには政治的決定を要しますから、原告は司法に即決の救済を求めることができます。これがなんとなく本権たる債権の存在を思わせますが、錯覚です。行政でさえ、占有＝自力執行力を有すると言っても、それは本案を要しない、司法の即決で済む、ということを意味していて、一切の司法の関与を不要とするのではありません。このように、公共空間の機能は緊急にヴァイタルであるため、民事訴訟のいくつかの原則が行政訴訟では妥当しません。所詮借りているだけだからです。もちろん、日本の現行法はこの点たいへん曖昧なので、そのこともしっかり押えましょう。

デモクラシーの審級 ——江戸の敵は長崎で討つ

第1事案　最判平16-1-15民集58-1-226　遠い親戚より近くの他人事件
　　　　　　　　　　　　　　　　　　　（国保被保険者資格国賠訴訟）
第2事案　最判平20-10-3集民229-1判時2026-11　極小点は風の如く
　　　　　　　　　　　　　　宙を舞う事件（ホームレス住民票訴訟）

2つの事案

老教授：今日も2件をまとめて扱います。まず1件めからお願いします。
横田：非常に複雑な事情により国籍を有しない原告は、同じ理由によりどの国にも永住資格がありませんでしたが、親族を頼って就学資格で日本にやって来たのち、多少の出入国を経て、資格のないまま30年近く日本に在住、仕事と妻子を得て十数年来同一の場所で生活をしていました。その間に在留資格を得るために出頭していますが、これはうやむやになってしまいました。このときすでに国民健康保険の被保険者証の交付申請をしています。
　今般長男重病のため、特別在留許可を申請すると同時に再度同被保険者証の交付申請をしましたが、そこで本件処分、つまり不交付決定を受けてしまいました。半年後、特別在留許可が下りると被保険者証はようやく交付されましたが、原告は本件処分が違法であったとし、賠償を国と市に請求しました。争点は、制度上、国民健康保険被保険者資格が住所を要件としていることから、外国人の場合、「在留資格がその要件に該当するか」というものでした。
　一審は、在留資格は一つの重要な判断要素であるが、在留資格のみによって

判断すべきものでもないとし、原告には住所が存在したと認定しました。ただし、微妙な判断であるため、国にはそもそも違法性がなく、市には故意過失がないとし、賠償請求は棄却しました。

二審は控訴を棄却しましたが、そもそも前段のところで処分に違法性がなかったと判断しましたから、ある意味で結論は正反対です。つまり、外国人は当然に在留しうるものではなく、在留許可はそもそも高度な自由裁量に服するから、そのように不安定な在留資格と本件制度がリンクしているはずもなく、在留資格があったとしても被保険者資格が得られるわけではないとします。そして面白いことに、在留資格と別途に判断するのかと思いきや、いわんやまして在留資格がない者は問題にさえならない、とします。

最高裁も上告を棄却します。高裁と同様、単なる居住の事実では足りず在留資格がなければならないとしますが、本件に限り、特殊な事情が存在すること、不法状態を解消しようとしたのにむしろ当局の不対応により成功しなかったこと、請求時に在留特別許可を申請し半年後には得ていることの3点を理由として、「住所を有する者」に該当したと判断します。したがって本件処分は違法であったことになりますが、故意過失がなかったとして原審の結論は維持します。

老教授：すぐに続けて第2事案をどうぞ。
三宅：公園のホームレスが公園を住所として転居届を出したところ不受理処分をされてしまったため、審査請求をしましたが、棄却され、処分取消の行政訴訟を提起しました。

一審は処分を取り消しました。まず、審査請求には異議申立が前置されているところ原告はこれをしていないという点に関しては、異議申立の教示を行政庁が怠っているため、訴えの適法性を左右しないとします。次に、地方自治法上の「住所」は民法の「生活の本拠」と同義であり、全生活の中心であるとし、原告が公園内に占有権原を有していないからと言って「客観的にみて、原告の生活に最も関係の深い一般的生活、全生活の中心として、生活の本拠たるを具備している」にもかかわらず転居届を受理しないことは許されないと判示します。

控訴審は一転、原告の居住形態は「我々の健全な社会通念に基礎付けられた

住所としての定型性を具備」していないとし、本件処分を支持しました。第一に、簡易な作りで安定性がないこと、第二に、私権の行使を認められない公園内においてむしろ一般公衆の自由使用を妨げていること、を理由としています。わざわざ、占有権原がないという単純な理由ではなく具体的な居住形態を検討しての判断であるという弁解も付け加えています。さらに、自立支援法関連についても論じ、これが一定の成果を上げていると評価したうえで、自立支援センターに入居させ住所を得させることも可能であったのに、原告はこれに応じなかったと言っています。なお、本件は旅券の申請のための住所取得が試みられたのであり、生活保護は住所なしに得られるようです。むしろ、旅券がなぜ必要であったのかわかりませんが、国民健康保険に加入できるというメリットは否定できないし、支援センター入居を拒む者についてとりあえず排除を免れようと支援者が動いたのかもしれません。

　いずれにせよ、最高裁はじつに冷淡で、数行で上告を斥けました。そもそも不法なのだから、まして社会通念上あれが住所であるわけないだろ、馬鹿馬鹿しい質問はするな、という感じですね。

住めば都は霞か雲か

老教授：今日のテーマが住所であることは疑いありません❶。住所については第1回でギリシャのことを例にとり大議論をしましたが、もう忘れた頃でしょうし、あのときは選挙権という政治的な権利が議論の対象でしたから、どうしても「政治システムとは何か」という抽象的な思考をしなければなりませんで

---

❶　本章に関しても太田匡彦の一連の論考が必須です。たとえば、「住所・住民・地方公共団体」『地方自治』727号（2008年、1頁以下）、「明渡しか、除却か──『占有』と『事実上の排他的支配』の間に立つ大阪地裁第2民事部」『東京大学法科大学院ローレビュー』4巻（2009年、85頁以下）、「居住・時間・住民──地方公共団体の基礎に措定されるべき連帯に関する一考察」『地方自治の基礎概念──住民・住所・自治体をどうとらえるか？』（公人の友社、2015年、25頁以下（巻末の「討論」における発言をも参照））。もちろん、『地方自治判例百選　第4版』（有斐閣、2013年）に本章の二つの事件に関する太田の短い評釈があります。

した。

　今回はそれに引き替え、ぐっと生活が懸かった事案ですから、住所について白紙から出発しましょう。そのためにも、法学的概念体系の側に議論の場を設定しましょう。法学的概念としての住所にはある特徴があり、それがこの二つの事件において如実に現れていますね。それは何ですか？

田丸：なんと言っても権原を排除するという点が非常に面白いと思いました。原告側の主張に顕著に現れます。第2事案では占有権原という語さえ現れます。「権限」と書いてあったりしてはらはらさせますが。そして、原告ばかりでなく、裁判所も、権原の問題、つまり第1事案では在留資格、第2事案では公園の占有権原の問題ですが、これを考慮の一要素としたとしてもそれだけで物事が決まらないと考える点では一致しています。

　第1事案における原告は、およそ考慮してはならないという立場を堅固に主張します。「他事考慮禁止義務違反」という言葉まで使っていて、私は感激してしまいました。まるで占有原理について知っているかのようですよ。あれほど「日本では難しい」「日本には根づかない」と言われる権原判断と占有判断の峻別が自然とできているんです。しかも第2事案の高裁裁判官のように、「あなたの判断は斥けるけれどもその点は外していませんから」とエールを送る。つまり法律家が自分たちの共通感覚を確かめあっている。まるでイルカのように。

老教授：どうやら占有に似ているということらしいですけれども、しかし似ているのは権原を排除するということだけですか？

中村：住所というくらいだから、地表面上の点から出発するんでしょうねえ。ということは領域、さらにはテリトリーから出発するということ……。

黒木：なにしろ生活という観念が咲き乱れるくらいだし、身近の具体的事実から離れないことも特徴だろうねえ。

横田：みなさんに逆らって悪いんですが、住所は政治的判断によって決定されるものですよ。だから権原。一定の事実に基づくけれど、その事実の認定があってはじめて住所は獲得される。だからこそ行政訴訟の対象になっている。つまり、行政行為抜きにいきなり民事訴訟の原因のところで住所を主張することはできないんだ。

三宅：デモクラシーにおける第二次的政治システム、つまり領域の横断的組織の団結力がものをいう場面だと思う。だから地方公共団体の政治的決定が不可決とされてる。

大森：民法上の住所を行政行為抜きにいきなり主張できるかどうかは微妙だなあ。公法上の権利を争うのでない限り、原因として主張できるのでは？　いずれにせよ、農地法事件とかで顕著だけど、訴訟要件論に関わるこの種の問題はあまり詰めて考えられていない印象が残ります。訴訟要件のみを審査する手続が分化前置されていないからだと思います。

遠山：たしかに、がちがちの事実に住所が基づくという感じもありません。どこに住所を届けるかですよね。住民票は実際に住まなければ取れませんし、住めば取れるのですが、しかしこの「住む」というのが難しくて、何年も留学していても元の場所に住所を残すことはできるし、単身赴任で平日はいても、住所にはなりません。

近藤：第1事案では行政行為は先決問題となっておらず、端的に被保険者資格が争われている。そもそも外国人のためには「住所を得る」という手続が存在しないみたいだよね。外国人登録が代替的に働くのか。でも裁判所まで、在留資格や登録は住所のための一考慮要素にすぎないという点で一致している。住所とは同義ではないことは明らかです。課税の都合があるだろうに、なんで外国人に住所をもたせないんだろうか？

オタマジャクシは蛙の子

沢井：住所は占有に似て権原を排除するものの、しかし行政の認証があってはじめて有効になるという二面性は、振り返れば、政治システム構成員資格が、領域の関係を超越しなければならないにもかかわらず、領域に基礎を取るのでもなければならない、という事情に由来しますよね。第1回で見ました。

　もう一つ、領域の結合体が構成員資格を自分たちで統御する。ここにも政治的決定に依拠するモーメントがあります。他方、事実に依拠する部分も単純ではありませんでしたね。政治を成立させるために日常編成の来歴にものをいわせる部分、しかしデモクラシーになって、政治システム構成員資格の脈絡を逸

脱するかのように市民が居住移転の自由を謳歌しはじめるという部分。反転して自由に取得した本拠が政治システム構成員資格の条件となるという部分。住所はこの最後のレヴェルで登場する概念でした。

田丸：それはまた、テリトリーとジェネアロジーの例の堂々巡りに端を発するものでしたね。そこから養分を吸い取り続ける。部族社会原理に隠れたメカニズムを掘り起こして資源としていました。

　政治システムは人的集団とテリトリーのあいだの一義的関係を目指すのでしたが、目の前には課題として、人的集団とテリトリーが複雑に入り組むことによって支えられるréciprocité（レシプロシテ）の世界が広がっています。テリトリー上の人的集団のセグメンテーションにおいて、Ｐという主体ないし集団がＱという主体ないし集団のテリトリーに干渉する、そのＰという集団とかＱという集団とかの区分、そしてそのテリトリー、ともになかなか決まらないのでしたね。それがまたréciprocitéに寄与するということでした。

吉野：ジェネアロジーにより人的集団を区分するときにテリトリーの観念を使わざるをえない。しかしそのテリトリーは区別された人的集団が占めるテリトリーとして区分するしかない、そこで人的集団の区分法を模索するジェネアロジーしかない。永遠の堂々巡りですね。

老教授：この堂々巡りこそが基本条件であると考え設定されるのがまさに部族形成の基本神話でした。つまり人はＡがどこか外からやって来てＸの娘と結ばれたというパラデイクマをこしらえます。そこは少なくともＸ集団が優越的な地位を占めるテリトリーであったとされます。そこを、ＡＸを祖とする集団が切り取る。その内部を分ける。Ａの故郷は論理的にひとまずどうでもよい。ジェネアロジーが交わらない余所者であればよい。モンスターや神が望ましい。

　とにかくこれが不連続点を形成すると、まずは人的集団の区分をもたらします。Ｘ一般の子孫とＡＸの子孫。するとこの二つの集団がテリトリーを分けるというパラデイクマを構想しうる。原初のＡＸ区分はトートロジカルな仮設にすぎなかったということになります。パラデイクマのエコノミーからしてこれでよいのです。最短です。とにかくこうして人的集団とテリトリーのあいだの関係を説明するパラデイクマを得たことになります。

南田：ですが、区分というより、Ｘのテリトリーの内部にＡＸが入り込むよ

うな関係ではないですか？　寄生するというか。

老教授：そうです。切り取った後も、もともとはＸのテリトリーだった、しかし今やＡのテリトリーだ、という意識が残る。そこから、舅や母方の叔父に婿が一生尽くす、あるいはそのくびきを脱するために大きな給付を必要とする、しばしばそれは娘を請け出すような格好になる、ということが生じます。

　しかし征服などを通じてポトラッチにＡが勝つと、反対に、全体に対してＡが支配権を留保し、直接帰属する部分の外側、つまりＸ固有のテリトリーでも大きな権力を維持することになります。つまりこの部族形成基本神話は便利で、テリトリー上の人的集団における réciprocité にとってのチャーターにもなるのです。

　そのぶん、人的集団とテリトリーの区分というより、その不区分ないし重畳錯綜をもたらすものです。テリトリーの末端では婚姻や種類物給付を通じて他のテリトリーに入り込んだり奪ったりすることが日常的におこなわれていきます。

● 地に掉させばまたしても堂々巡り

横田：そうしたドロドロから脱するのが自由独立主体の水平結合からなる政治システムだった。

黒木：その政治システムは領域を一義的に押さえて、それを透明にしなければならなかった。さもなければ簡単に覆される。

田丸：まずは政治システムの構成員を創出しなければならない。次いでそれを領域に降ろすのでした。そのために moitié 組織による軍事化が利用されるのでしたね。

　ところがせっかく創出した人員を領域に降ろすときにまたディレンマが始まった。もっとも、そのディレンマこそが政治システムの基礎を生んだわけで……。軍事組織への登録とテリトリー上の既成事実の相克。これを乗り越えて新たな一律の資格で領域に関わることで市民団が創出されました。

老教授：アテーナイ型標準版ではフラトリアという対抗 moitié 組織が moitié の仇である部族の単位として制度化され、しかもジェネアロジーを構成原理と

する。この固い水平的結合体こそが、霜柱が地面を浮き上がらせるような隙間を領域の上に許さない。基幹の政治システムに組み込まれずに独自の政治システムを形成する側面をもつ。

そしてデモクラシーになると、いったんこの結合体から自由な事実関係、まさに住所が新たな基礎として浮上します。しかしその基礎のうえにまた政治的結合体を作る。かつこの第二の政治システム、デーモスこそが立ち塞がって、政治的文脈を顧慮させない、政治的決定に手をつけさせない、アプリオリに尊重されるべき、そういう関係というものが体制を支える要になっていきます。ちょうど、占有判断において本権を考慮させないように、ですね。伝聞証拠を陪審に決して触れさせてはならないようにですね。そんなこと言ったって、とばかり無視して独自の判断を貫く。領域につくということとパラレルですね。

ところがそのために自分たちは横断的に結合し、政治的に決定しなければならない。しかもその結合体のメンバーシップの有無は、この結合組織の政治的決定事項の最たるものです。裁判所が高度の裁量を言うとおりです。その決定の論拠を、しかし領域上の事実に取る。

むしろローマでは、いっそストレートに事実のほうに軍配を上げる。やがて占有保障が市民権要件と切り離されます。もともと政治的考慮は占有判断から排除されていました。儀礼、つまり形を使った形式的判断をさせることによって遮断するのでした。とはいえ儀礼の内部に市民団帰属を表現する部分が含まれていました。しかし時代が進むと、手続自体を儀礼からも解放し、そもそも民事訴訟を市民権から解放しましたから、占有保障と市民権は完全に切り離されました。誰でも占有していれば占有訴訟による保障を受けられました。占有保障がいわゆる法務官法、エクイティーに該当するものに属することは誰でも知っていることです。

そもそも外国人であること、つまり他の政治システムに属していることはこの種の保障にとって好都合です。一方の政治システムの多元性が崩れて全体がコンフォルミストになってもなお遮蔽が効くからです。占有保障のないギリシャでは、基本的に政治システムを複数使ってデモクラシー固有の保障を実現する発想が強い。領域の第二次政治システムの他に領事制度がよく発達したことが知られています。

三宅：アイスキュロスの『ヒケティデス』を思い出してしまいますねぇ❷。ある強い国で、強制的に結婚させられそうになった娘たちが逃亡します。弱小国にたどりつき、助けを求めます。逃げて今そこにいる。その事実だけが彼女たちのすべてですね。これを基礎として保護する、そのために全員が命を賭けるか。その国の王様は悩みます。追っ手の大軍が迫っているからです。

娘たちを守って戦えば、滅びるしかありません。かと言って拒否してよいものか。王はききます、「あなたがたの国の法律ではどうなっているのか、婚姻は違法なのか、救済手段はないのか」。娘たちは言います、「その点がどうであろうと、賓客の神聖性からして亡命受け入れが先決ではありませんか」、と。

王は答えます、「この国では王の一存では物事は決まらない、民衆デーモスに必ずきいてみなければならない」、と。デーモスは熱狂的に戦うことを選択します。事実として自国に入ってきただけで、あらゆる犠牲を払い庇護しようというのです。

第二の政治システムたるデーモスが外国として立ちはだかります。王がなお実証主義的思考をするのと対照的です。つまりデーモスは、いかに正義の観点からは問題であろうとも、ひとまずは正規の政治的決定であることに正面切って立ち向かいます。

なさぬ仲

南田：実際にはこの作品は深い問題提起をしていて、その問題はほとんど解決不能です。三部作の第一部で、めでたしめでたしではなく、このデーモスの決定が暗転していくことが暗示されています。なによりも、なぜ第二の政治システムの政治的決定に委ねられるのでしょう。それから、熱狂が反対側に転じたらどうなるのでしょう。「なぜこの娘たちのために死ななければならないのか」と。

じつは娘たちの先祖は自分たちの祖先とのあいだに出自をもつ、ということ

---

❷ DEM、211頁以下。

が判明したのです。熱狂は一種の同胞愛をも根拠としていました。議論と省察が欠けます。連帯の暗転です。デモクラシーはそのぶん混乱しているのです。

　たしかに大きな政治は機能不全に陥っているらしい。正常な内婚は政治的構成員間の相互独立自由を意味します。ここが集団的になり、かつ強制になっているということは、独裁権力が発生しているということです。これに対抗する役割がデモクラシーに求められました。しかし実際には内戦への加担でしかなかった。集団に対して集団でコミットしていくからです。悲惨な戦争になる。

近藤：たしかに、政治システムのロジックに対して領域上の独立の要因を根拠に守るとしても、自生的な事実に遡れば遡るほど、強固にはなるが暗転もしやすい。何をどう守るのか、どのようなロジックで根拠づけるのか、難しい問題だ。

風間：大きな分岐点として、識別するにしても占有のように領域の上の事実関係だけから判断するのか、それとも少なくともいったん基幹の政治システムとは異なる第二の連帯組織に収容してから保護するのか、という問題がありそうだな。前者の場合、占有のようによく洗練された事実でなければならない。後者の場合、連帯組織がそれ自身、第二の政治システムとして個人の自由を保障する成熟度をもたなければならない。本物のジェネアロジーで盛り上がったりするようじゃね。

老教授：大まかにそれはローマ型とギリシャ型に対応しますね。

南田：ギリシャ型の場合にディレンマが深いのは、しっかり連帯すればするほど基幹の政治システムに強力に対抗できますが、そのぶん自分たちが強い政治性を帯びて排除のメカニズムを独自に働かせてしまい、基幹の政治システムと同じ過ちを犯すということです。

　エウリピデスの『イオン』はこの点を鋭く警告してきます❸。全員が土から生まれた先祖をもたなければならないという掟をもつある国で、しかし女王は危機を救った外国人の英雄と結婚します。ところが子宝に恵まれないので、デルフォイの神託を仰ぐために出発します。子供を授かるためにはどうしたらよ

---

❸ DEM、370頁以下。

いか。先に巫女の元に入った夫は、「ここから出て最初に遭遇した者が子供だ」という神託を得ます。

　外に出るといきなり神殿に仕える若者と遭遇し、喜んだ夫は、「愛しい我が息子よ」と叫び抱きつき、若者を困らせます。夫は、「若き日にデルフォイの神域で遊蕩に耽ったためだろう、身に覚えがある」と妻に言います。面白くないのは妻のほうです。子供を得たとしても、自分の子供ではまったくない。

　もう一つ、自分のかつての痛切な経験が憎悪を増幅させます。アポロンのために身籠り、出産直後にバスケットに入れて赤ん坊を密かに捨てたのです。結婚前の私生児ですね。大スキャンダルです。もちろん後悔してバスケットを取りに引き返しました。しかしバスケットは跡形もなく消えていたのです。

　要するに、妻には子を亡くした深い傷がある。それなのに、ということで突然息子として現れた若者が許せない。祝宴の酒に毒を盛ります。鳩がたまたまこれを飲み死にます。誰が毒を盛ったか、簡単に判明し、今度は逆に妻が死を覚悟しなければなりません。

　しかしここでデルフォイの巫女が介入します。若者が幼子として連れてこられたときに一緒に持ち込まれたバスケットやリボン。デルフォイはもちろんアポロンのための神域です。若者はかつて妻が遺棄した子だったのです。もちろん、今度は夫が面白くありません。とはいえ、真の血縁に拘泥してあやうく子供を殺すところであった、しかもその後反対に殺されかかった、そういう妻を前にして、夫からも実子に拘泥する気持ちは失せてしまっているはずです。

田丸：領域の上の事実から出発する。このことは「土から出た先祖をもつ」ということで表されています。それが政治的メンバーシップの要件であるほど強力である。しかし固い事実に固執するあまり、かえってわが子を危うく殺すところでした。

三界に家なし

老教授：これだけ回り道すれば、この２件の判例は簡単に料理できますね。

遠山：第１事案の最高裁判断ですが、居住の事実をていねいに見た点が評価されるのではないでしょうか。結論として原告の主張を容れています。

吉野：居住の安定性判断のなかで出入国管理における国の広範な裁量余地を考慮している点はどうだろう？

大森：住所を問題の制度、国民健康保険の趣旨と独立に判断している点は依然評価できる。出入国管理も権原ではなく、事実上の不安定要因として挙げているにとどまるように読めます。

風間：それでも領域の上の固い事実を完璧に切り離してはいないな。それに原告の主張を実質容れる部分の判断が曖昧だと思う。不法滞在が終わる見通しがあったし事実そうなった、ということを結局主要な論拠としている。つまり結果から判断している。

沢井：むしろ、最も致命的なのは、出入国管理が基幹の政治システムの裁量で、原告はしかもいかなる基幹政治システムからも排除された存在だったということでしょうねえ。この点を積極の論拠とするのでなければいけませんでした。その場合にはおそらく居住が不安定でも住所や住所を基とする制度に浴する資格が認定されます。これはよい意味での政治的判断であり、住所の判定はかえってベタッとした事実を離れる要素を有するという、ギリシャ悲劇から得られる示唆を裏書きします。

田丸：外国人にも認められる、というのではなく、そのような外国人だからこそ認められるのですね。

近藤：それはもう、デモクラシーの審級の出番です。どこにも行き場がないと言っている。だったら、占有判断のようにとりあえず住所を認める。あとで審査すればよい。

風間：あっ、そうすると通常の行政訴訟に対して例外になりませんか？　つまり住所の認定が政治的決定であるとしても、これに基づく制度に浴しうることが占有類似に推定されます。

黒木：前提となる住所に関する限り、申請をいったんそのまま受理しなければならないんじゃないですか？　本件では、出入国管理レヴェルで判断留保のまま調査もせず放っておかれています。これは問題です❹。受理したうえで調査

---

❹　山本『判例から』42頁以下。

をして取り消す。

沢井：住所が高裁の裁判官が言うように連帯と関係するとすれば、単一でなければなりませんね。生活保護をこっちの自治体あっちの自治体で二重取りすることは許されません。健康保険も同様です。任意保険とちがう点です。国籍については二重三重が許されても住所はそうではありません。

　おそらく領域に直結する公共団体の問題であり、各人唯一の身体が懸かっているからでしょう。逆に言えば、世界のどこかに必ず一つ住所をもっていなければならない。だから、本人が「他にはない」と言えば、とりあえず無条件で認める。そうしないとどこにも住所をもっていない瞬間を作り出してしまいます。

この世のどこかに生きてさえいれば、きっと遭うことができますよ

田丸：ああ、これで第2事案にも光が当たります。原告はやはり生活の本拠をもっていないのです。それは被告の言うとおりです。しかしだからこそ住所を認めなければならない。

横田：そうはならないな。そりゃ、どこかに住所をもつべきだとは思う。そうはいっても、公共空間に住所をもつというのは、まったく論理矛盾だよ。あまつさえ、公共空間をはなはだしく侵害しているんじゃないですか？　公共空間を私的に占拠してはならないというのは、大変なプライオリティですよ。

大森：もう一つ、住所取得は生活保護の要件ではないということも大きい。自立支援センターがせっかく動き、またそこに住所を定めるよう働きかけているのにこれを拒否しているというのも重大です。生活保護以外の積極的連帯を特徴とする制度に加入できないとしても、本人がこれだけ消極的であれば仕方がない。

吉野：外国人ではなく、無国籍者でもなく、本籍だってちゃんとしているというのもある。自立支援センターでなくたって、簡単に住所を獲得できるはずだよね。知人宅にいたこともあるらしいし。

近藤：このケースは明らかに「領域の固い事実から出発しなければならない」という拘束が裏目に出た事案です。そこを精査すると、どんどん人を排除して

しまう。第1事案のように諸般の事情を大々的に総合考慮すると本件の場合絶望的になる。

田丸：一審の裁判官は素晴らしいと思います。「全生活の中心」という素晴らしい概念を提示しています。誰にでもそれだったらある。あまり定着していなくたって、論理的にどこかに中心は存在します。円の中心のように、論理的にそれは単一です。

中村：楕円だったら二つだね。

沢井：この場合には、なぜだか問わずに、とにかく本人にとってはどこにもいられない、公共空間にしかいられない、というのが決定的です。誰のものでもない公共空間、誰でもふらふらしていられる公共空間、そこしかない。それほどまでに追い詰められている人がいたとして、それを追い出してどうするんですか？

またしてもフィロクテーテースが示唆的です。たしかにずっとそこにいてよいということではない。しかしまずは認め、そして相手の尊厳を尊重し、それから説得する。不信を取り除く。そのためには公園内に住所を認めるとよい。

南田：私が尊敬する行政法学者は、ホームレスが公共空間を占拠する関係について、いくら物的な外皮を剥がしたとしても最後の砦たるユークリッド幾何学の点のような理念的身体までは追い出すロジックが事実上ないことを、執行法の基本原理を援用して見事に論証しました❺。反射的に住所が獲得されます。もちろん『ヴェニスの商人』が援用されてます。テクニカルな法解釈がここまでの感動をもたらしうるのかと驚嘆しました。

風間：いや、その論文ならボクも読んだけど、控訴審のロジックの逆手をとったところが見事だ。「公園内の設置物が簡単すぎて安定性がないから住居とは認められない」ということを、公共空間を害するに至らない理由とした。限りなく不存在に近い幾何学上の点のようだからこそ、占有と住所を認めうるというのだよ。

黒木：それが正統的な論証だけど、人間はどこかには「居る」権利があると言

❺ 太田「明渡しか、除却か」。

うならば、市役所内とかもいいですね。市役所の公園課が管理しているなら、公園課が一番いいかも。事実に反する？　連帯するときには、べたべたの事実を越えるんじゃ？　「公共空間に堅固な本拠をもってます」というより、「あてどもなく彷徨っています」「ああ、じゃあ、せっかくだからこの市役所の建物に泊まってってください」、ですね。

風間：うーん、なるほど、この場合も「何番地何丁目何々公園内」なんて申請されると、係の人が目をむいてしまうけれど、市役所の住所を書かれたら、ユーモアを発揮できる……。ファンタジーを働かせ、にっこり笑って受理する、ということですね。「公園」もその意味に取ればよかった。最高裁はそこで社会通念なんか持ち出して、怒ってしまった。想像力のない法律家は最悪だ。

南田：社会通念が土台、幅を利かせすぎです。論理になってませんし、それで済むなら法は要らないじゃないですか。「みんなの言うとおり」とだけやっておけば人気間違いなしです。法って、いつからご機嫌取りの迎合主義になったんですか？　みんなが迎合主義になったとき、たった一人孤立した個人を擁護するのが法じゃなかったんですか？

12 財政 ──あげたんじゃないよ、あずけただけなんだから

> 第1事案　最判平 24-4-23 民集 66-6-2789　わたし的にわたしからのわたし自身へのご褒美事件（浄水用地購入公金支出訴訟）
> 第2事案　最判平 23-10-27 集民 238-105 判時 2133-3　安曇野トマト畑親方日の丸事件（三セク損失補償契約訴訟）

第1事案の概要

老教授：あっという間に最終回を迎えることになりましたが、今日は1件ずつ見ていきましょう。

沢井：売買を通じて市が浄水場建設のための用地を獲得したのですが、これが違法・無効であるとし、住民訴訟が提起されました。一審はたしかに高額すぎるとして市が市長に賠償を求めるよう判決しました。ただし契約自体は無効ではないとし、売主に対する不当利得返還請求をせよという部分は斥けました。さて控訴審に係属中、市議会が市長に対する賠償請求権を放棄する議決をしました。控訴審では、かくして、この議決の効力が争点となり、高裁は、司法判断を阻止するためのこのような議決は三権分立原理に反するので無効であるとしました。

これに対して最高裁は、債権放棄は基本的に議会の裁量に委ねられており有効である、としたうえで、裁量権の逸脱濫用の場合にのみ債権放棄が無効になる、と述べました。そして本件の場合、市長の行為がただちに違法であったとまでは認められないから、ただちに議決が無効であるとも言えず、とはいえ原

審はそもそも事実の精査を欠いているから、精査の後もそうであるのかどうかはわからないので、原審に差し戻す、という結論を採りました。

　ただし、市長が私利を図ったわけではないことを言ったり、予算の範囲内であったことに留意したり、さらには、執行機関の個人責任が過大になると職務遂行に支障を生ぜしめるという配慮が議会にあったのではないか、と言ってみたり、相当な実質判断をしています。

お父さんと市長さん

老教授：ではきいてみましょう。やりくり上手なお母さんが節約してたくさん貯金しました。これは褒められますか？
一同：（大きく頷く）
老教授：では、やりくり上手な市長さんが節約して多額の貯蓄を積み上げました。褒められますか？
横田：どこもかしこも財政赤字だらけのこのご時世、見上げたもんだ。
黒木：え？　福祉を切り詰めて貯蓄に励むなんて、冷酷な吝嗇（りんしょく）のすることじゃないか。
吉野：それより、余るくらいなら税金返せ！
老教授：ならば、ききます。余ったお金でお父さんは競馬をします。お父さんは競馬の達人であるため、毎回儲けてはおみやげのケーキを買って帰ります。お母さんも子供も大喜びです。これは褒められるべきですか？
大森：ま、いいけど、外れることもあるしなあ。ちょっとばっかし危ない気もする。
老教授：では、われらが市長さんは言わずと知れた競馬の達人です。全日本チャンピオンです。市の預金を使って毎週大儲けします。おかげで市の財政は潤い、独自の大幅減税が計画されています。
中村：ったく、マジかよ。ほんとだとしたら銅像でも建てたらどうかね。
田丸：こんなの違法に決まってますよ。お父さんだって違法です。
老教授：それは外れるリスクがあるからですか？　それとも当たったとしても違法？

田丸：当たったとしても違法です。
老教授：では、賢いお父さんは、値上がり確実なので、今のうちにマイホーム予定地を買っておきました。褒められますか？
一同：（頷く）
老教授：では、市長さんが市の文化会館建設のための土地を先行取得しました。どうですか？
大森：悪くない。経済的に合理的な選択ならば。
田丸：合理的かどうか、どうやって判断するんですか？ 土地の価格が上がるか下がるか、合理的な予測ができるんですか？ 外れたらどうなるんですか？ 使うかどうかわからないけど、とにかくたくさん取得しておこうということになりませんか？ それって競馬とどうちがうんです？
老教授：お父さんは困った友人に100万円貸して救いました。美談ですね。市長さんは破綻寸前の友人の会社に市から融資させました。美談ですか？
横田：美談もなにも、違法というか、犯罪ですよ、それ。公私混同ですから。
老教授：利息もついて返ってくるかもしれないのにですか？
横田：ええ、もちろん。返ってくるかどうか、誰にわかります？
老教授：以上のことについて、まず、きちんとした線を引けますか？ つまりそういう理論を用意できますか？ それとも、要するに損害を発生させるかどうかだけで判断しますか？ 家計と財政とのあいだで、線引きのちがいがありますか？ 財政の場合により厳しいとした場合、それはなぜですか？
一同：ふーむ。（考えこむ）

● 税金なんか払ったりして、いったい何しているんですか？

老教授：君たちは若いので消費税以外まだ税金を払うことなどないかもしれませんが、確定申告をして税金を払うとしましょう。あれは何をしているんですか？
一同：？？？
老教授：いえ、給付が発生していますね。少なくともお金を与えている。その性質は？

吉野：与えているのではなく、実質権力による強奪ではないですか？

横田：贈与だと思います。対価がない。一方的に貢献しているのです。法律によって定められた寄付です。

大森：いや、対価はあるよ。個別的でないだけ。公共サーヴィスをぼくたちは買っているんです。買物リストを議会が定めている。予算です。資力に応じてお金を出し合って購入してます。

黒木：サーヴィスならば、売買というより役務提供、つまり locatio conductio（ロカティオ・コンドゥクティオ）でしょうねえ。エイジェントにやらせているんですよ。

風間：そういう観点を採るなら、われわれは決して雇ったりしない。買ったりもしない。雇ったり買ったりするのは法人です。公共団体の法人格。われわれはそこに委ねている。つまり委任です。無償だけれど、それは受任者が対価を取れないという意味で、委任者はなにかが返ってくることを期待しうる。

沢井：政治システムの物的装置を充足するのが目的ですから、政治システムが自由を保障するという形で返ってくるのでしょうね。政治は信用の装置だということでした。

田丸：あっ、そうかあ！　じゃあ、税金を払う行為は、費用の前払ですね。受任者に寄託している。つまりあれはお金を預けているということだったんですね。与えているのではなくて。サーヴィスを得た対価の支払いでさえない。これは大変だぁ。他人のお金を預かった人の責任は重いですよ。消費寄託は bona fides（ボナ・フィデース）によって厳格に規律されます。いっさい勝手ができない。

遠山：あら、簡単に線が引けるじゃないですか。家計と大きくちがうのは、受任者が占有してはならないという点だったんですね❶。すると消費貸借が一番いけない。リスクのある投資、つまり費用果実関係への投下もいけない。公共空間の構築のための支出で、実際の構築までのあいだにタイムラグを少し発生させるくらいならいいけど、投機的なのは許されない。まあ、ここの線引きは難しいですが。貯蓄も難しい。収入支出間のタイムラグとみなされる範囲内でないとダメですね。だから貯蓄の形態に大きく左右されるでしょうね。元本割

❶『民法の基礎』97頁以下。

れがある投資信託はダメとか。
近藤：年金基金で実際に発生した問題だね。委任等に固有の短期信用の形態に公共団体は拘束される。

● 立派なオバケもいたもんだ

沢井：しかも、委任のなかでも超高度なもの、信託よりも高度なものなのです。法人❷という形態です。
風間：公法人だから会社みたいなふつうの法人よりもっと高度な信用を要するし。
沢井：いえ、国家のような公法人が原型です。これが本来の法人なのです。法人化と民営化をごっちゃにしている人もいますが。

　いずれにせよ、納税者は政治システム構成員とは異なって住民として資産を有する者ですが、彼らは金銭を公法人に託します。贈与ではありません。託されるのは法人であり、単なる受任者でもありません。委任者と受任者のあいだに置かれた財は一瞬ですがどちらの占有にも属さなくなりましたね。その限りで「誰の物でもない」という状態が発生します❸。

　実際には、受任者の占有下にあると思って摑もうとすると委任者の占有下にあると逃げ、委任者の占有下にあると思って摑もうとする受任者の占有下にあ

---

❷　第1回でも法人概念について初歩的な解説がなされ、『法学再入門』323頁以下の参照が求められましたが、ここでは以下政治システムからではなく委任を登山口とする登攀ルートを行きます。

❸　財政総体、つまり通常いうところの租税と財政を包括的に把握する法学理論は提示されていない。金融政策を含めればなおのことである。個々的な制度・政策提案の域を越える把握が登場しない。そのことを反映してか、法学的には好き勝手な逸脱と言うしかない状況が目の前に広がっている。挙句の果てに営利法人とのアナロジーへとおもむく有様である。営利法人とて厳密な規律に失敗しているというのに。乱脈を前にしてなすすべを持たないのが現在の法律学であるが、なかで、藤谷武史の今後の研究に注目すべきである（さしあたり、「財政制度をめぐる法律学と経済学の交錯——法律学の立場から」『フィナンシャル・レビュー』103号（財務総合政策研究所、2011年）1頁以下、「国の『資産』の法と経済学」同113号（同、2013年）111頁以下）。

ると逃げる、というだけのことですが。

　信託は、この第三の状態を受託者の権原によって明示した形です。「誰でもない」君、Mr. Nobody に実在の人間が扮するのです。法人は、この Mr. Nobody に、これも架空の存在、オバケが扮するのです。一面で実在の人物より安全です。実在の人物であれば、どうしても誘惑に駆られて使い込んでしまうかもしれない。信託の場合、受託者の高貴な人格にすべてが懸かります。法人の場合、扮しているオバケに誰か実在の人がさらに扮しなければなりませんが、誰かが勝手に「私はオバケだ」と言って預かったお金を使ったとしても、皆が、「お前がオバケなはずないだろう」と言ってボコボコにすることができます。

　とはいえ、結局は誰か実在の人物が何をしなければならず、それがオバケのしたことになるというわけですから、この実在の人物の人格に懸かってくる点は同じだ、とも言えます。しかし、もう一段手間暇かけるところがちがってきます。つまり、第一に、法人が何をするかは、必ず政治システムを介して決定する。第二に、その決定内容の実行をさらに誰かに委任する。こうすると、このさらなる受任者が勝手にしたことを政治システムが追認しないことができる。自分で責任を取ってもらう。そういう余地が生まれ、チェックがもう一段かかる。

　以上のことを理論構成するために、corpus mysticum（コルプス・ミューステイクム）という神学理論が用いられるということはもう出てきましたね。これは元来教会を定義づける理論です。われわれはいったん絶対的な彼岸に出なければならない。彼岸にある神はその息子を地上に遣わします。かつ、キリストの復活により、息子自身は彼岸に帰ったとしても、「息子の身体」が再現実化されたまま地上に残ります。これが「キリストの身体」たる教会であり、身体つまり corpus は具体的には人の集まりであり、人の集まりとしての教会は身体として一体を成します。頭や手足を持ち階層的に構成されますが、とはいえ頭も手足も同じ身体を構成する不可欠の機関となります。

　たまたま日本語で同じ音ですが、「器官」と訳してもかまいません。政治システムはこの機関に該当し、かつ受任者もまた機関に他なりません。それどころか、住民訴訟の住民もこの機関です。だから自分のためでないのに訴訟をするし、また訴訟することができる。

この部分は、機関のなかでも最も重要な法人の基体 substratum〔スブストラトゥム〕に関わります。つまり身体としての人的団体が教会の絶対的な基盤であり、誰かが「私こそは神の代理人である」と勝手に宣言しても無効であるのは、真の身体からはずれているためで、それが証拠に substratum を欠くからです。

　面白いことに、このような法人理論と政治システム構成原理はいくつもの点で符合します。なんと言っても絶対の単一性。それから恣意性と専横への厳重な対応。ガヴァナンスですね。そして厳密に基体を要求する点です。

　そして政治システムと大きくちがうのは、架空とはいえ単一の人格が占有をしうるということです。政治システムには許されないことでした。「誰の物でもない」物がにょきにょきと動くのです。もちろん、それは委任におけるよりもまして厳密に資産化されていなければならず、スーパー bona fides によって基礎づけられていなければなりません。つまり占有から実力で押さえるという要素が抜けている、公証等々の儀礼を通じてヴァーチャルに押さえるだけである、中身は人びとのコラボの確かさである、その果実を得る地位である、ということですね。

　しかしとにかく取引をし、エイジェントをもちうるのです。近代に固有の制度である国家ないし公共団体のエコノミーに最もかなった概念規定はこれです。

こりゃだめだ

田丸：だとすると、全然ダメじゃないですか。裁判所の事実認定によると、合併前の町が浄水場の候補地を探していると、とある競売物件が浮上したのですね。でも町は応札を見送って、Ｐという人物が4500万円で落札します。Ｑ以下、町の幹部はすぐにＰに接触し、Ｐは7000万円で売ると言います。町ではさかんに協議がおこなわれ、「土地問題対策会議」でも説明がなされます。そしてＱの友人であるＲに、不動産価格の鑑定が依頼されます。その結果は２億7390万円というものでした。

　これを受けてＰは町に対して２億6500万円という売却額を提示します。また「土地問題対策会議」が開かれ、「7000万円だったはずではないか」という質問が出ますが、「あれは一部分の額だったのではないか」といった意味不明

の答えまで出ています。しかし町は同日「庁議」を開催、さらに町議会の「全員協議会」で2億6500万円での取得を決めてしまいます。

その際、議員から価格についての若干の質問がありましたが、Qは自分が多少交渉すると言い、かつ実際には2億5000万円で売買契約が締結されました。その後原告は不動産鑑定協会に対して本件鑑定を理由とするRへの懲戒処分を請求し、協会は不当鑑定のかどでRに対し資格停止処分を課しました。

近藤：もっと面白いのは、「原告は、秋元が氏家町町議会議員13名に酒食を提供して、本件土地取得に賛成するように説得し、あるいは増渕ほか4名の者が増渕（ママ）を脅迫したことをもって本件売買の無効を主張する」（民集2886頁）というところだねえ。

「脅迫」は「強迫」の誤りだと思うけど、それだと取消事由にすぎず無効ではない。いずれにせよ裁判官は、これは契約を無効とはせしめないから、不当利得返還請求は認められない、と斥けてる。つまり、原告の主張事実は暗に認めているとも読める。

原告の主張は、単なる酒食の提供だけでなく、反対した議員が「暴力団関係者から宇都宮市内のホテルに呼び出され、増渕を含む5名から長時間にわたり本件土地取得に反対しないよう脅迫された」という部分をも含んでます（民集2855頁）。また鑑定に関しても、Rの鑑定は名ばかりで、「これに関する全ての手続は、秋元により、秋元と昵懇の不動産業者である長島久伸に丸投げされ、その結果、氏家町の関係部署は鑑定に関与していなかった」ともしてました。

これらを判決文は丹念に拾っています。被告も暴力団の関与自体は否定せず、当該議員がむしろ暴力団関係者らとPに土地を売り渡すよう求めたのである、と不思議な反論をしています。どちらが正しいにせよ、おそろしく不透明で、これでは、法人ではなくナマのオバケですよね。だって政治システムは影も形も存在していませんから。

横田：ふーん、これはひどい、政治のかけらもない。
吉野：ふーん、これはひどい、自由のかけらもない。
大森：ふーん、これはひどい、利益衡量以前の問題だ。
南田：土地の上で蠢く人たちがこんなにはっきり公式の判例集に登場するなんて、感激です！

中村：せめて、「そんなことはありえようはずもない」と嘘をつくことくらいできなかったのかねぇ。
風間：これでは民法判例と同じになってしまいます。

他人の財布ほど使いやすいものはない

老教授：本件売買が違法無効であるとして、そうするとどうなりますか？
三宅：土地は要らないからお金は返せとなるはずです。
老教授：誰が言うのですか？
遠山：町ないし市が言うのです。
老教授：町や市は口がきけるでしょうか？
黒木：代表が言う以外にない。
老教授：面白い概念が出てきましたね。代表って何ですか？
黒木：誰かの言ったことが団体の言ったことになるという関係でしょうか？
老教授：代理と同じですか？
風間：代理も代表の原理を伴うと思います。第三者に対してひとまず関係が成立してしまう。委任と異なって第三者関係がアプリオリに排除されるということがない。後発的に本人が代理人や代表の責任を問います。
沢井：しかしまさにその本人がいないため、責任を問う人がいない。代表のほうがはるかに危険ではないですか？　だからこそ、厳重なチェックがかかる。授権とか白紙委任が成り立たない。いちいち裁可が必要です。とくに公法人の場合、取引のロジックを働かせてはなりません。
横田：政治システムによる裁可が必要といっても虚しいのは、本件ではそれが一応あったからです。
中村：それはそのとおりだなあ。もっと土台のほうが崩れている。
沢井：マキャヴェッリの言うところのコラプション、つまり腐食・腐敗ですね。社会自体にこれが蔓延すると手がつけられない。政治がそもそも立ち上がらない。
南田：代表が何かわかりませんが、町長にとっては所詮他人のお金です。不当な額を支払ったって自分が困るわけではない。本来ならば両当事者の利害は真

っ逆さまですから、せめぎ合いの交渉になります。しかし代表が相手とグルであり、鑑定士までが仲間であると、なんのブレーキもかかりません。代理とちがって本人も出てきません。

オバケよ来い、はあやく来い

老教授：ではどうやったら本人が出てきて代表を叱り飛ばすのですか？　誰かアラジンの魔法のランプを持っていませんか？

遠山：なにしろ、本人は法人さんですからねえ、「おーい」と呼びかけても出るかどうか。

吉野：出前なら必ず「今出ました」と言うところだけどね。

大森：今回はそういう冗談を飛ばす人は少ないんだよ。

中村：法人理論とやらから見るとどうなるんですか？

風間：会社でさえ bona fides に基づく透明な取引しかできない。天上界にしか住めない。天女の住む世界だ、ということだった。まして政治システムじきじきの事柄です。まず土地をめぐる利益の分捕り合戦をしたことがいけないし、暴力団関係者が関与したり、鑑定等の手続にも大きな問題がある。だからこれは法人の機関がしたこととは、およそ認められないのではありませんか？

田丸：なるほど、町長が私人として勝手にやったのだから、お前の財布からお前が払え、ですね。住民訴訟がなぜ個人に責任を取らせるのか、わかりませんでしたが、少し光が差しました。

大森：けど、そうやっていちいち賠償させていたら怖くて誰も市長なんかやってられないとも考えられる。判決文のなかでもこの考え方は大きなプレゼンスを得ているけれども。これは一理あると思うな。

吉野：それはそうだ。会社法上の代表訴訟にも、経営判断原則がある。

風間：その点の答えは簡単。基礎的関係が委任なのだから、責任原則が故意になる。故意といったって、本判決のように私利を図ったというようなメルクマールだと困る。だいたい、仲間に利益を取らせるものが多いからね。bona fides の構造を根底から破壊する、信頼の基礎を崩す、そういうような場合に発動されるのが住民訴訟だ。過失の場合には発動されない。誠実にことを遂行

したがミスをしてしまったという場合だね。政治的決定の無答責原理が優先する。第1回で見たとおりです。プロとしてあるまじきほどのミスとなると故意になるけれども。

中村：でもなんで一住民が訴えることができる？　彼が損害を被ったわけじゃない。万が一納税者として損害を被ったという主張があったとしても、そもそもそのぶんを自分によこせという制度でもない。市に請求を義務づける訴訟だ。奇妙すぎるよ。

沢井：さきほどありましたよね。住民一人ひとりは法人の機関なのだと思います。substratum というよりは。本人ではない。substratum でさえ、本人ではありませんが。つまり、納税者が本人で、市長がエイジェントで、本人がエイジェントを訴えているというのでは全然ない。しかし、法人理論の偉大な点ですが、どんなに末端の機関でも頭と対等です。頭も所詮神の代理人ではなく「キリストの身体」の一部分です。キリストの精神は天上に帰っています。父のもとに帰っています。

黒木：じゃあ、これも機関訴訟の一つなのか？

風間：本来は代位して直接第三者を追及できそうだ。それに、「法人は代表に請求せよ」というより、一機関が他機関に、つまり住民が代表に直接的なサンクションを加えるほうがよさそうかな。機関としての訴えだから、訴えの形式とは別に給付は法人に対してなされる、というだけのことのような気がする。

三宅：地方自治法がなぜ財政に関してだけ住民訴訟を特別に制度化しているのか、法人理論を使うとわかりますね。法人は資産面を規律するための制度なのですね。

ついにオバケ本人現る？

老教授：さて、いよいよ債権放棄の問題ですね。住民訴訟で「請求せよ」と言われようと言われまいと、請求なんかする気ないよ、というわけだね。

吉野：民法上債権は放棄できることになっているんだから、するもしないも逢坂の関、じゃないかな。いや、自由じゃないか。

中村：いや、待てよ、なにかがおかしい……。

田丸：「議会とは何か」でしょ。
横田：最高意思決定機関たる合議体です。政治的決定のオールマイティの観点からも債権放棄は可能であると見なければなりません。
近藤：しかし、まさに機関にすぎないと今君は自白したんじゃないですか？議会といえども市長と同じく本人ではない。「私は会社だ、会社は私だ」みたいに言ってルイ14世をきどっている社長さんがときどきいるけど、あれは「自分は再現実化の媒体つまり儀礼的存在にすぎない」、あるいは「国家というのはそういうメカニズムのことだ」と言っているんだったよね。

　なら、一機関が勝手に別機関を許すと言っていることになる。で、両機関が結託しているとすれば、代理人が本人に成り替わって代理人に対する請求を放棄するっていうんだから、つまり、自分で自分の利益を図っているってわけで……。代表取締役が自分の個人財産のために会社に贈与させるようなものだよ。強い違法性がある。

風間：つまり機関が機関に対する法人の請求権を放棄させることはできないということですね。
南田：法人の高度な目的に沿ったこと、たとえば貧困家庭の子供の給食費を請求しないとか、そういう政策的な判断ならば逆にできそうですね。
吉野：ふ～む、処分権主義が大きく制約されるということか。いちいち公益からの正当化を要する、と。
大森：一応、その正当化はなされていて、それがさっきの萎縮効果回避というやつじゃないか。
近藤：ただ、当該法人の本旨からいって正当化されるかというと、むしろ最も致命的な行為を追認することになり、莫大なモラル・ハザードを生む、というのが結論だと思う。もちろん、前提として故意、つまり不透明なプロセスが認められるかどうかは厳密に認定しなければならないけど。

● 第2事案の概要

老教授：ではそろそろ第2事案に移ってよいですか？
田丸：地方公共団体Ｐと農協Ｑとトマトジュース・メーカーが共同で出資して

トマトを栽培する株式会社Rを立ち上げたのですね。なおかつ、Qに加えてM銀行とN銀行がRに融資します。この時です。Pはそれぞれの金融機関と「損失補償契約」を締結します。Rが返済できずに不良債権化が発生し金融機関に損失が出た場合、公共団体が補填するというものです。さらにPは自身の施設をRにきわめて有利な条件で貸与し、賃料も免除していました。

　これら全体を違法と考えた住民が、監査請求の後、損失補填の出費を差し止めることと、QMNに対する「損失補償契約」無効確認請求をするようPに向かって義務づけること、無効確認を怠ることが違法であることを確認すること、さらに本件賃貸借契約についても同様の無効確認をすること、を求めて住民訴訟を提起しました。

　一審は、地方自治法242条の2の第1項3号の「怠る事実」の対象たる「財産の管理」に「損失補償契約」が含まれないとして、一連の訴えを却下し、また他の訴えも監査請求期限後を理由に却下、補償のための支出についてのみ本案判断をし、財政援助制限法3条が制限しているのは「保証」であって「損失補償」ではない、という形式的な理由で請求を棄却しました。

　控訴審は、訴訟判決部分は維持し、支出差止請求に対する本案判決部分のみ取り消し、請求を認容しました。財政援助制限法の趣旨は損失補償をも含むどころか、保証よりこちらのほうが危険であるとし、通常の行政契約の場合に有効が推定され手続上の瑕疵がない限り第三者の信頼を優先させるのに対して、保証・損失補償の場合には財政援助制限法の趣旨に照らして規律を厳格に考えなければならず、そのほうがかえって公益に沿うという特段の事情がない限り無効である、とします。そしてその点を判断すると、損失補償の具体的内容は財政援助制限法の立法趣旨からして明らかに公益を害するものであり、他方、取引の安全という問題はたしかにあるものの、公益を阻却するにはほど遠い、として請求を認容しました。なお、賃貸借についても本案判断をし、Rが「指定管理者」であったという理由で請求に理由がないとしました。不利益変更禁止則ゆえに却下という結論が維持されましたが。

　最高裁は、本案判断された部分に関する上告に対し、R会社がすでに清算されてしまったことを理由に訴えを却下しました。それでいて、結論と無関係であるにもかかわらず、職権により「付言」なるものを付しています。典型的な

蛇足ですね。損失補償契約が財政援助制限法3条の類推適用によってただちに違法無効となるものではない、というのです。そういうものが公益上必要かどうかに関する執行機関の裁量的判断に逸脱があったかどうかによって決せられるとしました。本件においては議会の議決もあったわけですが、議会の議決も考慮してよいと言っています。

真夏のおやつは真っ赤なトマト

老教授：ほのかに夢のある事案ですねえ。
一同：は？
老教授：一面に広がる安曇野のトマト畑。
遠山：え？　ワサビ田なら有名ですけれど？
老教授：ボクが子供の頃は、真夏の頃、昼寝から覚めると冷えたトマトがおやつとして待っていました。けれども、青いところも多く、酸味が強く、砂糖をかけて食べました。
遠山：え？　先生、いったい、いつの生まれなんですか？
三宅：安曇野にトマトかあ。高原キャベツじゃないし。なんとなくそぐわないな。
横田：そぐわないのはトマトの話を公法の授業でしていることですよ。損失補償となんの関係があるんですか？
老教授：なんの関係があると思いますか？
一同：？？？
老教授：では、法学的な観点から「トマトとは何か」？
大森：動産？
黒木：種類物？
吉野：わかった！　果実だ。それで昔はトマトは果物だった、という伏線を張ったんだ。
老教授：果物は果物屋さんで売っています。では果実はどこで売っていますか？　果実屋さんとは言わないでくださいよ。頼むから。
田丸：それはもう占有屋さんで売ってますね。あ、占有屋というのは実在しま

す。占有で売っていると言い直します。
老教授：ということは？
中村：はぁい、なるほど、公共団体、つまりは政治システムが直接領域の占有に関わる、と言わせたい？
老教授：それはもう、言わせたくって、言わせたくって、仕方がない。
吉野：関わるったって、そうは問屋が卸しません。直接関わっているのは第三セクター、つまり共同出資先の株式会社です。敵もさる者、木に登る者、手を汚しません。
風間：手は汚さずとも足は汚していると言うべきだろうね。典型的な locatio conductio❹が、用いられている。つまり、施設の賃貸借という形式だけれども、一種の経営委託になってる。対価を取って果実を取らせてるよね。
近藤：えーと、この事案にとって、賃貸借のところも本質的だってことかな？
老教授：賃借人の経営破綻が問題になったケースですね。そうすると？
風間：あ、そうか、転用物訴権類型の事案だ！　あるいは peculium（ペクリウム）と言うべきか。
黒木：懐かしい！　『民法の基礎』ですね❺、先輩！
吉野：火のないところに煙は立たず。するってえと、さてはＰ君、おぬしはさしずめ所有権者、てことは、そこには dominium（ドミニウム）あり。トマトが続々出荷されていくわけだ。

● ダニエル様もご存じない

老教授：とわかってメデタシメデタシ、さ、帰りましょ。
田丸：それじゃあんまりと言えばあんまりじゃございません？　かわいそうすぎます。
中村：誰が？

---

❹　『民法の基礎』163 頁以下。
❺　『民法の基礎』217 頁以下。

田丸：おお、公明正大な裁判官様、ダニエル様、がね。転用物訴権が働く状況なのに気づかない。賃借人つまりRが破綻したが、その債権者たちQMNはRの責任財産から弁済を受けることができない。そこでPにかかっていくわけですが、しかし全額は取れない。転用物訴権ですから、Pが現に利得を得ている限度で請求しうるにすぎません。その際、Pの出資分は控除されます。実質Pは有限責任になる。

大森：たしかに、損失補償契約には通常限度額が設けられる。

中村：とはいえ、損失補償契約はこの有限責任を解除してどこまでも責任を負うという契約なんじゃないかな？

黒木：民法上はありえないね。なぜならば、有限責任を骨子とするスキームを作りながら無限責任の約定を締結するというのは馬鹿げている。はじめから自分が借り手になればよい。

● パパ、払っておいてね

遠山：だのに、なんでそんなことをするんだろ？

老教授：財政援助制限法はなぜ保証を警戒するのですか？

大森：モラル・ハザードの問題です。どうせ保証人が払うからと債務者がじゃかじゃか借りてしまう。これが財政にとって危険だからです。

風間：これまた民法を知らない議論だね❻。催告の抗弁、検索の抗弁等々補充性と附従性の大原則が存在し、債務者はまず自分がずたずたにされることになっている。自分の身がかわいければ無謀なことはできません。

吉野：けどさぁ、結局債権者は保証人の財産を見てこれを当てにしているんじゃないの？

風間：本来はあくまで保証人の信用力だよね。ま、adstipulator か fideiussor かで大分ちがうけれども、前者なら、保証人も債務者の信用力を信頼して関係に立つ。債権者は債務者が bona fides のネットワークの内にあることを確認で

---

❻ 以下、『ローマ法案内』194 頁以下参照。

きるメリットがあるし。いざというとき、民事再生的な多方面協力が得られるというわけ。連鎖破綻をさけるためにね。いくつかの抗弁は公告を前提にしている。集団処理だ。fideiussum（フィデーユッスム）になっても、端的な物的信用ではなくやはり保証人の所有権の収益力にねらいが定められているのであり、あれを襲ってやろうという意味の責任財産ねらいじゃないよ。

中村：じゃあ、なんで財政援助制限法が保証を警戒するんだろう？

南田：私は民法が苦手ですが、これ、ほんとうに民法の保証でしょうか？ 財政援助制限法の正式名称は「法人に対する政府の財政援助の制限に関する法律」です。たしかに個人ならば、保証人がついていても自分も怖いから無闇に借りたりはしません。でも、法人の場合はどうでしょう。個人は法人に債権者か株主として関わります。利益を得てツケを法人に回すことが可能です。債権者間の問題でいえばババ抜きですね。会社法によって厳格に規制されているとは思いますが。

沢井：そこに保証人がついていたら大変ですね。ババを抜く専門の係がいるようなものです。債務と責任の分離という言葉を聞いたことがあります。ひょっとすると保証が無因の責任、つまり補充性や附従性等々のいっさいの抗弁が効かないものになっているのではないですか？ はじめっから最終ババ抜き係が出動しているようなものです。その場合、主債務者がいい加減になるというより、貸主がなんの審査もしなくなる。事業の合理性をチェックしない。

● 天上界は天井知らず

吉野：最終パパ、いや、ババ抜き係のオジサンが公共団体だったりしたらエライことだよねえ。財政にとって危険どころじゃない。ただの保証人じゃないからね。「誰の物でもない」は完全に裏目に出てるよ。だって、誰の物でもなければどうせ誰も文句を言わないだろう、となる。そりゃ、誰も痛くないから誰も文句を言わない。みんなで飲めや歌えやとなる。先生の表現を借りれば、怒るのはお山のカラスばかり。

横田：議会までが加担したんじゃ、政治システムなんて全然働いていない。

三宅：というより、政治システムの破壊が起こるということでしょう。そうで

なくとも領域上に真っ黒な雲が現れた。銀行にしてみれば、いまどき、審査の必要もなく絶対に返ってくる融資なんて、これほどありがたいものはないですよ。案の定、事業は破綻する。いろんなアクターがそれぞれうまい汁を吸い、残るのはぺんぺん草と公的負債のみ……。

近藤：もともと領域の事業に直接手を出して転用物訴権状況を作り出したところでもう相当いけません。おまけにその転用物訴権制度の歯止めをはずす。保証に固有の手続面の歯止めは、たぶんはじめからはずされている。直接の給付契約になっています。

田丸：公益を図るための裁量など、問題にもなりませんね。財政が損失を被るという以前に、政治システムの基盤をいちじるしく崩壊させます。深く不透明な闇を作り出します。

老教授：エンディングの画面は一面のトマト畑のはずでしたが、ぺんぺん草が印象的な廃墟になってしまいましたね。しかしこれが日本の公法シーンの典型ですから、目に焼き付けておきましょう。

　それにしても皆さんのおかげでひたすら楽しい時間を過ごさせていただきました。授業はいつも底抜けに楽しいものでしたが、この授業はなかでも純粋に気持ちのよいものでした。皆さんの忍耐心に助けられてのことと、深く感謝します。

あとがき

　本書は、2008年度、そして2012-2015年度、東京大学法科大学院において選択科目「法制史I」としてなされた「公法・刑事法の古典的基礎」という授業のうち、前半の公法部分を基として成り立つ。ただし実際に行われたのは半分であり、他は新たに付加した。付加した中に、2005年度から2011年度まで行われた「法と記号論」（「現代法の基本問題」という必修科目群の一選択肢）からの三つの判例が含まれる。
　参加学生数は20人から40人で、私の他の授業を遍歴してきたり著書を読んでいたりする学生が多く、研究者志望でその後事実研究者となった学生を相当含んだ。公式判決集テクストを基とするソクラティック・メソッドが採用されたが、活発に論戦を挑む学生や、自説を展開する学生が珍しくなく、おのずとディベートに移行することがあった。学生はまた明示的にそれを要求した。
　このことを反映して、（50～70人の選択必修科目を反映した）前作『［笑うケースメソッド］現代日本民法の基礎を問う』に比して対話篇的な色彩を強調した。その結果、多少理想化した。前作が実際の授業をそのまま写し取ったのと大きく異なる。これは以下に述べる素材の差に基づくものでもある。
　民法と民事訴訟法の圧倒的な部分がローマ法によって準備されたものであることは自明であるが、公法に関する限りこのことは妥当しないように見える。たしかに事情はまったく異なる。にもかかわらず、予備的討論で見たとおり、公法の根底に政治システムとデモクラシーが存在し、しかるにこの政治とデモクラシーの概念は近代ヨーロッパのものではあるが、その近代ヨーロッパは政治とデモクラシーの概念を全面的にギリシャ・ローマの観念体系に負うのである。
　近代自体がそうであるが、政治とデモクラシーにおいては依存度は極大であり、近代が付け加えたものはわずかであると言える。なおかつ、ギリシャ・ロ

ーマと近代の間の関係は複雑であり、絶えず省察の汗をたっぷりとかくことを要求してくる。かつ、政治とデモクラシーは深い思弁と省察を生命とする。まして近代の政治とデモクラシーはそうした省察が積み重なった上に存在する。そうした土台の上にさらにのる公法を論ずるには本格的な対話篇を要するということは常識に属するだろう。

そういうわけで、『民法の基礎』に比してギリシャ・ローマの範型、パラデイクマ、を用いる度合いがかえって多くなる。しかし他方、現代日本の、特に公法学が採る諸前提との乖離は民事法の場合に比してかなり小さくなる。何よりもこれは政治やデモクラシーという事柄の性質による。公法自体、とりわけ公法学は、定義上現実との緊張関係を極大化して成り立つ。ギリシャ・ローマというモデルが果たしてきた役割と同じである。現実自体とは如何にかけ離れていようとも、まさにその故に、公法学とギリシャ・ローマの間の連帯が成り立つのである。

前作と異なり、各章末尾に学習ガイドを置くというのでなく、それに相当する脚註を付した。本書の性質上大きな制約があり、とうてい本格的な学説史的文献ガイドなどではありえないが、できる限り、本文の議論に興味や疑問を持った読者が諸文献に当たってその先を自習することができるようにした（まとまった文献案内を置くとそれこそ膨大になるので、脚註の方が便利であると考えた）。

本書で学生たちが展開する議論は、実務はもとより教育現場からしても細部における精度を欠くものであろう。地下部分に太い杭を打とうというのであり、当然内装までに至らない。その点に読者は注意を払う必要がある。もっとも、だからと言って法学的精度が劣ることはないと私は考えている。むしろ法学的概念構成を立て直すという意識に貫かれている。それは民法篇と同じである。基本の法学的概念構成が再建されなければ応用的な公法部門の再建もままならないのである。

授業後の感想を持つとすれば、現代日本において公法存立の真の基盤は存在せず、奇跡的に存在するかのごとく見えたのは、利益調整の回路が必要とされたからであるが、裏から言えば、この回路が衰え攻撃さえされるようになると、公法自体への攻撃が端的に行われる、のではないか、というものである。

「戦後民主主義」の遺産を死守することは短期的に最重要であるが、主とし

て経済の構造からくる変化（上に述べた回路の衰え）を越えて安定する真の基盤を求める努力は長期的に見ると基底的である。私は畢竟その努力のための理論的指針をギリシャ・ローマから供給する役割であったと言える。未完に終わってしまったことは認めるとして。

　本書もまた私以外の多くの人々の寄与に基づいている。何よりもまず各授業に参加した学生諸君に感謝しなければならない。若干の諸君は極めて遠くに緩やかに対話者のモデルになっている。

　次に、本書は太田匡彦教授との毎年ほぼ授業と同時進行でなされた多量の議論を反映している。若干の判例は同教授の示唆に基づいて素材とした。同教授の議論の精度に遠く及ばないが、わずかでも新鮮な視角が提供されればと思う。さらに、福岡安都子教授の研究が大きな意味でベースの一つを成している。同教授が学問に向かって採る姿勢の厳格さを前にすれば、このようにプリテンドする資格を欠くが、負うところのものを申告する義務はだからといって阻却されない。他方、山本隆司教授の研究を初期の段階よりつぶさにフォローしてきたことが、同教授との一種の密かな対話として、本書に反映されている。また、同じような意味で、蟻川恒正教授の学問に対する共感が多くの箇所で息づいている。

　本書は前作にもまして鈴木クニエさんの強い意志に押されるようにして成り立った。本書がそうした結果に程遠いにしても、公法学に深い基礎的な見通しを是非欲しいという彼女の決然たる意欲だけは確かなものであった。

　最後に、ちょうど長年の教育活動に終止符を打つ時期にあたって、そのすべてを支えた妻ふみ江に対し、あらためて感謝の念を表明しておきたい。「三度のメシ」より好きな授業を断たれる私に彼女は、パドヴァの聖アントニオのように不忍池のお魚に向かって授業をすればいい、と言って笑う。

2016年晩秋

　　　　　　　　　　　　　　　　　　　　　　　　　　　　木庭　顕

索 引

アルファベット

bona fides（ボナ・フィデース） 65, 183, 184, 210, 266, 305, 308, 311, 317
Critique（クリティーク） 35, 79, 80, 104, 108, 148, 149, 158, 170, 173, 185, 192, 212
échange（エシャンジュ） 13, 16, 45, 48, 52, 135, 136, 193-195, 220-222
imperium（イペリウム） 36, 238
locatio conductio（ロカティオ・コンドゥクティオ） 126, 130, 131, 137, 168, 169, 265, 305, 316
LRA 86, 89
moitié（モワティエ） 45-47, 52, 54, 293
réciprocité（レシプロシテ） 37, 38, 63, 119, 153, 182, 204, 253, 292, 293
signifiant（シニフィアン） 76, 77, 80, 83, 85, 89, 91, 92, 95, 99, 101, 107, 126, 135, 146-148, 155, 167, 192
signifié（シニフィエ） 76, 80, 99, 126, 146, 148, 155, 192
state action 140, 141
substratum（スブストラトゥム） 312

ア 行

アイスキュロス 29, 295
アウグスティヌス 80, 107
アゴラ 194
アリストテレス 2, 10, 107, 108, 281
アリストファネス 29, 102, 103, 279, 280
イェリネック 2
違憲立法審査 64
委任 7, 8, 18, 36, 65, 66, 69, 184, 305, 306, 308, 310, 311
違法性の承継 231
ヴァッラ 76, 80
訴えの利益 71, 152, 274
営業の自由 216
エウリピデス 29, 296
王権 46

公の施設 72
公の秩序 71, 72

カ 行

改正限界 140
確認訴訟 130, 274
確認の利益 42
過失 64, 175, 288
果実 56, 184, 315, 316
環境 278, 282, 283, 285
間接的制約 163, 165
間接適用説 138
ギールケ 67
議会 69, 203, 302, 313, 315, 318
機関 69, 307, 308, 312, 313
──訴訟 69, 312
キケロー 1, 55
危険 72, 73, 90, 94, 97, 218, 233, 282, 285
機構 18, 69
記号 70, 75, 76, 78-80, 83, 95, 99, 101, 117, 135, 146-148, 155, 156, 158, 167, 192, 193
──行為 78, 83, 84, 94, 95, 101, 102, 141, 145, 146, 148, 149, 158-160, 169, 171, 192
──論 85, 105, 107, 126, 135
寄託 36
木下順二 135
義務付け訴訟 204
客観訴訟 119, 232, 234
行政 40, 85, 92, 97-99, 139, 179, 195-197, 199-201, 203, 204, 211, 212, 214, 216, 228, 229, 231, 233, 237, 248, 255-258, 266, 282, 284, 286
──委員会 89, 139, 258
──契約 230, 314
──行為 201-203, 213, 214, 217, 230, 232, 235, 239, 243, 246, 257, 274, 290, 291
──指導 231
──処分 96, 213, 230, 244, 246, 249, 285
──訴訟 28, 89, 142, 143, 162, 204, 213, 215, 216, 243, 285, 286, 288, 290, 298

——手続法　257, 258
——法　40, 63, 88, 180, 181, 196, 197, 201, 214, 218
許可　196, 205, 206, 209, 210, 212, 228, 229, 231, 233, 235, 236, 239, 243, 249, 252, 253, 255, 257, 264, 273, 274, 276, 277, 284
居住移転の自由　60, 189, 292
規律性　230
規律力　214
儀礼　20, 25, 30, 32-36, 41, 45, 47-49, 109-111, 113, 118, 124, 127, 153, 154, 156, 159, 160, 164, 166-172, 214, 294, 313
議論　22-26, 28, 33, 44, 46, 56, 58, 110, 149, 191, 221, 222, 229, 256-258
具体性　230
グロティウス　37
軍事　14, 16, 45-47, 50, 52, 54, 90, 155, 161, 166-168, 172, 293
経済的自由　73, 87, 89, 143, 206, 209-212, 215
刑事司法　22, 32, 90, 138, 140, 198
刑事法　189, 284
契約　16, 37, 65, 128-132, 137, 138, 169, 258, 260, 263, 265, 267, 270, 272, 302
——締結上の過失　270
決定手続　26, 40
検閲　96, 97
厳格審査　86
権原　39, 88, 89, 99, 137, 138, 141-143, 200, 202, 209, 211-213, 231, 236, 267, 289, 298
言語　3, 21, 26, 28, 33, 55, 63, 74, 78-81, 83, 91, 99, 100, 102, 109, 146, 158, 167, 173, 176, 177, 189, 222, 223, 255
原告適格　174, 217, 218, 224, 230-232, 234, 235, 237, 243-245, 247-249, 274, 275, 284, 285
現実の悪意　104
憲法　16, 33, 88, 196, 209, 220
権力性　202, 230
故意　65, 270, 311, 312
公海　192
合議　22, 46, 63, 78, 79, 81, 90, 91, 265, 313
公共　10
——空間　40, 82, 84, 85, 88-91, 99, 110, 111, 113-115, 117, 121, 122, 125, 141, 166, 188,

191-193, 195-199, 201, 203-206, 208, 210-213, 216, 222-225, 227, 228, 234, 236, 237, 239, 240, 242, 243, 252-254, 258, 261-264, 268, 269, 277-283, 286, 299-301, 305
——団体　59, 68, 117, 191, 238, 264, 299, 305, 306, 308, 314, 316, 318
——の利益（——の福祉，公益）　8, 17, 72, 82, 83, 89, 91, 96, 98, 129, 144, 164, 165, 168, 213, 224, 225, 229, 232, 244, 245, 249, 252, 262, 273, 276-278, 314, 315, 319
公権　69
公権力　4, 9, 10, 12, 13, 18, 46, 48, 89, 112, 142, 281
抗告訴訟　67, 99, 174, 202, 213, 214, 229, 231, 235, 258, 259, 267
公水　194, 252, 253, 262, 283
公訴　66
公定力　213, 214, 230-232, 235
公道　117, 194, 195
公判手続　192
抗弁　27, 88, 89, 91, 143, 171, 197, 201; 209-211, 286
公法　1, 3, 7, 11, 22, 32, 34-36, 38-41, 43, 73, 78, 82, 83, 88, 141, 177, 189, 198, 220, 235, 247, 257, 261, 267, 286, 291
——学　2, 34, 39, 40
合有　106, 107
国籍　50
国民　3, 4-8, 14, 47, 48, 50, 52, 56, 62, 66, 69
——主権　3, 4, 5
国家　1, 2, 3, 6-9, 13-19, 22, 25, 36-38, 40, 41, 50, 51, 64, 66, 68, 69, 115, 122, 129, 141, 142, 155, 168, 175, 196, 261, 308
——法人　197
国家＝宗教制　108, 112
国会　6, 61, 63, 65, 66, 69

サ　行

債権者　7, 178, 214, 224, 317
財政　66
在宅投票制度　49, 65
裁量　43, 197, 202, 214, 216, 218, 272, 288, 294, 298, 302, 315, 319

──統制　65
　　行政──　214
三権分立　196
三段階審査（論）　87, 143, 181, 211, 212
シェークスピア　193
ジェネアロジー　44, 52, 53, 57, 58, 109, 153, 253, 292, 293
私人間適用（論）　99, 128, 133, 138, 139, 143
事前規制（差止，抑制）　96-98
自然状態　9
思想信条の自由　142, 144, 163, 165
実力　17, 23, 90, 176, 198, 199, 204
私的自治　129, 136, 137, 140, 194, 207
市民権　58, 59, 294
市民社会　13, 17, 30, 31, 38, 88, 103-105, 114, 141, 142, 208, 221, 223, 227-229, 262
市民的自由　113
市民的占有　252, 271
社会保障　175, 181, 185
社会立法　83
自由　6, 8-10, 12-20, 22, 24, 25, 27-29, 31, 32, 34, 36, 39, 44, 78, 79, 82-85, 90, 91, 95, 99, 111, 115, 121, 129, 131, 133, 137, 138, 140, 141, 171, 177, 178, 180, 185, 188, 190, 194, 196, 206, 208, 218, 220-222, 227, 278, 296, 305, 309
　　──身分訴訟　140
集会の自由　72
宗教　37, 108, 110-112, 114-117, 121, 122, 124-126, 154, 155, 157-160, 191
　　──上の自由（的自由）　112, 113, 115, 121
集団　12, 13, 17-19, 21, 44, 47, 49, 51, 53, 54, 56, 71, 95, 105, 109, 112, 114, 146, 158, 160, 161, 176, 177, 190, 224, 228, 233, 253, 260, 261, 292, 293, 296
住所　57, 59, 60, 62, 268, 272, 288-291, 298-301
住民訴訟　106, 107, 119, 186, 205, 225, 302, 311, 312, 314
受寄者　7
主権　11, 25, 36, 48, 50, 69, 113, 114, 196, 261
首長　47, 48, 54, 57, 156
出生　51, 52
出訴期間制限　202, 231, 274
取得時効　138, 202, 232

受任　65
　　──者　7, 8, 66, 69, 70, 305-307
種類物　178
消費寄託　184, 305
消費貸借　182
情報　144, 146, 147
職業選択の自由　206, 209, 216
処分権　234, 286
　　──主義　313
処分性　63, 230, 231, 259, 266, 267
所有権　235, 271, 316, 318
侵害留保説　203, 237
人格権　96-98, 209
審議会　249, 256-258
信教の自由　107, 112, 114, 115, 117, 120, 154
人権　17, 28, 29, 32, 39, 72, 73, 83, 86, 87-89, 91, 99, 116, 139-143, 165, 171, 179, 198, 209, 211, 212, 215, 258, 285
　　──制限の審査基準　86
信仰の自由　113
真実性の抗弁　98, 104, 147
心身二元論　176
人身の自由　177, 189
人身保護　39, 87
　　──訴訟　140
身体　37, 68, 107, 113, 126, 155, 156, 177, 189, 299, 307, 308, 312
信用　180, 182, 183, 185, 194, 195, 210, 224, 305, 306, 318
　　──力　317
神話　28, 45, 47, 52, 108, 109, 111, 112, 154, 164, 166, 170-172, 292, 293
スピノザ　12, 113
政教分離　107, 110, 114, 116, 118, 126, 153-155
　　──違反　122
政治　16, 22, 24, 25, 29, 30, 32, 33-41, 44, 46, 49, 50, 52, 54, 55, 57-63, 66, 67, 68-69, 78-83, 85, 86, 91, 92, 101, 102, 104, 108-110, 112, 114, 122, 124, 126, 129, 138, 140, 141, 149, 155, 156, 166, 171, 176-179, 181-185, 189, 190, 193-196, 198, 199, 203, 212, 216, 220-222, 227, 229, 232, 238, 254, 256-261, 263-265, 269, 277-281, 283, 284, 289, 291-294, 296, 298, 305-311, 316, 318,

索引　327

319
──的空間　86, 91, 92, 95, 99, 102, 103, 108-110, 119, 141, 154, 166, 170, 171, 189-193, 195, 221, 222, 227, 239, 261, 280, 281
──的決定　22, 26-28, 39, 57-59, 62-64, 66, 85, 88, 89, 111, 116, 118, 121, 122, 138-141, 143, 149, 160, 171, 178-181, 194, 196-198, 200-204, 211-215, 228-230, 232, 233, 235, 236, 238, 239, 247, 256, 257, 266, 285, 291, 294, 295, 298, 312, 313
精神の自由　88, 113, 114, 193, 201
制度的保障　115, 153
セグメンテーション　45, 52, 222, 253, 292
セグメント　47
選挙　6, 42, 43, 44, 47-50, 52, 54, 59, 60, 62, 63, 65, 69, 97, 289
占有　27, 37, 39, 41, 63, 65, 67, 82, 85, 87-90, 94-99, 125, 130-133, 137-141, 143, 150, 153-155, 158, 160, 161, 168, 173, 179, 181, 183, 191-195, 197-206, 208-228, 230, 231, 233, 235, 236, 238, 239, 242, 244, 246-248, 252, 255, 265-271, 277, 278, 282, 284, 285, 289-291, 294, 296, 298, 300, 305, 306, 308, 315
──転換　88, 201-204, 211, 212, 214, 229-231, 233, 239, 285
──の費用果実関係　263
──保障系　234-236, 245, 246
想像力　12, 13, 35, 301
贓物の抗弁　202, 232
贈与　176
ソクラテス　149
ソシュール　75-77, 80, 85
訴訟担当　67
訴訟要件　27
尊厳　103, 151, 300
　個人の──　95, 105, 128, 133, 142, 143, 151, 193

タ　行
第二次政治システム　55, 56, 58, 59, 61, 140, 141, 191, 194, 210, 262, 268, 269, 291, 294-296
第二次的公共空間　88, 194, 195, 201, 203
代表　6, 7, 8, 62, 66, 69, 70, 82, 310-312

代理　66, 310
多元主義　39, 40, 114, 115, 191
単一性　49, 68, 156-159, 196, 260, 261, 263, 267, 272, 308
地方自治　121, 261
中間審査　86, 89
中間判決　248
デカルト　113
手続上の瑕疵　249
デモクラシー　23-30, 32, 33, 39-41, 43, 44, 57, 59, 60-64, 67, 69, 73, 81, 85, 88, 103, 104, 112, 118, 120, 122, 140, 141, 149, 151, 160, 161, 171, 181, 185, 194, 195, 197, 204, 212, 213, 215, 216, 221, 223, 228, 229, 231, 235, 236, 244, 246, 254, 257, 258, 261-263, 279-281, 291, 294, 296, 298
テリトリー　44, 47, 52-54, 56, 57, 63, 78, 79, 82-84, 89, 109, 110, 121, 122, 189, 220, 221, 260, 290, 292, 293
トゥーキュディデース　10
当事者訴訟　67, 202, 259
当事者適格　161, 283
都市　55, 81, 82, 91, 110, 112, 121, 189, 194, 195, 218-223, 227, 234, 238, 242, 262, 263, 269, 271, 277, 279, 283
──空間　117
──計画　218, 220, 221, 222, 224, 228, 229, 231, 232, 235, 237, 282, 283
特許　255
トックヴィル　39
取消訴訟　231, 232, 249, 274, 286

ナ　行
二重の基準（論）　72, 73, 85-88, 90, 143, 192, 206, 209, 212
二段階構造　58, 59
日本国憲法　3, 4, 6, 8, 140
認可　238, 243, 245, 246, 255, 264

ハ　行
バルト　84
被告適格　152, 161
ヒッポダモス　221, 223
費用　56, 178, 195, 253, 265, 269, 272

──果実関係　82, 195, 208, 243, 254, 266, 284, 305
占有の──果実関係　263
評議　189
──会　23, 59
表現の自由　72, 73, 77, 78, 83, 84, 86, 87-89, 91-93, 96, 97, 101, 102, 104, 144, 201
平等　12, 117, 272
──原則　92, 180, 211, 216
比例原則　211, 212, 216
プーフェンドルフ　12, 37, 38, 281
不作為の違法確認　204
部族　44, 47, 48, 50, 52-54, 56, 109, 292, 293
不法行為　63, 96-98, 150, 246
プラウトゥス　192
プラトン　1, 2, 107, 220
ブルーニ　14, 15, 46
プロタゴラス　149
平和主義　3, 5
ヘシオドス　18, 20, 55, 222
ペリクレス　10
ヘロドトス　23
法　30, 32-35, 64, 67, 131, 156, 158, 199, 213, 246, 254, 301
法学　28, 30, 34, 36, 37-39, 41, 141, 150, 179, 204, 241, 243, 270, 278, 281, 283, 290
法人　8, 18, 37, 38, 66-69, 82, 141, 142, 198, 199, 238, 260, 305-308, 311-313
法定地役権　252
法律　94, 138, 203-205, 211, 224, 228, 237, 239, 273, 276, 277, 305
──上の利益　233, 235, 244, 246
──による行政　205, 228
──の留保　203, 205
ボダン　2, 4
ホッブズ　9, 11, 13, 14, 17, 37, 38, 41, 112-114, 281
ポトラッチ　135, 143, 254, 293
ホメーロス　3, 18, 20, 24, 28, 46, 49, 80, 91, 111, 155, 222
本案　27, 39, 88, 89, 91, 97, 98, 132, 137, 138, 142, 199, 200, 202, 204, 205, 212, 214, 231, 232, 236, 248, 267, 274, 275, 286, 314

本権　294

マ　行
マキャヴェッリ　15, 18, 19, 41
民会　23, 24, 43, 44, 46, 47, 52, 189, 190, 195, 280
民事訴訟　25, 27, 32, 33, 38, 66, 67, 69, 88, 141, 142, 194, 195, 198, 213, 233-235, 258-260, 266, 267, 274-276, 282, 285, 286, 290, 294
民事法　15, 30, 32, 35, 37, 38, 63, 73, 126, 140, 141, 154, 177, 182, 183, 194, 255, 265, 267
無効確認　202, 232, 249, 258, 259, 274, 275, 286, 314
無主物先占　192
明白にして現在の危険　90, 92, 98
名誉　88, 96-102, 143, 147
目的効果基準　116-118, 122, 123, 125
基体　69, 308
森鷗外　80, 134
モリエール　78
モンテスキュー　12, 38, 196

ヤ　行
優越的地位　73

ラ　行
利益　6-8, 16, 17, 26, 28, 46, 47, 49, 54, 56, 62, 65, 66, 78, 82, 83, 91, 118-120, 145, 160, 161, 176, 204, 216, 222, 227, 228, 233, 234, 239, 244-246, 249, 253, 256, 257, 273, 274, 276, 277, 279, 280, 285, 309, 311, 313, 318
──集団（団体）多元主義　16, 62, 122, 190
立憲主義　25
立法　42, 43, 63, 139
──裁量　49, 61, 65, 180
領域　55, 56, 58, 81, 82, 86, 88, 89, 91, 99, 104, 110, 112-114, 119, 121, 124, 125, 177, 189, 190, 194, 195, 205, 218-221, 223, 227, 235, 238, 240, 242, 254, 257, 262, 263, 265, 266, 269, 271, 272, 277-281, 283, 284, 290, 291, 293, 294, 296-299, 316, 319
連帯　175, 181, 184, 185, 296
ロック　9, 12, 17

著者略歴

木庭 顕（こば・あきら）
1951年東京生まれ。1974年東京大学法学部卒業。現在、東京大学大学院法学政治学研究科教授。専門はローマ法。
主な著作：
『政治の成立』（東京大学出版会、1997年）
『デモクラシーの古典的基礎』（東京大学出版会、2003年）
『法存立の歴史的基盤』（東京大学出版会、2009年）
『ローマ法案内――現代の法律家のために』（羽鳥書店、2010年）
『現代日本法へのカタバシス』（羽鳥書店、2011年）
『［笑うケースメソッド］現代日本民法の基礎を問う』（勁草書房、2015年）
『法学再入門　秘密の扉　民事法篇』（有斐閣、2016年）

［笑うケースメソッドⅡ］現代日本公法の基礎を問う

2017年2月10日　第1版第1刷発行

著　者　木庭　顕

発行者　井村寿人

発行所　株式会社　勁草書房
112-0005 東京都文京区水道2-1-1　振替 00150-2-175253
（編集）電話 03-3815-5277／FAX 03-3814-6968
（営業）電話 03-3814-6861／FAX 03-3814-6854
本文組版 プログレス・日本フィニッシュ・中永製本

©KOBA Akira 2017

ISBN978-4-326-40328-8　　Printed in Japan

JCOPY　＜(社)出版者著作権管理機構 委託出版物＞
本書の無断複写は著作権法上での例外を除き禁じられています。
複写される場合は、そのつど事前に、(社)出版者著作権管理機構
（電話 03-3513-6969、FAX 03-3513-6979、e-mail: info@jcopy.or.jp）
の許諾を得てください。

＊落丁本・乱丁本はお取替いたします。
http://www.keisoshobo.co.jp

木庭　顕
［笑うケースメソッド］
現代日本民法の基礎を問う
　　　　　　　　　　　　　　　A5判　3,000円
　　　　　　　　　　　　　　　　　　40297-7

樋口陽一
六訂憲法入門
　　　　　　　　　　　　　　　B6判　1,800円
　　　　　　　　　　　　　　　　　　45109-8

樋口陽一
近代立憲主義と現代国家　新装版
　　　　　　　　　　　　　　　A5判　4,400円
　　　　　　　　　　　　　　　　　　40319-6

遠藤比呂通
人権という幻
　　　　対話と尊厳の憲法学
　　　　　　　　　　　　　　　四六判　2,700円
　　　　　　　　　　　　　　　　　　45096-1

小泉良幸
個人として尊重
　　　「われら国民」のゆくえ
　　　　　　　　　　　　　　　四六判　2,500円
　　　　　　　　　　　　　　　　　　45106-7

キャス・サンスティーン／那須耕介 編・監訳
熟議が壊れるとき
　　　民主政と憲法解釈の統治理論
　　　　　　　　　　　　　　　四六判　2,800円
　　　　　　　　　　　　　　　　　　15422-7

――――――――――――――― 勁草書房刊

＊表示価格は2017年2月現在。消費税は含まれておりません。